航天质量技术丛书

U0956073

产　品　保　证

中国航天科技集团公司　组织编写

中国宇航出版社

·北　京·

图书在版编目（CIP）数据

产品保证 / 中国航天科技集团公司组织编写．--北京: 中国宇航出版社，2017. 5（2023.4 重印）

（航天质量技术丛书）

ISBN 978－7－5159－1314－8

Ⅰ．①产… Ⅱ．①中… Ⅲ．①航天工业－质量管理－研究－中国 Ⅳ．①F426. 5

中国版本图书馆 CIP 数据核字（2017）第 111275 号

责任编辑 侯丽平

责任校对 祝延萍　　**装帧设计** 宇星文化

出 版
发 行 中国宇航出版社

社 址 北京市阜成路 8 号　**邮 编** 100830

(010)68768548

网 址 www. caphbook. com

经 销 新华书店

发行部 (010)68767386　(010)68371900

(010)68767382　(010)88100613（传真）

零售店 读者服务部

(010)68371105

承 印 北京厚诚则铭印刷科技有限公司

版 次 2017 年 5 月第 1 版

2023年 4 月第 8 次印刷

规 格 787×1092

开 本 1/16

印 张 13.75

字 数 335 千字

书 号 ISBN 978-7-5159-1314-8

定 价 60.00 元

本书如有印装质量问题，可与发行部联系调换

《航天质量技术丛书》

编审委员会

编写组

组　长　师宏耕

副组长　杨多和

成　员　（按姓氏笔画排列）

王立炜　王志峰　王　栋　王晓明　王　静
王　磊　冯小琼　刘轻骑　米　凯　许　皓
许　蕾　杨　铭　李文钊　李　胜　李祚东
李彩霞　李凰立　肖　波　吴彦森　吴　琨
张博翰　陈　材　苗宇涛　范艳清　岳盼想
赵海涛　段　波　贾成武　贾纯锋　盛丽艳
梁国文　韩天龙　鲍智文

序

质量是航天事业的生命，质量工作贯穿于航天科研生产全过程的每个阶段、每个环节、每个岗位。60年来，航天科技工业始终践行“军工产品质量第一”的方针，始终秉承“严肃认真、周到细致、稳妥可靠、万无一失”的指导思想，创新和发展了零缺陷系统工程理论，在载人航天、月球探测、北斗卫星导航等重大专项任务的工程实践中，建立和完善了具有中国航天特色的质量管理模式、方法和工作体系，探索和实践了航天质量工作科学发展的规律，为航天辉煌业绩的取得提供了有效的支撑和保障。

面向未来，创新驱动、军民融合、中国制造2025和质量强国战略相继实施，新形势和新任务对航天质量工作提出了新的、更高的要求，我们必须牢记使命，坚持质量至上，坚持质量就是生命、质量就是胜算的理念，把握质量发展规律，优化和创新质量管理模式，深化航天精细化质量管理，全面提升航天员工质量素养，有效应用先进的质量工程技术和工具方法，充分识别和控制航天型号风险，固化和推广成功经验，确保航天工程任务实现“一次成功”的目标，为发展航天事业、建设航天强国奠定坚实基础。

2017年3月

前 言

根据《国家质量发展纲要（2011—2020）》的要求，航天科技集团公司以“瓶颈突破工程、精品塑造工程、用户满意工程、基础夯实工程”为抓手，实施航天质量提升工程，全面提升质量保证能力，确保航天产品质量。为了贯彻质量提升工程目标要求，深化质量可靠性技术应用，全面推进全员质量培训，我们组织编写了《航天质量技术丛书》（以下简称《丛书》）。

该《丛书》分为《航天质量管理基础》、《通用质量特性》、《产品保证》和《航天质量管理方法与工具》四个分册。《丛书》既包含了航天各类人员应掌握的质量管理基本知识，也包括了航天质量管理成功经验和有效做法，以及国外先进质量管理方法的介绍，可以为质量培训以及各类人员学习航天质量知识提供参考和借鉴。

第三分册《产品保证》共分10章，第1章是概述，包括产品保证的发展历史、内涵；第2章是产品保证管理，包括产品保证队伍的建立、产品保证策划、对分承制方控制、项目技术评审等相关内容；第3章是质量保证，包括设计和验证要求、洁净度、防静电控制、不合格控制、验收交付要求等相关内容；第4章是可靠性保证，包括可靠性保证组织和可靠性工作计划的落实、可靠性保证工作项目等相关内容；第5章是安全性保证，包括安全性要求，识别、分析系统的危险等相关内容；第6章是维修性保证，包括维修性要求、维修性设计与分析、维修性验证等相关内容；第7章是空间环境适应性保证，包括空间环境适应性分析与设计、空间环境适应性管理等相关内容；第8章是元器件保证，包括元器件选择与控制、元器件质量保证要求等相关内容；第9章是材料、机械零件和工艺保证，包括材料保证、机械零件控制以及工艺选用和使用要求等相关内容；第10章是软件产品保证，包括软件保证管理、软件工程过程、软件可靠性与安全性等相关内容。

本分册编写分工是：第 1 章、第 2 章、第 3 章 张博翰；第 4 章、第 5 章、第 6 章 赵海涛、程卓、王晶燕；第 7 章 盛丽艳；第 8 章 肖波；第 9 章 陈材；第 10 章 吴琨。本分册由冯小琼负责统稿。

由于受编写时间和作者水平所限，《丛书》中难免有疏漏与不妥之处，敬请读者批评指正。

《丛书》编写组

2016 年 12 月

目　录

第1章　概　述

1.1　产品保证发展历史

二次世界大战以前，质量管理侧重于生产过程管理，重在过程检验。20世纪60年代初，美国推行质量与可靠性管理。越南战争期间，美国政府和国防部迫切感到武器装备可靠性的重要性，美国国防部要求负责重大军事装备研制的承包商制定和实施《质量保证大纲》和《可靠性保证大纲》；在总结载人航天飞行和其他复杂军工产品研制管理经验的基础上，1986年美国发布了军用标准DOD－STD－2107《承包商产品保证大纲要求》，要求负责重大军事装备研制的承包商制定和实施《产品保证大纲》，内容包括：产品保证管理，质量保证，可靠性管理，安全性管理，维修性管理，元器件管理，材料、零部件及工艺管理，软件管理，地面设备管理等。

20世纪80年代后期，欧洲空间局（ESA）在吸收借鉴美国国家航空航天局（NASA）成功经验的基础上，推行产品保证（PA，注重元器件、软件、材料－零件和工艺保证）。

“产品保证”是保证复杂高风险产品质量的一套科学的方法，目前已成为西方航天界的通用模式，我国现行的航天质量管理体系也借鉴了产品保证模式。

1.2　产品保证内涵

产品保证不是一个独立过程，而是一个支持过程，是产品实现过程的一部分，支持产品在设计、开发、制造、集成和试验等各个阶段的质量控制。产品保证过程与不同阶段的项目流程有密切联系。

为适应未来发展的需要，实现与国际先进航天领域管理的接轨，需要实施科学、系统、精细、专业化的产品保证工作，对产品质量的各种要素实施全面有效的控制，提高航天产品研制与生产能力，提升航天产品质量与竞争力，形成与国际接轨的、满足产业化转型要求的、规范的产品保证工作局面。

推进科学规范的产品保证工作，可使型号项目的质量管理在五方面得到提升：一是通过系统策划与实施以预防为主的产品保证大纲，实现全过程、多层次、多方位的质量控制；二是围绕型号技术流程，遵循产品开发生命特点和规律实施型号产品保证计划，实现质量控制的针对性；三是在产品保证管理和技术活动中，贯彻相关标准、规范，实现质量控制的规范性；四是在全面开展产品保证管理的同时，与工程项目协调地开展产品保证专业管理，实现质量管理和技术的结合，促进产品保证综合能力的提高；五是通过科学规范的产品保证，实现与国际先进航天领域管理的接轨，有利于开展国际合作和对外服务和竞争力的提高。

产品保证包括产品保证管理、质量保证、可靠性保证、安全性保证、维修性保证、空间环境适应性保证、元器件保证、材料机械零件和工艺保证、软件保证。

产品保证管理：侧重于产品保证活动的组织管理。包括产品保证组织与队伍建设，职责的落实，产品保证主要管理活动的策划和实施。

质量保证：侧重于与产品实现过程有关的质量管理体系要素的管理控制。这些工作(如文件管理，产品标识，洁净、污染和多余物控制，搬运、储存、包装与防护管理等)往往是项目办不能独立管理和控制的，而需要依靠组织来保证。并且，从事质量保证的人员不属于某一具体的型号任务或产保队伍，他们通常为型号任务、多产品服务。

可靠性保证：主要是与设计开发相关的技术风险识别与控制。关键是可靠性技术风险因素(如力学、热、电磁兼容性、羽流、潜通、微振动、杂散光等)识别与控制、技术风险分析工作(故障模式与影响分析、故障树分析、单点故障分析、最坏情况分析、中断分析等)开展和技术性措施(冗余、降额、裕度、容错等)的制定与实施。大部分工作是不断迭代和完善的过程。

安全性保证：主要是与设计开发、生产有关的技术风险识别与控制。关键是安全性技术风险(如辐射源、推进剂、高压部件、潜在短路点等)、措施(危险源/部件三单一表管理、安全间隙检查、故障隔离)清理、识别和组织实施。

维修性保证：确定维修性要求、维修性设计分析原则及维修性验证、管理。

空间环境适应性保证：侧重于空间环境风险技术因素的识别、效应分析和应对措施的制订与实施。

元器件保证：主要是元器件固有质量保证及元器件选用应用技术风险控制。元器件固有质量保证侧重于过程生产控制，主要是管理方面(生产厂、物资采购和质量保证部门)的风险识别与控制；元器件选用和应用风险主要是技术方面的风险识别与控制。

材料机械零件和工艺保证：主要是材料和机械零件的固有质量保证及材料、机械零件和工艺选用、应用技术风险控制。材料和机械零件的固有质量保证侧重于过程生产控制，主要是管理方面(生产厂、物资采购和质量保证部门)的风险识别与控制；材料、机械零件和工艺选用、应用风险控制主要是技术方面的风险识别与控制。

软件保证：侧重于如关键开发过程的质量保证。包括软件配套与关键等级确定、开发步骤及评审管理、软件沿用与重用管理、关键软件模块开发控制、更改控制、测试及测试覆盖性管理、第三方评测管理、三库管理、版本控制等。

第2章　产品保证管理

2.1　基本概念及相关术语

2.1.1　基本概念

产品保证管理是型号项目顶层的质量管理活动，对各项产品保证工作进行计划、组织、指挥、协调、控制和检查监督，实现产品保证工作目标要求的活动。在型号各阶段对产品保证各要素采用评审、检验、鉴定、验收、验证、审核等质量管理方法，对产品设计开发、生产试验等全过程进行有效的控制，确保型号产品质量满足用户要求。

产品保证管理的主要目标是尽早识别出对项目安全和任务成功有潜在危害的风险因素，并合理有效地预防和控制这些风险发生所产生的不利影响。

2.1.2　相关术语和缩略语

评审：通过其他人员(第二方或第三方)进行复核、审查或评价。

检验：对实体的一个或多个特性进行的测量、检查等，包括一般检验、关键检验(由设计工艺人员确定的对与产品关键特性、重要特性形成有关的关键过程或关键环节进行的检验)、强制检验(由用户或上级产品单位确定的检验)。

验证：通过检查和提供客观证据证明规定要求已经满足。设计验证一般采用分析计算、仿真、试验三种方法，在设计阶段建立设计验证矩阵，明确验证内容、方法、程序。优先顺序为实物真实、环境试验、仿真、分析计算。

鉴定：证实实体是否有能力满足规定要求，强调实体的代表性和鉴定的充分性。通过产品鉴定实现产品设计、工艺、生产状态(基线)、使用的技术文件、应用的技术标准和规范、工具和设施设备等技术状态的固化。

验收：对产品与要求的符合性进行全面评价。对于复杂产品，强调对实现过程的符合性和产品最终状态进行评价、确认。

审核：对相关活动是否符合规定进行独立检查，侧重于对相关活动与要求符合性的评价。

相关的缩略语如下：

PDR——Primary Design Review，初步设计评审；

CDR——Critical Design Review，关键设计评审；

EEE——Electrical，Electronic and Electromechanical，电气、电子与机电；

KIP——Key Inspection Point，关键检验点；

MIP——Mandatory Inspection Point，强制检验点；

MRR——Manufacture Readiness Review，生产准备状态评审；

TRR——Test Readiness Review，试验准备状态评审；

TDR——Test Data Review，测试数据评审；

AR——Acceptance Review，验收评审；

SOW——Statement of Work，工作说明。

2.2 产品保证队伍

2.2.1 产品保证队伍的建立

产品保证队伍是型号工程技术队伍的重要组成部分，产品保证人员是具有丰富的航天器产品研制经验，熟悉产品保证程序和方法，以技术风险识别与控制工作为重点，并有一定管理职能的专业化的工程技术人员。产品保证队伍包括：项目经理、项目产品保证经理、项目产品保证助理、分系统产品保证经理、单机产品保证工程师、专业产品保证工程师。

产品保证人员从有经验的航天器产品研制技术队伍中选拔，接受系统的产品保证专业知识和业务培训，经人力资源部门考核合格后，颁发从业资格证书，持证上岗。

对于型号总体和分系统，均应设置专职产品保证经理，并根据需要配置相应的专业产品保证工程师。专业产品保证工程师对应的专业通常包括质量保证、可靠性保证、安全性保证、空间环境适应性保证、EEE 元器件保证、材料与机械零件及工艺保证、软件产品保证等。型号总体配置项目产品保证助理，协助项目产品保证经理开展工作，同时兼任质量保证工程师。

在总体单位，项目产品保证经理可以兼任该单位的分系统产品保证经理。对于承担多个相同分系统任务的单位，可以综合考虑型号类型(如科学研究型号、业务接替型号等)、复杂性等因素，按型号类型合并设置分系统产品保证经理。专业产品保证工程师可以跨型号或跨领域兼任，经验丰富的可以跨专业要素兼任。

在单机产品承研单位，按产品类型合并设置单机产品保证工程师，根据需要配置专业产品保证工程师。对于复杂的单机产品，可以按产品设置专职的单机产品保证工程师。单机零部组件、专业工序参照单机产品配置产品保证队伍。

2.2.2 产品保证队伍运行管理机制

产品保证队伍人员的主要职责如下。

(1)项目经理

项目经理负责保证满足合同要求的产品保证有效。项目经理对产品质量负全责，委托产品保证经理编制及组织实施产品保证大纲，定期检查大纲的执行情况，并对研制中的重大质量问题进行决策。

(2)项目产品保证经理

1)对本型号产品保证工作负直接责任，日常业务工作对项目经理负责，接受项目经理和总体单位产品保证部门的双重领导，对于重大问题可直接向总体单位行政正职和上一级领导汇报。

2)确定型号产品保证任务所需的各项资源，向各级产品承研单位提出产品保证队伍配置要求，监督落实产品保证人员，保证产品保证活动能够有效开展。

3)与用户协调产品保证任务，并确保产品保证活动和产品质量满足合同要求；在本型号组织贯彻落实相关产品保证活动、质量管理有关的要求、规章制度、标准规范；结合型号任务和各级产品的特点、产品承研单位和研制队伍等特点，组织开展各级产品保证策划；负责制定系统级产品保证大纲、计划、要求，确保所有产品保证活动得到有计划的、文件化的管理和控制。

4)实施系统级产品保证大纲、产品保证计划，确保制定的产品保证要求层层传递、落实到位。

5)通过产品保证审核、评审、强制检验和验收等手段，对外协供方进行管理与控制。

6)对型号技术风险进行系统全面的管理，对残余风险进行有效分析和确认，并得到各方认可；对关键特性、关重项目、关重件进行识别、管理和控制，确保控制措施充分完备并有效落实；开展评审、强制检验、审核、验收、技术状态更改控制、不合格审理、质量问题归零和举一反三等产品保证活动；负责组织各级产品数据包的策划和管理。

7)组织编制各级《产品保证信息报告》，保证记录全面、准确，并定期向产品保证部门提交；负责编制《型号产品保证总结报告》，开展面向系统级产品的质量分析，对型号研制各阶段的产品保证工作进行评价。

8)在产品保证部门的统一组织下，参与产品保证研究和交流，对产品保证工作机制及产品保证流程、标准规范、工具等提出改进建议。

(3)项目产品保证助理

1)项目产品保证助理的日常业务工作对项目产品保证经理负责，并在项目产品保证经理的组织下，协助开展外协供方管理、技术状态控制、不合格审理、质量问题归零和举一反三等产品保证活动；

2)负责编制评审、强制检验、验收等质量保证专题工作计划，并组织实施；

3)负责对型号技术风险项目清单和技术风险控制表、关重项目清单和控制表、关重件明细表、强制检验点清单、鉴定产品清单、不合格清单、技术状态更改申请表/汇总表/落实情况检查表、产品保证工作待办事项汇总表等相关过程表单进行收集、汇总和跟踪；

4)负责型号 AIT 及发射场的现场质量管理和系统级产品数据包收集、汇总；

5)负责收集和汇总型号产品保证信息，编制《产品保证信息报告》；

6)在产品保证部门的统一组织下，参与产品保证研究和交流，对产品保证工作机制及产品保证流程、标准规范、工具等提出改进建议。

(4)分系统产品保证经理

1)对分系统产品保证工作负直接责任，日常业务工作对分系统负责人负责，接受分系统负责人和单位产品保证部门的双重领导，对于重大问题可直接向项目产品保证经理和单位行政正职汇报。

2)确定分系统产品保证任务所需的各项资源，保证产品保证活动能够有效开展。

3)与上一级产品承研单位协调产品保证任务，确保产品保证活动和产品质量满足合同要求，在分系统组织贯彻落实上级和五院与产品保证活动、质量管理有关的要求、规章制度、标准规范，结合分系统任务和产品的特点、产品承研单位和研制队伍等特点，开展分系统产品保证策划，制定产品保证大纲、计划、要求，确保所有产品保证活动得到有计划的、文件化的管理和控制。

4)实施分系统产品保证大纲、产品保证计划，确保制定的产品保证要求层层传递、落实到位。

5)通过产品保证审核、评审、强制检验和验收等手段，对外协供方进行管理与控制。

6)对分系统技术风险进行系统全面的管理，对残余风险进行有效分析和确认，并得到各方认可；对分系统的关键特性、关重项目、关重件进行识别、管理和控制，确保控制措施充分完备并有效落实；开展评审、强制检验、审核、验收、技术状态更改控制、不合格审理、质量问题归零和举一反三等产品保证活动；负责分系统产品数据包的策划和管理。

7)收集和汇总产品保证信息，编审《产品保证信息报告》，保证记录完整、可追溯，并定期向产品保证部门提交；负责编制《分系统产品保证总结报告》，开展面向分系统产品的质量分析，对分系统研制各阶段的产品保证工作进行评价。

8)在产品保证部门的统一组织下，参与产品保证研究和交流，对产品保证工作机制及产品保证流程、标准规范、工具等提出改进建议。

(5)专业产品保证工程师

1)负责与专业有关的产品保证工作策划，制定相应专业的产品保证大纲、计划和要求；

2)负责组织产品保证相关专业工作的开展，确保本专业有关的产品保证大纲、计划内容和产品保证要求得到落实；

3)负责对产品研制活动提供专业技术指导和把关；

4)负责相关专业产品保证工作总结；

5)在产品保证部门或技术支撑机构的统一组织下，开展产品保证专业技术研究和交流，对相关产品保证专业工作的流程、标准规范和工具等提出改进建议。

(6)单机产品保证工程师

1)对本产品的产品保证工作负直接责任，日常业务工作对单机产品负责人负责，接受单位产品保证部门的领导，对于重大问题可直接向分系统产品保证经理和单位行政正职汇报。

2)确定产品保证任务所需的各项资源，保证产品保证活动能够有效开展。

3)负责与上一级产品承研单位协调产品保证任务，确保产品保证活动和产品质量满足合同要求；在本产品组织贯彻落实产品保证活动、质量管理有关的要求、规章制度、标准规范；结合单机产品特点、产品特性分析、产品关键特性/重要特性和技术风险识别等开展产品保证策划；制定《产品保证大纲》、《产品保证计划》和《对零部组件或工序外协供方的产品保证要求》，确保所有产品保证活动得到有计划的、文件化的管理和控制。

4）实施《产品保证大纲》、《产品保证计划》，并确保制定的产品保证要求有效传递、落实到位。

5）通过产品保证审核、评审、强制检验和验收等手段，对外协供方进行管理与控制。

6）对技术风险进行全面管理，对残余风险进行有效分析和确认，并得到各方认可；开展评审、审核、产品鉴定、强制检验、关键检验、验收、不合格审理、质量问题归零和举一反三等产品保证活动；负责单机产品数据包的策划和管理；通过组织开展工艺鉴定、产品鉴定和生产准备状态评审，建立产品生产基线，并负责对生产基线变化和可能的风险进行充分识别，按生产基线控制程序参与生产基线控制，监督落实生产过程中多余物控制、防静电等工作。

7）收集和汇总产品保证信息，编制《产品保证信息报告》，保证记录完整、可追溯，并定期向产品保证部门提交；负责产品保证工作的总结、评价，开展面向单机产品的质量分析，通过健全三层次作业文件，不断完善产品实现过程。

8）在产品保证部门的统一组织下，参与产品保证研究和交流，对产品保证工作机制及产品保证流程、标准规范、工具等提出改进建议。

产品保证组织结构图如图 2－1 所示。

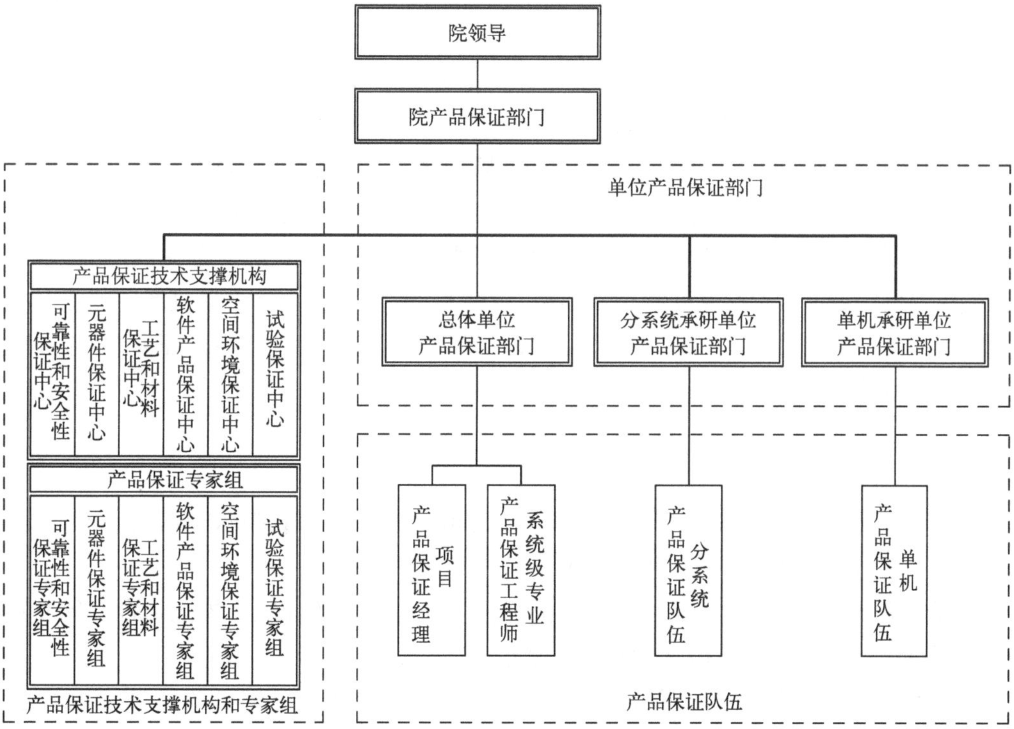

图 2－1　产品保证组织结构图例

2.2.3 产品保证资源的策划

航天器产品承研单位分析并明确本级《产品保证大纲》实施所需的产品保证资源，对支持产品可靠性、安全性设计，产品设计验证、产品鉴定等需要的设施、设备和工具、人员等资源保障工作的充分性进行策划，对可能存在的问题和风险提出针对性的措施。

产品保证资源策划是航天器产品承研单位进行基础设施建设、保障资源调配的输入条件之一，确保资源落实到位。

项目经理是型号产品保证工作的第一责任人，负责协调落实型号产品保证工作所需资源，对技术、质量、进度、成本等的风险进行综合分析和决策。

2.3 产品保证策划

2.3.1 产品保证大纲

《产品保证大纲》是对用户提出的产品保证要求的承诺，也是对研制全周期的产品保证工作系统全面的策划。《产品保证大纲》中明确本级产品的产品保证工作目标、思路与措施，产品保证队伍及职责。策划的产品保证工作项目覆盖产品保证要求中的各项内容，对所需资源进行策划并落实，确保完成规定的任务，满足用户要求。

型号在启动时根据用户的产品保证要求、上级和本级组织的产品保证有关制度和要求，在对型号任务特点和研制风险进行深入分析的基础上，制定本型号的《产品保证大纲》。

产品承研单位结合上一级提出的产品保证要求，按型号制定本单位的《产品保证大纲》，必要时，产品承研单位也可按产品单独编制《产品保证大纲》。

《型号产品保证大纲》一般在型号研制起始阶段编写，并随着型号研制工作的进展不断完善。《系统级产品保证大纲》由项目产品保证经理负责编制，由系统级专业产品保证工程师参加，由项目经理审批，由产品保证部门组织评审。《分系统产品保证大纲》由分系统产品保证经理负责编制，由分系统负责人审批。《单机产品保证大纲》由单机产品保证工程师负责编制，由单机产品负责人或单位产品保证部门负责人审批。《产品保证大纲》应提交上一级产品承研单位审查确认。

2.3.2 产品保证要求

型号项目办根据本型号《产品保证大纲》以及相关产品保证管理标准规范，针对产品保证各要素，面向型号各承研单位提出本型号的产品保证要求。

在型号研制的起始阶段，将用户的产品保证要求与相关的标准、规范结合，形成本型号《产品保证要求》，经评审后下发到各承制单位。

如前所述，产品保证包括产品保证管理、质量保证等要素，目前已颁发的标准中都规定有产品保证的工作项目要求，如可靠性保证、维修性保证、安全性保证的工作项目要求。这些工作项目可供选择，当确定后即是产品保证要求。实际工作中，要针对所确定的每一项工作项目给出其工作项目说明及实施要求，该要求可包含或引用相关的标准、程序文件或作业指导书等规范，还可根据具体的项目要求，增加特殊的内容。

型号研制初样阶段、正样阶段分别根据上一阶段型号研制情况以及用户、上级等方面新的要求，补充《型号产品保证要求》。

《系统级产品保证要求》由项目产品保证经理负责编制，由系统级专业产品保证工程师参加，由项目经理审批。《分系统对单机的产品保证要求》由分系统产品保证经理负责编制，由分系统负责人审批。《单机外协项目的产品保证要求》由单机产品保证工程师或外协部门负责编制，由单机产品负责人或单位产品保证部门负责人审批。

2.3.3　产品保证计划

产品承研单位根据本单位制定的产品保证大纲，在产品研制各阶段制定《产品保证计划》。《产品保证计划》中明确产品保证阶段目标，对该研制阶段任务特点和风险进行分析，结合型号研制技术流程，对《产品保证大纲》中规定的本阶段产品保证工作项目进行统筹安排，并纳入到产品研制流程中。明确流程中每一项产品保证工作项目的内容、结果、责任、时机、措施等，形成可操作的产品保证计划，确保产品保证工作规范有序开展。必要时，可制定产品保证专题计划，如产品鉴定专题计划、评审专题计划、试验验证专题计划、可靠性专题计划等。

结合型号方案设计和风险分析的情况，在方案阶段初期初步方案设计、方案阶段可靠性工作计划以及系统级文件体系表确定后，编制《型号方案阶段产品保证计划》，明确方案阶段开展的设计评审、可靠性等产品保证工作项目。对其他在方案阶段初期不确定的情况，可在《产品保证计划》中制定专项计划，作为计划的补充，《软件保证计划》可单独编制，但要与阶段标志相结合，如明确方案阶段结束时软件应完成需求评审等。

结合方案阶段总结或初样阶段风险分析的情况，在初样阶段研制技术流程和可靠性安全性工作计划以及总体文件体系表确定后，编制《型号初样阶段产品保证计划》，明确初样阶段开展的设计评审、可靠性安全性、关键项目控制、质量保证以及元器件材料和工艺保证、软件保证等产品保证工作项目。对其他在初样阶段初期不确定的情况，可在《产品保证计划》中制定专项计划，作为计划的补充，如在关键项目的可靠性设计、原理和鉴定验证等项目还未完全确定，在《初样阶段产品保证计划》中可制定关键项目控制计划专项工作，在关键项目的可靠性安全性工作计划确定后制定系统级的专项控制计划。

在初样产品保证工作的基础上，针对正样研制的特点，对型号研制总要求以及初样阶段的产品保证工作进行分析、评价，编制《型号初样阶段产品保证计划》，提出各分系统、各承制单位需开展的产品保证工作内容，重点加强产品实现过程的产品保证策划，强调落实和检查，明确工作输出、责任人和完成时间与形式。

《系统级产品保证计划》由项目产品保证经理负责编制，由系统级专业产品保证工程师参加，由项目经理审批，由产品保证部门组织评审；《分系统产品保证计划》由分系统产品保证经理负责编制，由分系统负责人审批；《单机产品保证计划》由单机产品保证工程师负责编制，由单机产品负责人或单位产品保证部门负责人审批。

《产品保证计划》要提交上一级产品承研单位审查确认，并纳入本级产品研制和生产计划中统一管理。《产品保证计划》作为产品承研单位产品保证审核、产品验收等环节的重要依据之一。

2.3.4　产品保证工作机制

依据产品保证队伍职责及管理要求，在型号内部，在项目产品保证经理的统一组织下，各级产品保证人员逐级负责，确保《型号产品保证大纲》、《产品保证计划》在产品各研制阶段得到有效贯彻和落实。对于通用单机产品，单机产品保证工程师按产品规范、产品保证大纲开展工作。

专业产品保证工程师对应的专业通常包括质量保证、可靠性保证、安全性保证、EEE元器件保证、材料与机械零件及工艺保证、软件产品保证等。项目产品保证助理协助项目产品保证经理开展工作，同时兼任质量保证工程师。型号内部各专业工作组、专业产品保证工程师接受项目产品保证经理统一领导。产品保证专家组在型号研制、生产过程中起到参谋、咨询、把关等作用，产品保证负责人具有决策权。

产品保证人员确保在项目初期，根据用户合同要求对产品保证活动及其所需的资源(人、财、物)进行策划，统筹安排产品保证的各项工作，实施评审、检验、审核、验证、鉴定、验收等活动，确保《型号产品保证大纲》、《产品保证要求》和《产品保证计划》在产品承研单位和产品各研制阶段得到有效贯彻和落实。

产品保证人员要配合项目管理工作，确保产品保证活动的确定和阶段划分符合合同规定，并与型号管理、工程技术活动相协调；配合与产品保证工作相关的风险管理、技术状态管理、工程技术活动、采购、装配、测试和验证等工作；就所有产品保证工作与用户接口，与分承研单位接口。

图 2－2 从产品保证文件逻辑关系的角度反映了产品保证的工作机制。

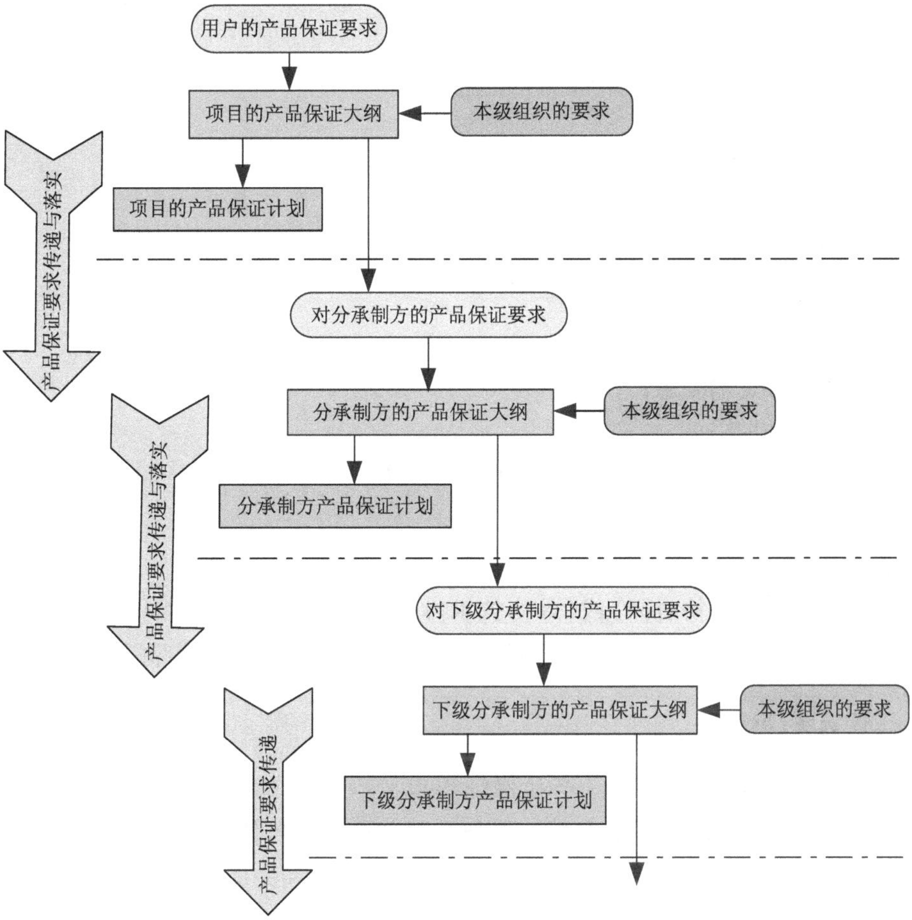

图 2－2　产品保证文件逻辑关系

2.4　对分承制方的控制

2.4.1　分承制方的选择

在分承制方选择时优先考虑航天系统研制单位，如果选择了航天系统外的研制单位则须在《外协合格供方名录》内选择，如需选择《外协合格供方名录》外的单位研制，应先对分承制方质量保证能力进行审核与评价，通过后方可签订《研制外协合同》。

2.4.2　分承制方合同控制

选择分承制方后，需以合同签订的方式进行确定。技术协议一般包括以下内容(可根据实际要求增减)：

1)协作项目基本内容;

2)技术指标要求;

3)二次外协单位、项目及要求;

4)质量控制要求;

5)试验方法和要求;

6)检验项目、采用标准和程序;

7)验收项目、测试方法、采用标准和程序;

8)交货状态和期限;

9)有争议的问题规定解决争端的办法;

10)包装要求和运输要求;

11)贮存要求和期限;

12)随产品交付的技术文件和质量证明文件要求;

13)违约条款;

14)保密要求等。

所有外协项目的《外协合同》或《外协技术协议》在签署前,按项目的具体要求,一般由计划、质量、设计等部门会签,工序间外协项目报承制方外协主管部门备案。

2.4.3 工作说明(SOW)

技术附件包括《工作说明》、《产品保证要求》、《试验验证要求》、《技术规范》等。《工作说明》作为技术附件的顶层文件,将分承制方承担项目任务的范围,包括主要交付物、项目目标、项目约束以及工作内容,以及交付的内容和完成的工作进行说明。《工作说明》文件中只规定工作要求,而不规定承制方完成工作的方法,描述作为项目详细描述的基础,为不同承制方建立项目范围的一致性理解和参照基准。

《工作说明》文件一般包括以下内容:

1)工作任务要求。

2)交付要求。

3)项目管理要求:

a. 项目组织;

b. 进度;

c. 评审和会议;

d. 进度报告;

e. 技术状态管理;

f. 风险管理;

g. 经验信息;

h. 综合后勤保障(ILS)。

4)工程服务要求。

5)产品保证要求。

6)访问要求。

7)验证要求。

8)运行要求。

9)数据和文件要求。

2.4.4　分承制方产品保证要求的提出和传递

承制方根据产品特性规定分承制方从设计、采购、制造、装配、试验到交付全过程的产品保证要求，一般包括以下内容(可根据实际要求增减)：

1)产品保证管理要求；

2)质量保证要求；

3)技术状态管理要求；

4)可靠性保证要求；

5)安全性保证要求；

6)维修性保证要求；

7)材料、零件和工艺保证要求；

8)电子、电气和机电元器件保证要求；

9)软件产品保证要求等。

对首次承担宇航任务的外协单位，重点开展产品保证管理和质量保证基础知识培训，并对可靠性安全性保证、空间环境适应性保证、技术状态控制、质量问题归零、数据包管理等重要标准进行宣贯，协助外协单位理解产品保证概念，建立产品保证队伍和文件体系。

对多次承担宇航任务的外协单位，重点开展产品保证要求、质量保证、可靠性设计、分析与验证、供电安全、技术风险分析与控制等相关要求和标准规范的培训，提升外协单位深入理解和贯彻产品保证要求的能力。

对长期合作的外协单位，重点开展产品生产基线控制、工艺稳定性控制、生产过程质量控制等相关要求和标准规范的培训，提升外协单位生产过程控制能力，保证产品质量稳定性。

2.4.5　分承制方的审核与监督

(1)质量保证能力审核

原则上每年对外协单位开展质量保证能力审核，对于发生重大质量问题、组织结构发生重大变化等情况，及时开展质量保证能力审核工作；结合产品实际需要，确定审核要素，制定审核计划，书面通知外协单位；审核组对审核中发现的问题填写《不符合项报告》，并要求外协供方按期进行整改，并审查外协供方整改情况；审核组根据审核情况和“不符合项”的整改情况填写《外协供方质量保证能力审核报告》，给出审核结论。

(2)生产现场检查

当外协单位供货质量不稳定，或产品发生重大质量问题或批次性质量问题时，以及外协单位生产场地和生产条件发生变化时，及时开展科研生产现场检查。生产现场检查可结合外协单位质量能力审核开展。

检查以生产现场正在使用、执行的文件为依据，通过实地查看、询问等方式进行检查，必要时由检查组人员向现场人员调取相关材料。重点检查生产现场管理规章制度及执行情况，生产人员岗位资质、质量职责落实情况，生产现场防静电控制情况，生产设施、设备与工具使用、维护管理情况，生产环境与多余物控制情况，生产物料发放、流转管理情况，生产操作依据文件的管理情况，生产过程检验管理与执行情况，生产过程记录与数据包管理情况等。

一般聘任相关领域专家担任检查组长，检查组成员要根据外协单位承制产品特点，包含外协产品技术负责人、产品保证工程师、工艺专家等有关人员。

结合外协产品具体特点，确定检查要素，制定《检查通知书》，提前两周以书面形式下发至被检查单位。

检查组提出整改建议和要求，形成书面整改通知单，要求外协单位在规定的时间内完成问题的整改闭环，将整改落实情况形成书面报告提交检查组进行验证。

(3)生产准备评审

项目办在《外协产品保证要求》中明确生产基线管理办法和产品生产准备评审管理要求。

在C、D类产品和影响任务成败的关键产品正样件投产前，卫星总体应参加生产准备评审，对生产状态进行检查，共同确认正样状态与生产基线的一致性、各生产要素与《产品生产准备评审报告》的符合性等内容，并关注二次外协项目的生产基线是否确定。

对于关键通用单机、使用新材料和新工艺的复杂产品，适当提高评审级别。对于产品硬件设计比较简单、工艺成熟、不涉及工艺鉴定的产品(如采用通用工艺生产的电子类单机等)，其生产准备评审可适当简化，主要审查生产依据性文件的完整性和生产过程检验要求的正确性。

2.4.6　分承制方技术文件控制要求

承制方向分承制方书面传递航天产品数据包要求，并对分承制方的数据包管理进行严格监督和验收，确保外协产品全过程控制措施落实到位。航天产品数据包管理要求可在《产品保证要求》中明确。

外协项目完成后，在外协项目执行过程中产生的全部文件资料应按规定程序归档。

2.5 引进产品保证

2.5.1 引进产品合同控制

引进方编制《引进产品保证要求》。签订引进合同时，将《引进产品保证要求》作为合同附件，并与外方进行有效沟通，确保外方充分理解并接受产品保证要求的内容和相关特殊规定。

对于引进产品特别是首次使用的引进产品，要组织调研国内外同类产品的应用情况，了解曾经发生的问题和采取的解决措施，在技术合同签署时，提出针对性的测试与考核要求。在合同中明确规定测试、试验方法和要求，测试、试验应与航天器上产品实际工作环境、接口状态、工作条件一致，并要求采用直接测试方法进行测试。对于无法用直接测试方法验收的项目，可用仿真方法进行验证。

在技术要求谈判前，组织对技术要求进行内部评审，确保技术要求准确完整，降低引进产品研制风险。

在合同附件中明确产品的 PDR、CDR、MRR、MIP、TRR、TDR、AR 等产品保证活动的具体要求和时间节点，并要求外方做好相应的条件保障工作，至少在相应产品保证活动时间节点到达前 30 个工作日发出活动邀请。

在合同附件中明确规定实施 PDR 和 CDR 时外方应提交的数据包文件要求。明确规定产品交付要求，包括产品的包装要求、交付文件资料。

在合同中明确要求外方每季/月提交《产品保证信息报告》，并规定应包含的具体项目，比如技术状态更改、不符合项(NCR)等。在发生影响系统指标或合同执行的重大设计状态更改、不合格时，应要求外方及时通知引进方，引进方应及时将相关信息报合同主管部门和项目办。

2.5.2 引进产品研制过程控制

引进产品的过程控制措施，一般包括 PDR、CDR、MRR、MIP、TRR、TDR 等。

(1) PDR、CDR

对于 E－D 类产品，引进方应要求外方组织开展有引进方参加的 PDR 工作。对于 E－C、E－D 类产品，引进方应要求外方组织开展有引进方参加的 CDR 工作。

引进方应要求外方在完成产品初步、关键设计后，提前 15 个工作日提交 PDR、CDR 数据包。在合同中规定提交 PDR、CDR 的数据包清单，一般包括设计文件、产品保证文件等。其中，设计文件一般包含技术要求、设计报告、可靠性、故障模式与影响分析(FMEA)、接口文件及其他引进方规定的内容，产品保证文件一般包括元器件、材料和工艺及其他引进方规定的内容。

(2) MRR

对于 E－C、E－D 类产品，外方在完成鉴定后的首飞产品投产前，进行 MRR。

开展 MRR，引进方检查设计文件和产品保证文件的齐套情况、生产设备的准备情况、关键工序的人员资质、生产环境、加工和检验工具、前期的不合格和待办事项完成情况。

引进方根据检查的具体要求编制 MRR 检查单，MRR 实施完成后请外方一并签署。外方在通过 MRR 并完成待办事项闭环后开始投产。

(3) MIP

对于 E－C、E－D 类产品，由引进方明确强制检验项目，并与外方协商给出判定准则和检验方法，制定《强制检验点检查记录表》。

引进方在实施强制检验后，填写并与外方一同签署《强制检验点检查记录表》。引进方在完成引进产品强制检验工作后，及时完成《强制检验总结报告》，并签署完整归档备查。

(4) TRR

对于 E－C、E－D 类产品，由引进方要求外方在产品完成生产，开始试验(测试)前，进行 TRR。

开展 TRR，检查试验(测试)输入和执行文件的齐套情况、参试设备的准备情况、参试人员的资质、试验(测试)环境、产品的技术状态、前期的不合格和待办事项完成情况。在 TRR 时，对《试验(测试)大纲》、《试验(测试)细则》等试验依据文件开展专项评审。外方在通过 TRR 并完成待办事项闭环后开始试验(测试)。

(5) TDR

对于 E－C、E－D 类产品，由引进方要求外方在产品测试完成后，形成完整的测试数据包，在产品验收前提前交付审查。

在 TDR 时，对技术合同规定的试验项目和测试指标做全面审查，确保引进产品交付前的试验验证充分，满足指标要求。必要时，引进方对相应试验(测试)数据现场确认，完成测试数据评审。

2.5.3　引进产品验收

引进产品的验收交付要求如下：

1) 引进方应要求外方在产品研制完成后，提前 30 个工作日发出验收邀请，并提交产品数据包；

2) 引进方组织成立验收组，提前审查数据包；

3) 引进方实施验收活动，开展现场实物检验和数据包审查，必要时应开展现场测试；

4) 完成验收评议，给出验收结论，当产品不满足合同要求时，引进方有权拒收产品；

5) 验收组形成验收纪要，对待办事项进行跟踪落实；

6) 当引进产品发生返修或补充试验后，由引进方组织引进产品的再验收；

7) 引进方在产品完成验收后，及时组织验收组完成验收总结，签署完整后归档备查。

2.6　产品鉴定状态管理

2.6.1　产品鉴定状态等级分类原则

在型号研制初期组织设备承制单位开展产品鉴定状态评审活动，根据型号的任务要求，在对产品进行功能基线、研制（分配）基线与生产（产品）基线分析的基础上，经评估确定产品的鉴定状态及分类。

产品鉴定状态按以下类别进行分类。

（1）A 类产品

完全继承已经通过鉴定的产品，在设计、制造、元器件、工艺、材料、生产单位等方面没有更改，其设计规范和技术要求（包括性能、可靠性、设计寿命、环境条件等）均不高于被继承产品，符合 GJB Q/1027A—2005 中相似性鉴定的 8 项要求，不需进行鉴定试验，只需进行验收试验。

（2）B 类产品

继承已经通过鉴定的产品，在设计、制造、元器件、工艺、材料、生产单位等方面均没有较大的更改。当继承设备的使用环境或性能要求不高于被继承产品时，需要进行验收试验或准鉴定试验；当继承产品的使用环境或性能要求高于被继承产品时，需要进行准鉴定试验或补充鉴定试验。

（3）C 类产品

继承已经通过鉴定的产品，但在设计、制造、元器件、工艺、材料、生产单位等方面有较大更改的产品，需要进行相应的补充鉴定或全面的鉴定试验。

（4）D 类产品

新研制的产品，需要进行全面的鉴定试验。

（5）E 类产品

引进产品，并且按照 A、B、C、D 等级分类原则，分为 E－A、E－B、E－C、E－D 类。

2.6.2　产品鉴定状态控制

承制单位将设计的产品性能指标等要求与被继承产品鉴定数据包进行对比和分析，提出产品鉴定状态分类、试验项目和试验条件，形成初步的《产品鉴定状态报告》。

新研产品鉴定状态评审在方案设计阶段和初样设计阶段进行，继承成熟平台的产品鉴定状态评审在航天器立项或合同签订后进行。评审由项目办组织，邀请用户、总体主任设计师、分系统主任设计师和产品保证人员等参加，对选用的产品鉴定状态进行分析和确认。

评审组根据《产品鉴定状态报告》讨论情况，确定产品鉴定状态分类和鉴定试验项目、试验条件，形成《航天器产品鉴定状态清单》。在产品研制的不同阶段，如果产品技术状态发生变化，重新评估及鉴定状态，最终在初样设计阶段汇总产品鉴定状态评审结果，更新《产品鉴定状态等级分类清单》，为正样产品确定产品基线，形成最终的《产品鉴定状态清单》。

2.7 技术风险分析和控制

2.7.1 技术风险识别和评估

技术风险是指造成型号技战术指标不能满足要求，危害型号任务目标实现或导致型号任务失败的不确定性，一般用发生可能性和后果严重性综合度量。

技术风险分析与控制是指按照预定的程序，采用一定的技术方法，识别型号技术风险项目，在分析风险可能性与严重性基础上确定风险综合等级，进而采取必要的应对措施，高风险的项目设置为关键项目规定关键项目控制措施，并随着型号研制工作的深入迭代开展，将风险消除或降低到可接受水平。

型号根据本型号任务要求，充分利用已积累的信息(含相关标准、规范等)和实践经验，组织开展全系统、全过程、全要素的技术风险识别，对识别出的技术风险项目的全面性和准确性负责。将识别出的技术风险项目汇总形成清单，并经评审确认。

结合型号各研制阶段特点，对已确定的技术风险项目组织开展定性或定量评价工作，确定技术风险项目后果严重性、发生可能性以及风险综合等级。

航天型号技术风险后果严重性、发生可能性、风险综合评价、评级准则示例分别见表2－1～表2－4。

表2－1　风险后果严重性等级分类

程度	等级	风险严重性程度描述
轻微	A	1)基本不影响任务目标实现； 2)无人员伤害
轻度	B	1)系统极轻微损坏或仅次要功能丧失，且可以立即修复； 2)人员轻微伤害
中等	C	1)阶段主要任务完成或达到的目标仅为任务的主要考核目标； 2)系统轻度损坏或主要功能丧失，且可以修复； 3)人员轻度伤害
严重	D	1)型号任务未达到主要试验目的； 2)主要技战术指标不能实现； 3)影响任务转场、发射窗口推迟等重大节点； 4)阶段任务部分完成或仅达到部分任务目标，且未达到的目标是任务的主要考核目标； 5)分系统或重要单机技术方案出现颠覆或重大反复； 6)人员严重伤害

续表

程度	等级	风险严重性程度描述
灾难	E	1)型号任务失败； 2)关键技战术指标实现差距大，用户不能接受； 3)阶段任务无法完成或达不到任务目标； 4)总体技术方案出现颠覆； 5)系统严重毁坏或全部功能丧失，且无法修复； 6)人员死亡

表2-2　风险发生可能性等级分类

程度	等级	风险可能性程度表述
极少	a	理论上属于小概率，实际上还未发生过，或几乎不发生，发生概率 $p<0.01\%$
很少	b	可能发生，需要触发条件，或很少发生，发生概率 $0.01\% \leqslant p<0.1\%$
少	c	在本型号或其他型号偶尔发生过的故障，发生概率 $0.1\% \leqslant p<1\%$
可能	d	在本型号中或其他型号发生过，或频繁发生，发生概率 $1\% \leqslant p<10\%$
很可能	e	已经在多个型号中发生过或本型号中发生多次，或很可能发生，发生概率 $p \geqslant 10\%$

表2-3　风险综合评价矩阵

严重性 可能性	A(轻微)	B(轻度)	C(中等)	D(严重)	E(灾难)
e(很可能)	Ae	Be	Ce	De	Ee
d(可能)	Ad	Bd	Cd	Dd	Ed
c(少)	Ac	Bc	Cc	Dc	Ec
b(很少)	Ab	Bb	Cb	Db	Eb
a(极少)	Aa	Ba	Ca	Da	Ea

表2-4　风险综合评级

程度	综合等级	风险综合评价指数	备注
极低	Ⅰ	Aa、Ab、Ac、Ba、Bb、Ca	低风险
低	Ⅱ	Ad、Bc、Cb	
中等	Ⅲ	Ae、Bd、Be、Cc、Cd、Da、Db、Dc、Ea、Eb	中风险
高	Ⅳ	Ce、Dd、Ec	高风险
极高	Ⅴ	De、Ed、Ee	

2.7.2　技术风险分析与控制方法

(1)故障模式、影响与危害性分析[FME(C)A]法

故障模式与影响分析(FMEA)指分析产品中每一个可能的故障模式并确定其对该产品

及上层产品所产生的影响，以及把每一个故障模式按其影响的严重程度予以分类的一种分析技术。实质上，就是通过对故障的回想和预想、分析原因、采取防范措施避免故障发生。FME(C)A 指在 FMEA 基础上，同时考虑故障发生概率与故障危害程度的故障模式与影响分析。

(2)故障树分析(FTA)法

通过对可能造成产品故障的硬件、软件、环境、人为因素等进行分析，画出故障树，从而确定产品故障原因的各种可能组合方式和(或)其发生概率的一种分析技术。FTA 法是一种图形演绎方法，它以特定的故障状态为目标作层层深入的逻辑分析，形象直观地描述系统内部各种事件的因果关系，从而找出引起系统失效的各种故障事件组合，并采取相应的防范措施。

(3)概率风险评估(PRA)法

PRA 法是一种识别与评估复杂系统风险的结构化、集成化的逻辑分析方法，它综合运用事件树、故障树等方法构建出风险事件链模型，集成工程各类定性和定量信息(如试验数据、现场数据、仿真数据、专家判断等)进行模型量化与不确定性分析(如应力强度分析、贝叶斯分析与蒙特卡罗仿真)，从而能够量化评估系统的可靠性和安全性水平，分析影响任务风险(可靠性)和安全风险(安全性)的薄弱环节，为复杂系统寿命周期内的风险管理提供决策支持。

(4)可靠性预计法

为了估计产品在给定工作条件下的可靠性而进行的工作。预计产品的基本可靠性和任务可靠性，评价所提出的设计方案是否满足规定的可靠性定量要求，并从中发现设计的薄弱环节，为改进设计提供依据。

(5)设计裕度分析法

设计裕度是表征产品可靠性和安全性的一个重要指标。为保证航天产品的可靠性和安全性，在确定影响可靠性安全性的关键指标或参数的基础上，对关键指标或参数进行设计裕度分析，确保设计指标针对设计要求，特别是对实际使用状态都有较大的余量。分析包括理论分析和基于试验结果的分析。

(6)潜通路分析法

潜通路是指潜伏在电气系统设计中，在一定条件下出现的非期望通路或状态，该通路或状态可能造成系统不应有的动作或对应有动作的抑制(与元器件失效无关)。潜通分析是分析潜通路造成的危害后果，并采取相应的设计措施。

(7)最坏情况分析法

在设计限度内分析电路所经历的环境变化、参数漂移及输入漂移出现的极端情况及其组合，并进行电路性能分析和元器件应力分析。

(8)电磁兼容性分析法

电磁兼容性分析其着眼点是研究可能或已发生的电磁干扰现象，并采取适当的加固措施，抑制电磁干扰的产生。

(9)飞行时序动作分析法

飞行时序动作分析法主要对以下过程进行分析：一是从发射准备、点火起飞及主动段飞行、星/船箭分离到初始飞行状态建立；二是卫星在轨运行过程中所有已设计的模式，包括各种任务模式、轨道调整模式、星座构型建立与保持模式、安全模式等。以每一个飞行时序动作为牵引，对每个动作(如火工品时序动作、软指令动作等)或影响成败的关键环节(项目)的输入条件、输出(相应)结果、设计指标及满足情况、设计余量、可靠性措施、环境及相关影响、试验验证或仿真、计算等工程分析情况进行系统梳理，进一步查找需要进一步分析和确认的问题，从而消除技术上可能存在的隐患，最终得出从动作要求、动作实现到动作执行能够完整闭合的推演分析结论。

(10)数据差异性法

对产品检测数据进行纵向和横向的比对分析过程。横向比对是指本产品实测参数与其他同类产品以往检测数据的比对。纵向比对是指同一产品已进行的各阶段检测数据之间的比对。

(11)数据超差、数据临界的影响及成功数据包络线分析法

将待分析产品数据与对应的包络范围进行比对，判定待分析产品数据是否落在包络范围内，得到待分析产品数据包络状况，评估产品是否满足执行任务能力。

(12)“九新”分析法

在型号研制生产各阶段，根据型号总体、分系统和单机产品基线，开展新技术、新材料、新工艺、新状态、新环境、新设备、新单位、新岗位、新人员等“九新”分析，识别技术风险。

(13)技术成熟度分析法

将与技术有关的概念、技术状态、经演示验证的技术能力等进行分析，确定其技术成熟程度等级，是衡量技术能力满足技术要求的方法。该方法可识别型号研制各阶段预研技术选用、技术方案比较、关键节点技术状态等方面的技术风险。

(14)测试覆盖性分析法

对型号产品测试检查项目覆盖产品设计任务书或技术要求规定的功能和性能指标的程度、型号产品地面试验状态满足产品实际使用测试状态的程度进行分析，识别技术风险。

2.7.3　风险消除、控制和残余风险管理

型号两总系统在各研制阶段中实施风险降低措施，根据措施的有效性和型号研制进展对《技术风险项目清单》进行动态更新，识别新的风险，闭环可接受的风险，对措施有效性未达到预期效果的技术风险进行分析，并制定新的风险降低措施。

根据《技术风险项目清单》确定的风险综合评价结果，梳理确定高风险项目、中风险项目和低风险项目，并分别有针对性地提出消除、降低、转移或接受的应对措施，确保风险

应对措施充分、有效和合理。

飞行试验前，对于经风险控制和消除后仍存在的不可接受的残余风险，由项目办组织制定风险发生时的应对措施，纳入相关的文件中，并通过集团公司或院组织的专项评审。

2.8 关键项目管理

2.8.1 关键项目识别

关键项目是指故障发生后，造成人身、财产严重危害，导致系统(或分系统)功能、性能不能满足用户要求，严重影响研制进度，并造成航天器不能接受的风险的项目。关键项目的识别是伴随着技术风险分析进行的，是技术风险分析的结果之一。根据系统及分系统级 FMEA 结果，根据关键项目识别准则，识别和确定系统及关键项目，编制《系统级关键项目清单》。

具有如下特征之一的项目应判定为关键项目：

1)故障发生后直接导致系统破坏或人员伤亡；

2)故障严酷度为Ⅰ类①或Ⅱ类②的单点失效；

3)故障严酷度为Ⅰ类、Ⅱ类且发生概率大于 1×10^{-5}(或失效率大于 100 Fit)的硬件、软件；

4)故障发生将导致评价航天器系统完成任务的重要信息丢失；

5)采用未经飞行试验考核的新技术、新产品、新程序，且一旦故障发生将严重影响分系统或系统的功能或性能；

6)难以进行地面试验验证，且在飞行试验中一旦发生故障将严重影响系统相关任务的完成；

7)具有有限寿命期(使用次数、循环周期、使用有效期)或对环境条件敏感(包括抗辐照能力差)的硬件、一旦发生故障将导致分系统或系统的功能或性能失效；

8)在产品质量与可靠性方面有不良历史；

9)发生故障后将对研制进度有严重影响；

10)难以采购。

2.8.2 关键项目清单管理

组织专家和有关人员对《关键项目清单》内容及控制措施进行评审、确认，由项目技术经理批准下发系统级关键项目清单及控制措施文件。

---

① Ⅰ类故障：灾难性的故障，将导致分系统功能丧失或基本丧失，进而使航天器任务失败或出现不可接受的任务降级或人员伤亡、财产重大损失或使航天器工作寿命缩短设计寿命的一半以上。

② Ⅱ类故障：关键性的故障，将导致分系统主要功能明显下降，对航天器任务完成有严重影响或使航天器工作寿命降低1/4～1/2。

《关键项目清单》在型号初样阶段形成，在正样阶段，项目办组织相关研制单位结合初样关键项目控制情况和正样研制阶段 FMEA 工作，对关键项目及控制措施进行修订、完善。

2.8.3 关键项目过程控制

(1)一般要求

在方案设计阶段，全面、细致地开展关键项目的可靠性与安全性设计工作。根据实际，对关键项目设计方案进行仿真或安排专项试验，加强设计验证。工艺技术部门确定关键项目的关键工序(或关键过程)，制定详细的、可操作的工艺方法，纳入关键工序工艺规程进行落实。研制单位将关键项目及其控制措施纳入航天器研制技术和计划流程进行管理。关键项目涉及的有关产品工艺文件、测试或专项试验文件进行评审。在关键项目研制或实施过程中，设置必要的关键检验点或强制检验点，并在工艺文件、测试及专项试验细则中进行明确，在研制过程中进行落实。关键项目在研制或实施过程中需形成完整、详细、有效、可追溯的过程质量记录。对于特殊装配、测试和试验项目按制定的措施进行监控，对于关键的生产环节和关键工艺过程，根据需要采取照相或录像措施。

(2)技术状态控制

涉及关键项目的Ⅲ类技术状态更改方案，由责任单位组织同行专家进行复核复算，并经技术状态控制委员会(小组)审查、确认。涉及多个航天器的关键项目技术状态更改，报技术状态控制委员会审查、批准，并转项目办备案。

(3)不合格控制

在正样研制阶段，关键项目的任何超差和偏离提高一级审批，并报项目办备案。

(4)质量问题归零

涉及关键项目的质量问题归零由项目办组织进行评审，若质量问题涉及多个航天器时，则由质量管理部门组织进行评审，并报相关项目办备案。

(5)风险控制

对关键项目风险不能完全消除时，进行风险分析并组织专家评审，确认项目存在的风险已降至最小程度，并做出不影响任务完成的结论。

(6)关键项目研制情况上报

责任单位将关键项目研制重要节点的完成情况及时上报到项目办，说明完成的进度和质量情况。根据关键项目的研制计划流程，系统总体单位或项目办对关键节点进行检查，质量管理部门负责组织有关专家进行必要的抽查。

(7)控制措施实施结果确认

承制单位在控制措施的实施过程中进行及时检查，并对发现的不符合项实施有效的纠正措施，确保实施过程质量记录的完整性、有效性和可追溯性。

产品交付前，对关键项目控制过程执行结果进行检查并汇总、分析和评价，并纳入同级《产品研制质量报告》，关键项目过程控制措施和落实结果检查表见表2－5。验收组在验收产品时检查产品研制过程中形成的航天产品数据包，对关键项目过程质量控制情况和有关措施落实情况进行检查，并将检查结果纳入验收结论。

表2－5 关键项目过程控制措施和落实结果检查表

型号代号： 所属分系统： 研制阶段： 表格编号：

序号	产品代号	关键项目名称	主要控制内容和措施	确定控制措施文件的名称、编号	落实结果	落实记录/文件名称、编号	检查人

2.9 技术状态管理

2.9.1 技术状态控制管理内容

技术状态是指在技术文件中规定的，并在在产品(硬件、软件)中达到的功能特性和物理特性。例如卫星遥感相机的分辨率和光谱段，产品各部分构成的尺寸、形状、表面状态，以及它们之间的机械和电气接口等。

功能特性指产品的性能指标、设计约束条件和使用保障要求。其中，包括诸如使用范围、速度、杀伤力等性能指标以及可靠性、安全性和维修性等要求。物理特性指产品的形体特性，如组成、尺寸、表面状态、形状、配合、公差、重量等。

技术状态管理是航天系统工程管理的重要工具，是在产品的研制和使用保障寿命周期中，采用技术和行政的方法对产品的功能特性、物理特性及其更改的管理。技术状态管理的主要任务有4项：技术状态标识、技术状态控制、技术状态纪实、技术状态审核。

卫星项目技术经理对产品技术状态管理从技术上全面负责。为了对技术状态实施有效的控制，型号总体和分系统分层次建立技术状态控制委员会(小组)。技术状态控制委员会(小组)由相应级别的指挥系统、设计师系统成员及相关部门的代表组成，项目负责人担任技术状态控制委员会主任，评定和审批技术状态管理策划、程序、技术状态项目的选择、技术状态基线和对技术状态基线重大更改的审批和检查。

2.9.2 技术状态基线管理

技术状态基线在项目研制过程中的某一特定时刻，被正式确认，并被作为今后研制、生产活动基准的技术状态文件。一般有3种技术状态基线：功能基线、研制(分配)基线和生产(产品)基线。

功能基线是经正式确认的，用以描述航天产品系统及或独立研制的技术状态项目下列内容的文件：功能特性；接口特性；验证上述特性是否达到规定要求所需的检查。

研制(分配)基线是经正式确认的，用以描述航天产品技术状态项目下列内容的文件：从航天产品系统级或高一层技术状态项目分配给该技术状态项目(分系统或设备)的功能特性和接口特性；技术状态项目的接口要求；附加的设计约束条件；验证上述特性是否达到规定要求所需的检查。各技术状态项目研制基线的总合，形成满足航天产品系统功能基线目标的技术途径。

生产(产品)基线是经正式确认的，用以描述技术状态项目下列内容的文件：技术状态项目所必需的功能特性和物理特性；被指定进行生产验收试验的功能特性和物理特性；保障技术状态项目合格所需的试验。

与技术状态基线相对应的技术状态标识分别是功能技术状态标识、分配技术状态标识和产品技术状态标识。

2.9.3　技术状态更改控制

技术状态控制是在已批准的技术状态基线的基础上，为控制技术状态项目的更改二队更改建议(工程更改、偏离和超差)所进行的论证、评审、协调、审批和实施活动，因此也叫技术状态更改控制。技术状态更改控制是技术状态管理的主要任务之一，是正确实施技术状态标识的保证。

(1)更改的分类

技术状态更改是指在航天产品研制、生产过程中，对已正式确认的现行技术状态文件所作的更改。包括影响产品技术状态变化的工程更改、偏离和超差。

①工程更改

工程更改是航天产品在研制、生产过程中，对已正式确认的现行技术状态文件所作的更改。航天产品技术状态文件包括合同、任务书、大纲、规范、设计文件和工艺文件等。航天产品工程更改类别和要求见表2-6。

表2-6　航天产品工程更改类别和要求

类别	定义	范围界定	控制要求
1类更改	不涉及产品实物状态变更的更改	指不涉及产品功能特性和物理特性的文件性更改。如：文字错误、增加视图、统一标注、改变阶段标记等	由设计者填写《更改单》进行更改
2类更改	涉及产品技术状态变更的一般更改	指涉及产品功能特性和物理特性的一般更改。如：提高使用性能，改善表面状态，改变非协调尺寸，不涉及接口特性、电磁兼容性、可靠性、安全性、维修性和不影响相关产品正常工作的一般性更改	定型(鉴定)前的第2类更改，由设计者填写《更改单》实施更改； 定型(鉴定)后的第2类更改，应提出《工程更改建议(申请)》，批准后填写《更改单》实施更改； 航天器正样阶段、运载火箭首飞成功后的第2类更改应提出《工程更改建议(申请)》，批准后填写《更改单》实施更改

续表

类别	定义	范围界定	控制要求
3 类更改	涉及产品技术状态变更的重大更改，或对进度、经费有较大影响的更改	指涉及产品功能特性和物理特性的重大更改。如：任务书或合同要求的更改，设计方案、性能指标、接口特性、电磁兼容性、热特性、协调尺寸外形尺寸、重量、重心、惯性距、可靠性、安全性和维修性的更改	第 3 类更改应提出《工程更改建议(申请)》，批准后填写《更改单》实施更改

②偏离

偏离是指产品实现前偏离了原规定要求。航天产品制造前，针对特定的用途，对该产品的某些方面在限定的数量或期限内，可以不按其已批准的现行技术状态文件要求进行制造的书面认可为偏离许可。

偏离分一般偏离和重要偏离。涉及以下因素的偏离为重要偏离，应提出偏离申请：

1)人身健康；

2)性能指标；

3)产品的互换性、可靠性、安全性、保障性、维修性；

4)有效的使用性和可操作性；

5)重量和重要尺寸；

6)关键和重要特性。

除特殊情况外，不能申请涉及灾难性及致命缺陷的偏离和影响交付使用或维修的偏离。在产品制造之前办理偏离申请，经各级签署并报技术状态控制委员会批准后填写《技术通知单》，对于一般偏离可由提出者直接填写《技术通知单》。允许偏离时，将经审批完备的《技术通知单》与被偏离的技术状态文件一同作为生产和验收的依据，对其已批准的现行技术状态文件不作相应更改。

③超差

超差是指航天产品在制造期间或验收过程中，经检验发现在制品或已制品的某些方面不符合已批准的现行技术状态文件的要求。经审理后，不需要修理或使用经批准的方法修理后仍可使用的书面认可为超差特许(让步接受)。

超差就意味着不合格，不合格品经审理后可提出以下几种处理意见：

1)返工，为使不合格产品符合要求而对其所采取的措施；

2)降级，为使不合格产品符合不同于原有的要求而对其等级的改变；

3)返修，为使不合格产品满足预期用途而对其所采取的措施；

4)报废，为避免不合格产品影响原有的预期用途而对其所采取的措施；

5)超差特许，对使用或放行不符合规定要求的产品进行的书面许可。

超差分一般超差和重要超差，涉及以下因素的超差为重要超差：

1)人身健康；

2)性能指标;

3)产品的互换性、可靠性、安全性、保障性、维修性;

4)有效的使用性和可操作性;

5)重量和重要尺寸;

6)关键和重要特性。

技术状态对不合格品控制的重点是超差特许。除特殊情况外,一般不能申请涉及灾难性及致命缺陷的超差和影响交付使用或维修的超差。

超差由责任单位办理超差申请,经设计单位认可并报相应的技术状态控制组织批准后填写《超差单》。对于一般超差,可由提出者直接填写《超差单》。经审批完备的《超差单》是产品超差特许和验收的依据,应汇总并妥善保管。

(2)技术状态更改控制要求

技术状态更改应遵守"论证充分、各方认可、试验验证、审批完备、落实到位"五项原则,确保技术状态更改在受控条件下进行并具备可追溯性。

①"论证充分"要求

在提出更改建议(申请)前,提出单位应对更改的必要性、正确性和可行性及更改带来的影响进行全面、系统的论证。

论证的主要内容包括:

1)是否进行设计更改才能满足预期的性能指标要求和(或)使用要求,或者对此有明显的改善;

2)提出的更改,技术上是否合理,更改方案是否稳妥,工程上是否可行;

3)更改对产品的可靠性、安全性、互换性、维修性、可测试性、电磁兼容性及接口的影响;

4)更改对合同、进度、经费等的影响;

5)更改对与其相关的其他项目及文件的影响;

6)更改对生产、工艺、检验、试验工作的影响等。

在充分论证的基础上,对确需更改的内容由更改申请者按 6.1.2 的规定提出工程更改类别。属于第 3 类更改以及型号定型(鉴定)后的第 2 类更改和航天器正样、运载火箭首飞成功后的第 2 类更改,形成《工程更改建议(申请)》,其中第 3 类更改以及型号定型(鉴定)后的第 2 类更改还应形成《论证报告》。

②"各方认可"要求

更改所涉及的各相关部门和(或)相关技术系统应对更改的必要性及更改方案的可行性有清楚的认识并形成共识。"各方"是指所涉及的任务提出单位、使用单位及承制方的设计单位、生产单位和试验单位等。相关技术系统是指同一型号研制中,与更改相关的技术接口系统。

"各方认可"可通过协调、会签和评审等方式进行,在权衡利弊、深入分析更改带来的影响和产品实现的可行性的基础上,对更改方案进行认可。

"各方认可"过程和结果应形成书面记录，应重点记录形成共识过程中的分歧意见和处理情况，认可结果或结论。认可各方应在相应文件上签字以示认可。

③"试验验证"要求

应以试验等方式来证实更改方案的正确性、可行性、有效性。试验验证可通过试验、分析、仿真等方式进行，对需要进行技术状态更改的项目，均应创造条件采取适当的方法进行充分的验证。

更改申请在实施前，可采用实际测量、评估、数字模拟、仿真等方法对更改方案进行初步验证。在更改方案实施过程中，以检验、测试、试验的方法对更改效果及实物与文件的符合性进行验证。更改方案实施完成后，对被更改的产品应充分考虑进行地面试验的可能性，对更改内容实施再次验证。

确实无法在真实条件下进行验证的项目，应充分利用现代理论分析方法进行模拟仿真和计算分析，或采用工程方法进行最坏情况分析，并确保有足够的设计余量。

④"审批完备"要求

对所有涉及更改的技术状态文件，均应按规定的职责和程序完成审查和批准，并签署完整。更改涉及的技术状态文件包括对更改的必要性进行评审协调形成的文件、提出的更改文件(如《工程更改建议/申请》、《更改单》、《技术通知单》、《超差单》等)及更改所涉及的技术文件。

涉及以下问题的更改需要提高一级审批：

1)工程研制、生产过程中的第 3 类更改；

2)定型(鉴定)后的第 2、第 3 类更改；

3)航天器正样阶段、运载火箭首飞成功后的第 2 类更改；

4)关键项目、关键件、重要件的更改；

5)涉及产品可靠性、安全性、使用性和维修性方面的偏离。

⑤"落实到位"要求

对已批准的技术状态更改要求，要贯彻执行、落到实处。落实到位包含文件更改到位、产品实现到位和落实情况监测到位等。

2.10 项目技术评审

2.10.1 设计评审

航天产品技术评审一般包括：阶段评审、关键点评审和专项评审。

阶段评审是对阶段设计活动及其结果的评审。阶段评审一般在阶段之末进行，并作为阶段完成的标志之一。一般包括方案设计评审、工程研制阶段设计评审、设计定型(或鉴定)评审。

关键点评审是在型号研制过程的关键时刻对关键工作进行的评审。主要包括总体、分系统、单机的设计评审，产品质量评审，型号出厂评审，型号转场评审。

专项评审是为降低风险，对产品质量、研制进度和经费有重大影响的专业技术问题进行的评审。主要包括工艺评审、软件评审、可靠性安全性评审、元器件评审、质量问题归零评审和其他评审。

2.10.2　产品鉴定状态评审

产品鉴定状态评审是通过对产品的使用要求与新研制及继承产品的鉴定情况进行分析和对比，确定产品鉴定状态分类，提出鉴定或补充鉴定的要求。

航天器研制过程中，设备(组件)级产品进行产品鉴定状态评审，确定其鉴定状态分类和鉴定试验项目。

承制单位将设计的产品性能指标等要求与被继承产品鉴定数据包进行对比和分析，提出产品鉴定状态分类、试验项目和试验条件，形成初步的《产品鉴定状态报告》；项目办组织产品鉴定状态评审，最终确定产品鉴定状态和试验项目、试验条件，并汇总产品鉴定状态评审结果，更新《产品鉴定状态等级分类清单》，确定产品基线，形成最终的《产品鉴定状态清单》。

2.10.3　生产准备评审

生产准备评审是在完成全部工艺鉴定和产品鉴定后、首飞产品投产开始前开展的一项评审工作。通过生产准备评审，确定产品生产基线，启动首飞产品生产。

生产准备评审的目的是：审查生产基线确立是否充分正确；描述生产基线的相关文件是否齐套完整；首飞件与鉴定件的状态是否一致。

对于关键通用单机、使用新材料和新工艺的复杂产品或者产品质量有不良记录的产品，要重点关注并适当提高评审级别；对于产品硬件设计比较简单、工艺成熟且不涉及工艺鉴定的产品(如采用通用工艺生产的电子类单机等)，其生产准备评审可适当简化，主要审查生产依据性文件的完整性和生产过程检验要求的正确性。

2.10.4　试验(测试)准备就绪评审

对航天器系统级试验前“人、机、料、法、环、测、风险”等各项准备情况开展的一系列检查、确认和评审的产品保证活动。

试验准备就绪评审目的如下：

1)审查试验前航天器状态、试验设备状态是否满足试验要求，应用文件、岗位设置与人员、保障条件等是否到位；

2)审查关键项目控制措施、技术风险控制措施和应急预案是否能够保证试验顺利完成；

3)审查不合格及其对试验的影响程度，给出试验是否达到试验准备状态的结论。

试验(测试)准备就绪评审一般包括现场检查确认和会议评审两项活动。

(1)现场检查确认内容

①航天器(产品)技术状态

按照《试验(测试)大纲》的要求，对航天器总装技术状态进行符合性检查确认。可组织实物状态的检查，逐项确认并记录，确保其技术状态、接口关系与设计要求一致，具备参加试验(测试)的状态。

②航天器试验状态

按照《试验(测试)大纲》的要求，对航天器试验的最终状态(如地面测试电缆在真空容器内的摆放状态等)进行符合性检查确认。可组织实物状态的检查确认，逐项确认并记录，确保航天器试验状态符合大纲、实施方案和试验(测试)环境的要求，具备开始系统级试验的条件。

③应用文件状态

分为试验依据性文件、试验实施文件、试验过程性记录表格化文件。所有文件应通过评审、受控。

④试验仪器设备状态

试验设备经过调试，运行良好，工作状态正常，满足试验要求；试验软件经过调试或确认，技术状态已冻结，符合规定的试验要求；试验设备、仪器、仪表和工量具均在校准和检定有效期内，使用状态良好。

⑤试验环境状态

包括试验场地环境条件和安全性条件，具体检查：温度、湿度、洁净度；防静电控制措施；多余物控制措施；供配电安全、接地安全；压力容器、火工品等危险源的安全控制措施。试验工作保障条件，具体检查：水、暖、电、气、空调、液氮等资源条件；调度电话、监控系统等保障条件；在安全检定有效期内使用，并有安全防护措施的吊装设备、升降车等特种装备。

⑥岗位设置与参试人员状态

现场组织机构设置齐全，职责明确；岗位设置完整，符合试验要求；各岗位人员安排合理，落实到位。参试人员具有上岗资质；参试人员身体健康，状态良好；对关键岗位的人员实行双岗制，并配备后备人员。

⑦技术风险控制措施落实情况

对试验可靠性、安全性有特殊要求的环节制定有针对性的控制措施，并落实到位；关键环节与技术风险的控制措施具体、有效，落实到位；试验各阶段故障预想充分，制定的应急预案和控制措施已落实到位。

(2)会议评审内容

会议评审内容一般包括：

1)确认航天器技术状态的符合性以及航天器试验技术状态的符合性；

2)确认试验应用文件的有效性及到位情况；

3)确认试验系统和测试设备的可用性，关键设备是否有备份；

4）确认试验环境条件的符合性，确认各项保障条件的落实情况；

5）检查试验岗位设置情况和参试人员资质情况，确认关键岗位人员的配置情况；

6）审查试验技术风险识别的充分性和措施落实的有效性，确认涉及产品和人员安全的操作项目的质量安全控制措施的准备状态和落实情况。

2.10.5　试验（测试）数据评审

航天器产品在试验（测试）后，对试验（测试）获得的数据进行整理、分析、比对，并纳入《试验（测试）总结报告》中进行评审。评审主要包括以下内容：

1）试验（测试）是否满足大纲或规范等技术文件的要求，是否达到试验（测试）目的；

2）试验（测试）记录的数据是否齐全；

3）试验（测试）数据及数据分析、比对是否满足要求；

4）试验（测试）中发生的各种故障及其严重程度；

5）试验（测试）程序偏差对试验（测试）结果的影响性分析；

6）故障或异常现象的判断、处理是否正确无误，是否留有隐患。

2.10.6　质量问题归零评审

质量问题归零是指对在设计、生产、试验和服务中出现的质量问题，从技术上、管理上运用适当方法，分析问题的原因、机理，并采取纠正和预防措施解决已发生的质量问题，同时通过开展举一反三，避免问题重复发生的闭环管理活动。

设备（部、组件）和分系统产品交付总装前质量问题的归零由质量问题责任单位（部门）组织同行专家评审确认，上一级设计部门根据需要参加评审或组织评审。

型号进入总装、电测、大型试验、发射场工作阶段、在轨运行及返回阶段发生的质量问题归零，除责任单位（部门）组织评审外，要经过型号两师系统审查或评审确认。

（1）技术归零

“质量问题技术归零”是针对发生的质量问题，从技术上按“定位准确、机理清楚、问题复现、措施有效、举一反三”的五条要求逐项落实，并形成《技术归零报告》或技术文件的活动。

（2）技术归零评审要求

技术归零评审的组织与管理按 QJ 1302.1 的规定。评审组应有质量监督代表参加。

技术归零评审的主要内容包括：

1）质量问题的现象叙事是否清楚；

2）质量问题的定位是否准确，是否具有唯一性；

3）产生质量问题的机理是否明确，是否含有不确定因素；

4）质量问题是否复现，复现试验的条件与发生问题时是否一致；

5）纠正措施是否经过有效验证，是否已落实到产品设计、工艺或试验文件中，具体落实到哪些文件中；

6)在本单位(部门)的本型号范围内的举一反三结果，改进措施和预防措施是否得到落实；

7)《归零报告》的编写是否符合规定的要求。

(3)管理归零

“质量问题管理归零”是针对发生的质量问题，从管理上按“过程清楚、责任明确、措施落实、严肃处理、完善规章”的五条要求逐项落实，并形成《管理归零报告》和相关文件的活动。

(4)管理归零评审要求

管理归零评审由责任单位(部门)质量管理部门归口组织和管理。有关部门参加。评审组长由责任单位行政正职担任，评委应包括有关部门领导和质量监督代表。

管理归零评审的主要内容包括：

1)质量问题的发生过程是否清楚；

2)发生质量问题的主要原因和问题性质是否明确；

3)主要质量问题责任单位和责任人是否明确，相关单位是否认识到应承担的责任并采取了改进措施；

4)是否结合出现的质量问题对人员进行了教育，采取什么样的教育形式，需要对责任单位和责任人进行处罚的是否进行了处罚，处罚是否妥当，是否有文字记录或通报；

5)属无章可循或规章制度不健全的问题是否已完善规章，完善了哪些规章；

6)《归零报告》的编写是否符合 12. 3. 2 规定的要求。

2. 10. 7　技术状态更改评审

按 Q/QJA 32 的规定，针对初样研制阶段的 III 类技术状态工程更改、正样研制阶段的 II、III 类技术状态工程更改，按技术状态更改五项原则编制《技术状态更改论证报告》，由产品研制单位组织评审，本单位技术状态控制委员会参与评审，并给出审定结论。

型号参加飞行试验出厂评审前，按 Q/QJA 14. 1A ~ 14. 6A 的规定，组织技术状态更改专项评审。

(1)II、III 类技术状态工程更改评审

内容如下：

1)更改必要性(原因)分析以及对系统及相关分系统(含接口)的影响分析的充分性；

2)更改前、后的状态是否清楚；

3)实施更改的方案是否可行；

4)是否得到更改涉及的相关各方的认可；

5)对更改项目的试验验证情况。

(2)型号出厂前技术状态更改专项评审

内容如下：

1)型号研制、生产过程中的技术状态更改按照 Q/QJA 32 进行控制的情况。

2)对以下更改项目的正确性、有效性进行评审：

a. II 类和 III 类工程更改项目；

b. 系统级、设备(重要单机)的重要偏离、重要超差项目；

c. 关键工艺的更改项目(根据需要)。

3)其他需要评审的技术状态更改项目。

2.10.8　转阶段评审

转阶段评审是指航天器某一研制阶段结束时组织对该阶段工作的审查，确定可否转入下一阶段研制做出结论的评审。根据产品装配级别，按自下而上的顺序进行转阶段评审，即以单机、分系统、系统的顺序进行转阶段评审。

(1)评审应具备的条件

评审一般应具备以下条件：

1)按 GJB 4116 的规定编制《航天器总体方案设计报告》(《航天器研制方案报告》)；

2)航天器大系统接口已基本明确并提出初步技术要求；

3)航天器总体方案中的关键技术明确，解决途径清楚，没有难以实现的遗留问题；

4)分系统的方案设计按 QJ 1302 的规定评审通过；

5)按的规定已通过技术状态基线专项评审；

6)进行了可靠性和安全性的初步设计，并编制了《航天器可靠性、安全性设计分析报告》，按规定已通过可靠性专项评审；

7)已通过系统级产品保证策划评审；

8)已提出航天器用元器件的等级要求和完成相关工作；

9)分系统已通过研制单位和航天器总体的转阶段评审。

(2)评审内容

评审内容一般包括：

1)航天器研制过程及结果与有关标准、规范的符合性；

2)总体方案的技术指标与研制总要求的符合性；

3)航天器研制技术流程的合理性；

4)方案采用的成熟技术和定型产品的情况；

5)采取新技术实现的可能性；

6)关键技术解决的情况；

7)可靠性和安全性专项评审情况；

8)确定初样产品(航天器或分系统)的技术状态。

2.10.9　出厂评审

航天型号出厂前按要求进行出厂评审，提出能否出厂的结论意见。型号出厂评审纳入型号研制计划，并由型号主管部门组织实施。

(1)评审应具备的条件

1)型号承制方已按技术流程完成了所有的工作项目，经总装、测试和试验，有客观数据或证据证明符合设计要求或用户的要求；

2)完成了确定的专项评审工作，并有明确的结论；

3)已按本部分的规定编制了应提交评审的文件。

(2)评审内容

型号出厂评审一般包括如下内容：

1)产品技术状态、技术指标符合规定要求的情况；

2)大型试验、各分系统综合、匹配试验情况；

3)质量问题归零情况，综合分析、评价型号的研制质量情况；

4)生产质量以及总装测试质量符合设计要求的情况；

5)型号的可靠性、安全性措施；

6)其他型号质量问题在本型号举一反三情况；

7)其他应评审的内容。

2.10.10 发射场加注前评审

航天器完成发射场技术区电测、总装等工作后，按照规定通过集团公司组织开展的《航天器加注暨转场工作总结报告》评审，评审通过后航天器可进入加注工作阶段。

2.11 产品数据包管理要求

2.11.1 产品数据包策划

航天器单机产品数据包是指航天器单机产品在设计开发、生产制造、试验验证、交付等过程中形成的各类文件、记录等信息的集合。数据包中的各项数据为生产过程的实际测量记录，包括数据和影像。

产品承研单位结合产品的特点，通过对产品技术要求、用户要求、产品保证大纲、本单位相关管理制度的规定进行系统梳理，从产品各阶段开展的工作项目和要求，及其实现过程和实现结果的客观记录等方面系统开展单机和软件产品数据包策划，作为产品数据包建立的输入条件。

产品承研单位在对产品生命周期各阶段要求系统梳理的基础上，将要求转化为应开展的工作项目，并将工作项目系统化、规范化、表格化。在此基础上对每一个工作项目提出明确、具体的内容要求，并明确其记录要求及其载体形式，如文件、表格、照片等，使每一个工作步骤都有细化、量化的要求，明确责任人。

承研单位在产品投产前形成《数据包策划清单》，并提交上一级产品抓总单位或型号项目办进行确认，数据包清单的审查确认可与设计评审同时进行。

对于设计开发、生产制造不在同一个单位的单机产品，单机产品责任单位策划并形成完整的《单机数据包策划清单》。

产品数据包策划时重点关注关重项目、关重件、KIP/MIP的落实，各级产品装配、调试过程的不可测试项目和关键工序管理，尤其对反映产品重要质量状态的环节，如单板固封前后、产品合盖前后、整星运输、封舱门前、合舱板前留下数码照片，并形成相关记录。如产品实现过程关键环节无实物照片，返回生产单位进行开盖检查，确保产品质量符合要求。

产品数据包中的每一项内容应有唯一标识，确保具有可追溯性。数据包文档纳入技术档案管理系统管理，按相关规定及时存档和流转。

产品数据包包含交付和备查两个部分。备查数据包由承研单位留存并归档管理，在产品强制检验、验收和质量问题归零等必要的情况下提供备查。项目及内容涵盖单机产品在生产制造、测试试验和验收交付等环节中形成的所有文件、记录、数据和影像等信息。交付数据包随产品交付，项目及内容满足上一级产品承研单位的要求。

2.11.2　三类关键特性

产品关键特性数据主要包括产品设计及制造过程中产生的设计、工艺和过程控制三类关键特性，是证实和评价产品质量的关键信息。

(1)基本概念

产品关键特性数据主要包括产品设计及制造过程中产生的设计、工艺和过程控制三类关键特性，是证实和评价产品质量的关键信息。

具备下列条件之一的特性可确定为关键特性：

1)达不到设计要求或者发生故障时，会导致产品功能失效；

2)达不到设计要求或者发生故障时，会导致型号主要系统失效；

3)达不到设计要求或者发生故障时，会对人身、财产安全造成严重危害。

设计关键特性是在对产品技术指标、设计输入等分析的基础上，对产品设计实现过程做全面分析得出的、在产品设计过程中对产品最终质量与可靠性有决定性影响的特性。

工艺关键特性是产品工艺设计过程中对产品最终质量与可靠性有决定性影响的特性。要在产品设计关键特性分析的基础上，对于识别出的产品关键、重要特性要按照研制流程，确定工艺控制或检验方法。

过程控制关键特性是产品在生产过程控制中对产品最终质量与可靠性有决定性影响的特性。须体现设计关键特性、工艺关键特性在生产过程的落实检查，要与设计关键特性、工艺关键特性建立对应关系，确保针对设计、工艺特性制定的过程控制、工艺、检验方法在生产各环节得到落实；同时对不可测项目在过程中的控制、产品静电防护、多余物防护、照片留底的时机、控制重点及落实情况给予体现。

(2)《三类关键特性表》的建立与实施

《三类关键特性表》的建立与实施要求如下：

1)在特性分类分析工作的基础上，根据设计、工艺和过程控制关键特性清单制定三类关键特性控制措施，形成《设计、工艺和过程控制三类关键特性表》(简称《三类关键特性表》)。《三类关键特性表》的实施过程由产品研制部门负责，生产部门和工艺部门参与开展。

2)在研制各阶段对《三类关键特性表》的实施工作实行动态管理，在鉴定件投产前、转正样等时机，根据产品研制和试验情况对三类关键特控制措施进行完善，并升级《三类关键特性表》。

3)在设计、工艺、数据包模板等文件中落实《三类关键特性表》中要求的所有控制措施，关重件所含关键、重要特性以及由此确定的关键工序，在设计、工艺等文件进行标识。

2.11.3 产品数据包审查

在型号(产品)交付验收前，产品数据包审查分级组织实施。单机产品交付验收时，上一级产品抓总单位对单机产品数据包进行百分之百检查，对检查出的问题应跟踪落实情况，并在相关验收记录中形成对数据包检查的结论和遗留问题的处理意见。总体验收组在验收分系统产品时，对分系统验收单机的数据包检查结果进行确认，并对单机产品数据包进行抽查(按产品数量10%以上抽查，一般不低于两件)，对《三类关键特性表》进行百分之百覆盖性检查。在验收组对数据包内容进行检查和确认过程中如发现产品数据包不满足相关要求，应拒收产品。

在型号出厂前，项目办组织对产品数据包进行全面分析，对数据完整性、有效性和可追溯性做出明确结论；对关键特性参数的量化记录进行分析，关键特性参数的记录百分之百量化。对于数据记录不完整的情况，必要时进行实物检查，完善数据。

对飞行过多次的型号和关键通用产品，出厂前和进场后项目办应按照要求完成关键特性数据成功包络线的详细分析，对超出成功包络线的参数给出对本次任务影响的明确结论。

型号出厂前和进场后，项目办组织对数据判读和比对情况进行复查，检查数据的一致性，对数据偏离和差异的机理进行分析，对让步使用的超差项进行影响分析和确认，对数据临界项进行变化趋势及风险分析。

2.12 产品保证综合管理

2.12.1 产品保证信息

产品保证信息管理应全面、及时开展，各单位规范产品保证信息的管理制度，按照统一要求进行产品保证信息的汇总生成、处理、传递报送、分析利用以及反馈通报。

(1)需及时上报的产品保证信息

指临时发生需及时报送的信息，主要包括：

1)研制过程中的质量问题归零、举一反三；

2)在轨异常或质量问题归零、举一反三；

3)多次发生的不合格；

4)涉及多个型号的重大技术状态更改。

(2)研制过程的产品保证信息

指型号各级产品在研制过程中开展产品保证活动产生的需要例行报送的产品保证信息，主要包括：

1)产品保证重要活动(评审、强制/关键检验、鉴定、验收、审核等)完成情况；

2)可靠性、安全性设计、分析、验证工作完成情况；

3)目录外元器件、原材料及工艺控制情况；

4)软件工程化管理实施情况；

5)《技术风险项目清单》和《技术风险控制表》建立和动态管理/变化情况；

6)关重项目和关重件控制措施落实情况；

7)产品保证要求传递及外协产品保证活动情况，外协单位的质量审核情况；

8)不合格发生与处理情况，质量问题归零情况；

9)引进产品的质量控制情况；

10)阶段产品保证工作评价；

11)型号项目办关注的其他产品保证信息。

(3)承制单位产品保证综合信息

指航天器产品承制单位将各型号研制过程形成的产品保证信息进行综合分析，并结合单位产品保证工作的开展情况，报送质量主管部门的信息。主要包括：

1)产品保证重要活动(如验收等)完成情况；

2)产品保证要求传递及外协产品保证活动情况，外协单位的质量审核情况；

3)质量问题归零与综合分析情况；

4)产品保证技术支撑机构工作情况；

5)单位的阶段产品保证工作评价；

6)关注的其他产品保证信息。

(4)产品保证信息上报程序

①型号产保信息月报

按型号单机、分系统、总体生成《产品保证信息月报》，每月由本单位各型号责任人批准后报送上一级产品组织。

②产品保证综合信息

各航天器产品承制单位每月按范围形成产品保证综合信息，将其纳入本单位的《面向产品实现过程薄弱环节分析与改进报告》中，不单独形成报告报送。

③型号产品质量问题信息快报

质量问题发生 2 h 内以《型号产品质量问题信息快报》的形式报送质量主管部门，质量主管部门对质量问题信息快报确认后，立即报相关领导。

④单位质量问题信息周报

各航天器承制单位每周五汇总本单位抓总型号本周发生的质量问题及处理进展、前期遗留的质量问题归零情况及处理进展(包括举一反三的情况)，按照《质量问题信息周报》的形式形成报告，由本单位主管质量领导确认后，将电子文档报送质量主管部门。

2.12.2 产品保证总结报告

产品承研单位在产品转阶段、产品交付或出厂等重要节点对产品保证工作进行阶段性总结，编制《产品保证总结报告》。报告内容涵盖产品保证大纲和计划规定的本阶段全部产品保证活动开展情况，对其结果进行分析和评价，并作为产品交付数据包内容。

《航天器系统级产品保证总结报告》覆盖产品保证管理，质量保证，可靠性保证，安全性保证，空间环境适应性保证，EEE 元器件保证，材料、机械零件和工艺保证，软件产品保证等要素在型号研制过程中的贯彻情况。

产品接收单位在产品验收时对报告中涉及的产品保证工作落实情况、客观证据及产品质量的符合性结论进行检查和确认。

在型号研制阶段结束时，项目产品保证经理编制《系统级产品保证工作阶段总结报告》，对研制阶段产品保证工作进行总结，由总体单位组织评审后，提交上一级评审。

2.12.3 标准化要求

(1)型号标准化管理

型号标准化管理是型号研制的组成部分，贯穿型号研制的全过程，其主要任务是贯彻标准和标准化要求。

根据国防科工委《武器装备研制生产标准化工作规定》的要求和型号研制的实际需求，组织编制和实施《型号标准化大纲》，提出实施标准的范围和要求，建立型号内的工作机制。组织型号专用标准的制定工作；将标准的贯彻执行情况纳入型号技术评审和产品验收内容进行控制与评价。

(2)产品标准化管理

产品标准化管理应贯穿产品研制、生产的全过程，其主要任务是明确产品配套应执行的各项标准并严格贯彻实施。组织制定定型产品的产品规范和配套的产品设计规范、工艺规范和试验规范。明确与产品设计定型、工艺定型和批生产应贯彻标准和标准化要求，并对实施情况进行监督检查。

参考文献

[1] Q/W - Q - 10—2013 航天器产品质量保证要求[S]. 中国空间技术研究院，2013.

[2] QJ 3118—99 航天产品技术状态管理[S]. 中国航天工业总公司，1999.

[3] 李祖洪，等. 卫星工程管理[M]. 北京：宇航出版社，2007.

[4] 五院产品保证队伍培训教材[M]. 2012.

第 3 章　质量保证

3.1　基本概念和相关术语

质量保证管理的目标是建立、保持并实施覆盖航天器产品设计和开发、生产、试验、发射、交付使用等全过程的质量保证程序，确保所有的质量保证要求都通过充分、具体的方法予以明确和落实，所有决定和影响产品质量的人员都经过培训和/或认证，以满足航天器产品质量保证的需要。

质量：一组固有特性满足要求的程度。

供方：提供产品的组织和个人。

特性：可区分的特征，特性可以是固有的或赋予的。特性还可以是定性的或定量的。

设计输入：作为产品设计依据的有关要求的信息或文件。

设计输出：以图样、规范、说明书和分析报告等文件形式表述的结果。

设计评审：为了评价设计结果达到规定目标的能力，对设计所作的综合的、有系统的并形成文件的审查。

故障：产品或产品的一部分不能或将不能完成预定功能的事件或状态。

相关的缩略语如下：

AIT——Assembly Integration Test，总装、测试与试验；

EEE——Electrical, Electronic and Electromechanical，电气、电子和机电；

FME(C)A——Failure Modes, Effects and Criticality Analysis，故障模式、影响与危害性分析。

3.2　设计和验证

3.2.1　设计输入

各级产品研制单位明确与产品要求有关的设计输入，对这些输入组织评审，从技术的先进性、可行性、继承性及需要的保障条件等方面进行论证，确保输入是充分与适宜的。

设计输入文件为受控的正式文件。处理单、协调单、会议纪要等过程性文件不得作为正式的设计输入。产品设计输入项目中，凡涉及上级产品研制单位、顾客(用户)提供的输入项目，应在产品设计输入评审前完整获得，以保证产品设计开发工作正常、有序进行。设计输入一般包括：

1)型号顶层设计规范，如《设计和建造规范》、《空间环境工程设计规范》、《空间环境试验条件与要求》、《电磁兼容性技术要求》等；

2)功能和性能要求；

3)可靠性、维修性、保障性、测试性、安全性和环境适应性要求等；

4)验收大纲(或验收要求)和产品保证要求；

5)适用的标准规范及法律法规要求；

6)适用时，来源于以前的类似设计信息；

7)设计和开发所必需的其他信息；

8)工艺要求。

3.2.2　设计输出

《航天器总体方案设计》和《顶层设计规范》等文件确定后，各级产品研制单位按照设计输入和相关标准、规范开展详细设计和分析，形成设计输出文件，并对其完整性及符合性进行审查。设计输出的方式应适合于对照设计输入进行验证，并在放行前得到批准。

设计输出文件包括用以满足产品制造、检验、验证、确认、使用、维修以及保障要求所需的文件和资料。设计输出包括：

1)满足设计输入的要求；

2)包含或引用验收准则；

3)为确定产品技术状态和产品设计特性所需的图样、规范、技术条件、元器件和零(部、组)件等明细表，以及其他目录清单；

4)给出产品所选用的元器件、材料等采购信息；

5)给出确保产品满足要求所需的有关材料、工艺、产品制造、检验与试验和装配方法等方面的信息；

6)适用时，给出可靠性、安全性、维修性、保障性、测试性和环境适应性等设计报告；

7)标出与产品安全和正常工作相关的设计特性，如操作、贮存、搬运、维修和处置要求；

8)明确产品使用所必需的保障方案和保障资源要求；

9)编制评审、验证及确认/鉴定所需的各项报告，如《FME(C)A报告》、《检测报告》、《风险评估报告》等。

适用时，各级产品形成以下设计分析报告：

1)进行FME(C)A，确定关键项目，形成清单并制定质量控制措施；

2)进行特性分析，形成《特性分析报告》，编制《关键件(特性)清单》、《重要件(特性)清单》，并在产品设计文件和工艺文件上做相应标识，明确质量控制点和控制要求；

3)进行技术风险分析和识别，确定风险项目、风险等级，形成《技术风险分析与控制报告》、《技术风险项目清单》；

4）开展测试覆盖性分析，形成《测试覆盖性分析报告》，确定可测试项目和各类不可测试项目，形成《不可测试项目清单》，明确测试时机、方法等控制措施；

5）开展设计验证分析，确定设计验证矩阵及相关要求。

3.2.3 设计评审

在系统、分系统和设备级实施有计划的、文件化的设计评审工作。通过设计评审优化设计，系统地检查设计存在的问题，提出必要的纠正措施建议，确保产品的最终设计符合规范的要求。

重点加强研究室级的评审，充分发挥同行专业技术专家和技术人员的把关作用，做好评审待办事项的闭环管理。顾客（用户）要求时，邀请顾客（用户）代表参加。

3.2.4 设计验证

在每个工程研制阶段结束前，对技术规范的要求进行逐项验证，保证各级产品验证的充分性、完整性和内容的协调一致。在工程项目的整个寿命期，建立并保持对各项要求和验证结果的可跟踪性。

产品研制单位依据策划安排，进行具体的设计验证工作，确保设计输出满足设计输入的要求。设计验证的方法包括：变换方法进行计算、类比分析、仿真分析、试验、演示、评审等。

设计验证实施以下控制要求：

1）在设计和开发策划时，确定每个研制阶段的设计验证项目和方法，并纳入《产品保证大纲》和《产品保证计划》；

2）在产品研制过程中对各项验证活动的实施及结果进行跟踪和追溯；

3）对验证结果及任何必要措施的记录予以保持；

4）上级产品研制单位或顾客（用户）要求控制的项目，通知上级产品研制单位或顾客（用户）参加设计和开发验证；

5）在型号转正样研制阶段前，各级产品中不能直接（或完全）经过设计验证的关键技术，或直接影响飞行成败和地面安全的问题，组织同行专家和专业人员进行复核、复算工作。

3.2.5 设计确认/鉴定

（1）控制要求

设计确认/鉴定的控制要求如下：

1）各级产品研制单位在进行设计和开发策划时，确定需开展的设计确认/鉴定活动。适用时，设计确认/鉴定活动包括在产品鉴定状态评审的基础上明确需投产的鉴定件、需开展的鉴定级试验项目等。所有设计确认/鉴定活动均纳入《产品保证大纲》和《产品保证计划》。

2)各级产品在初样研制阶段，依据策划的安排完成产品的设计确认/鉴定，确保产品能够满足规定的使用要求或已知的预期用途要求，并具有适当的余量。

3)鉴定产品应能代表正样产品的设计状态，并使用与正样产品技术状态一致的图样、设计文档、材料、制造工艺、加工工具和质量控制程序，且由同一生产单位承制。对于上述方面的任何差异都要评估其对鉴定结果的影响。

4)设计确认/鉴定结果及任何必要措施的记录都予以保持。

5)上级产品研制单位或顾客(用户)要求控制的项目，通知上级产品研制单位或顾客(用户)参加设计确认/鉴定相关的活动。

6)只要可行，产品的设计确认/鉴定工作应在初样产品交付之前或初样转正样阶段前完成。

(2)鉴定试验及报告

产品研制单位依据制定的鉴定计划和鉴定试验矩阵，以及GJB 1027A的规定，开展鉴定试验验证。

产品鉴定试验完成后，对鉴定产品进行检查和确认，必要时进行开盖(分解)检查或无损探伤。对鉴定试验结果与设计指标的符合性，偏离/超差项目的审批和影响分析的充分性进行确认；并在清理和确认鉴定产品最终技术状态的基础上，编制《鉴定产品研制总结报告》。

(3)鉴定结果评估

鉴定结果评估应做到：

1)鉴定产品的技术状态已被确认，产品鉴定所使用的分析、检验等方法正确；

2)鉴定试验项目和条件满足《试验大纲》要求，试验数据完整、有效；

3)鉴定试验的方法、程序、设备、软件和测试仪器可用于正样产品的验收试验；

4)鉴定产品数据包完整、有效，具有可追溯性；

5)鉴定过程中出现的问题已完成归零。

(4)鉴定保持

鉴定产品在研制过程中应按《五院航天产品数据包管理办法》的规定，形成完整、正确、可追溯的产品数据包并进行归档，确保鉴定产品的各项鉴定活动的实施情况及结果都得以保持。

经过鉴定后的产品实物应按照型号项目办或研制单位的有关要求予以保存。

3.2.6　设计更改

设计更改一般包括产品的功能和性能、元器件、材料、试验方法、技术流程等更改。设计文件批准发布后的所有更改均应按技术状态控制的规定进行，并予以记录。

3.2.7　复核复审

必要时，各级产品研制单位应在设计完成后，在产品交付前等关键节点，对影响系统级任务成败的且无法通过地面试验验证的关键项目和关键技术等，组织复核复审并形成《复核复审报告》。复核复审人员应由未参加本级产品研制工作的同行、同专业专家担任。

型号总体应根据研制阶段，结合型号研制特点，适时组织对分系统和关键单机开展复核复审工作，并对各级产品研制单位复核复审工作的完成情况进行监督、检查和确认。

3.3　外购外协管理

3.3.1　外购外协文件控制

(1)外协采购文件控制

各级产品研制单位需形成并实施采购文件，确保所采购的元器件、材料符合航天器对于寿命、挥发性、抗辐射、污染及老化等性能的要求。

采购文件包含：

1)元器件、材料清单和技术要求；

2)对采购品防护、包装、标识、装运、交付文件的要求和对有限寿命产品的控制措施；

3)采购品需进行的质量保证要求；

4)特殊的技术和质量要求。

(2)外协产品文件控制

产品研制单位在签署《外协合同》(含技术附件)时，将外协产品保证要求纳入到合同附件管理。产品研制单位提供给外协供方的技术文件一般要求如下：

1)《产品保证要求》、《产品技术要求》、《设计图样》、《验收大纲(或细则)》等重要技术文件应签署完备，并需双方相关人员会签确认；

2)《产品保证要求》中关键控制环节和强制检验点的控制内容应反映在技术要求、图样、验收要求等技术文件中；

3)根据外协任务需要，应保证提供给外协供方的技术文件及时、完整、有效。

产品研制单位应要求外协供方建立和健全与航天产品保证要求相适应的、能够有效保证产品质量、支持产品实现过程的产品保证标准和规范。产品研制单位应明确要求外协供方按 GJB 9001B 的规定，对设计输入的充分性和适宜性进行评审，并留有记录。

产品研制单位应对外协供方形成的《产品保证大纲》、《产品保证计划》进行审查确认；应对外协供方上报的Ⅱ/Ⅲ类技术状态更改、目录外/低等级元器件、目录外材料、未经飞行试验验证的工艺等批准确认；应对外协供方上报的《鉴定产品清单》、《关键检验点清单》、《评审/验收计划》、《技术风险项目清单》、《关重项目和关重件清单》、《不合格清单》、《技术状态更改汇总表》等备案。同时，应将上述要求的落实情况纳入外协产品关键环节监督和产品保证能力审核工作项目。

(3)外协产品保证要求的制定、传递与落实

①产品保证要求的制定

产品研制单位针对外协任务特点和要求，编写《外协产品保证要求》，作为外协任务合同中必备的附件传递到外协供方，同时作为对外协任务质量控制和监督，以及支持外协供方开展产品保证工作的依据。

《外协产品保证要求》内容一般包含：产品研制单位针对外协产品特点，对《航天型号产品保证通用要求》经合理删减的内容，同时包含针对该外协产品特点制定的产品保证专用要求的内容。《外协产品保证要求》中明确从产品设计直至产品交付全过程应开展的产品保证工作要求，并针对外协产品固有特点和使用特殊要求提出针对性、更为具体的质量控制要求及措施。

《外协产品保证要求》由产品研制单位型号产品保证经理或单机产品保证工程师负责编写。根据外协任务的具体情况，专业产品保证工程师应参加制定特定专业保证要求的相关内容。

②产品保证要求的传递与落实

产品研制单位将《外协产品保证要求》作为外协任务合同中的必备附件传递到外协供方，并要求外协方逐条确认，监督和支持外协供方开展产品保证工作。

组织外协供方对产品保证要求逐条进行确认，并在此基础上结合外协供方自身质量管理体系要求，在对承担的项目特点和研制风险进行深入分析的基础上，编制相应的《产品保证大纲》和《产品保证计划》。外协供方确认产品保证要求有关内容均纳入其《产品保证大纲》和/或《产品保证计划》中，并细化分解，措施有效。

产品研制单位对外协供方再次外协进行监督，检查其是否根据再次协出产品特点和要求，将产品保证要求逐级向下传递并实施闭环管理。产品研制单位应督促外协供方将产品保证计划纳入本单位科研生产计划进行管理，确保产品保证要求和工作项目得到有效落实。

3.3.2　外购外协产品的验证与关键环节管理

(1)外购产品的验证

各级产品研制单位应按照型号总体下发的EEE元器件、材料保证要求制定相应的验证措施，采购产品的验证要求如下：

1)采购产品下厂监制。初样鉴定件产品和正样件所使用的国产元器件，应按规定，进行下厂监制、验收工作。需要下厂监制和验收的元器件、材料，应在采购合同中注明并参照相应的技术规范进行验收。

2)采购产品的检验和筛选。进口元器件应由元器件质量保证机构实施100%到货检验工作，出具进口元器件合格证。国产元器件应按规定和相应采购规范中的有关要求实施100%补充筛选工作。

3)航天器产品用材料应按规定进行入厂(所)复验。

4)标准紧固件应按 QJ 3112A 的规定进行入厂(所)复验。

(2)外协产品关键环节管理

产品研制单位对外协产品研制过程实施监督，确保外协供方的技术状态控制、技术评审、生产过程控制、质量信息管理、不合格管理、交付和验收等环节符合《外协产品保证要求》。在外协产品研制开始初期，产品研制单位应对外协供方编制的《产品保证大纲》和/或《产品保证计划》进行评审。重点确认《外协产品保证要求》中所有控制内容均纳入其《产品保证大纲》和/或《产品保证计划》中，各项产品保证工作项目已纳入《外协供方科研生产计划》中管理。

产品研制单位在产品生产前，通过相应的技术文件和验收规范下发给外协供方，明确强制检验点及控制要求。确认外协供方的《产品保证大纲》和/或《产品保证计划》中明确了顾客(用户)提出的强制检验点实施要求和实施时机，并在产品相关研制文件中体现。确认外协供方在产品制造工艺文件或其他相关的研制文件中将强制检验点的检验项目、指标、合格判据、检验方法、记录、确认、检验时机等方面要求，结合产品研制过程进行细化，作为现场实施的依据。结合外协单位产品研制计划流程对强制检验点进行管理；在外协供方强制检验点实施前，审查与强制检验有关的检验文件；不能参加现场检验时，产品研制单位应进行授权，并对外协供方提供强制检验记录进行确认、签署。产品交付时，对外协供方提供的强制检验点实测记录纳入产品数据包进行管理。

当外协供方出现重大的或批次性不合格品时，以《质量问题信息快报表》形式向产品研制单位提出通报，同时对其发生的不合格进行举一反三复查。若确认存在相关问题，按要求进行举一反三信息通报。

产品研制单位在接到外协供方的通报后，应共同进行不合格品审理，并给出审理意见。双方共同确认问题的原因、性质、解决方法及产品最终的处置状态。产品研制单位代表在外协供方提供的《不合格品审理单》上签署。对外协供方不合格品审理后的纠正措施和预防措施实施结果的记录进行确认。

3.3.3　外协产品验收

产品研制单位按《外协产品保证要求》、《外协产品验收大纲》和《外协产品验收细则》对外协产品实施验收。产品研制单位在检查外协产品的功能、性能、接口、产品数据包等满足要求的基础上，重点确认外协产品的技术状态更改、质量问题归零、偏离、超差、不合格、让步接收、不可测试项目等方面的控制和处理情况；重点检查关键项目、关重件、强制检验点、目录外材料和目录外工艺、禁限用工艺的控制措施落实情况。随产品交付的数据包内容应完整、量化、可追溯。产品研制单位按照《外协产品保证要求》及关于产品数据包的管理规定进行最终产品交付数据包的审查并归档保存，确保记录完整、有效、可追溯。

3.4　产品标识和可追溯性

3.4.1　产品标识

(1)产品标识的内容

产品标识一般可根据需要选用下述内容：

1)产品名称、型号、图(代)号；

2)研制阶段(如模样M、初样C、正样Z、定型D等)；

3)关键件、重要件；

4)紧急放行、例外放行；

5)产品状态(如成品、半成品等)；

6)检验和试验状态(如待检、合格、不合格、待定等)；

7)所处工序；

8)质量状况；

9)生产批次或编号；

10)生产单位；

11)检验者；

12)制造日期、检验日期；

13)油封期、保管期(库存期)；

14)产品处置、使用和防护；

15)安全警示；

16)其他内容。

(2)产品标识的方法

根据产品的热点和实际需要，选择下列标识方法。

1)成型：如铸件、模锻件、注塑件、橡胶件等，将标识通过成型模具制作在产品上。

2)印记：如钢印、胶印、铅(铝)封印、密封印等。

3)涂敷：如用涂漆、喷塑、书写等方法作彩色、文字、符号等。

4)附带：是在相关的文件上(如流程卡)上对产品进行标识，并随产品同步流转，或将标识制作在标签、套管、标牌、铭牌等载体上，再以粘贴、挂系或固定的方法附着在产品上或相关区域。

5)其他的形式，如化学腐蚀、电子标识、刻字等。

3.4.2　可追溯性

组织应根据有关法规、标准的要求和产品的特点及合同或技术协议的规定，进行产品可追溯性需求分析，并在设计文件或工艺文件中规定产品应具有可追溯的项目、追溯的范围与时间期限。

对规定有可追溯性要求的产品，按规定制作每一件或每一批次的唯一性标识，并做好记录、加以保存。对与可追溯性要求有关的记录，按投产批次分批保存，其保存期限应与产品的寿命周期相适应。

对实行批次管理的产品，按批次建立随件流转卡，详细记录投料、加工、装配、交付过程中投入产出的数量、质量状况及操作者和检验者。在批次管理中，产品的批次标识可作为进行追溯时的标志。

3.5 洁净度、污染和多余物控制

3.5.1 一般要求

洁净度、污染控制一般要求如下：

1）总体单位应按 GJB 2203A、QJ 2214 的规定，根据航天器产品的具体性能要求，明确系统级产品对洁净度、污染控制要求，并纳入《产品保证要求》下发给各研制单位。

2）各级产品研制单位应根据总体要求并结合承制产品的特点，按 GJB 2203A、Q/W 50（所有部分）的规定，在图样、规范等文件中注明产品研制过程对洁净度等级的要求和相应的污染控制方法。在设计、制造、装配、总装、测试、检验和试验、贮存、包装和搬运相关技术文件和工艺规程中，明确对洁净度进行控制及对污染源进行预防和控制的具体措施，并实施现场控制。产品研制单位应对研制现场洁净度和污染控制效果进行核查。

3）按 QJ 2214 的规定，明确保证产品达到所要求的洁净度等级的具体方法，并由专业机构对产品研制环境进行确认，确保满足要求。

4）制定洁净度、污染控制计划，确定详细的工作项目、方法和检查要求，对产品研制全过程的洁净度及污染源实施控制。

5）对污染敏感产品的制造、装配制定专门的控制方法和预防措施，并在具有相应洁净度要求的环境中进行检验和试验。

6）光学产品研制单位应对总体提出光学载荷产品在 AIT 过程中的洁净度及污染源控制要求。

多余物控制要求如下：

1）总体单位应依据型号任务特点，按 GJB 5296 和 QJ 2850A 的规定，明确系统级多余物控制要求；

2）产品研制单位根据总体要求，结合承制产品的特点，按 GJB 5296 和 QJ 2850A 的相关规定，在图样、规范、工艺等文件中规定多余物的控制要求和措施；

3）制定多余物控制计划，确定详细的工作项目、方法和检查等要求，确保产品研制全过程多余物得到控制；

4）按 QJ 2850A 的规定，分析多余物引发的事故和故障的原因，制定有效的纠正措施。

3.5.2 机械零部件的控制

(1)洁净度、污染控制

机械精密零部件的加工和装配需设置洁净的工作区和检验区，在技术文件、图样和工艺中规定洁净度等级和控制要求，以及入库保存和转运的条件。

(2)多余物控制

产品内多余物产生将严重危及航天器产品质量，在制造、装配和总装过程对多余物严格控制是质量控制的一项重要工作，对多余物控制应从零件加工、印制板焊装开始直到卫星发射全过程，每一道工序、每一项工作都必须制定并落实防止多余物控制措施，保证产品无多余物。

对机械产品，特别是对清洁和多余物控制有特殊要求的推进分系统产品(如贮箱、气瓶、阀件、管路等)，在设计、工艺、检验和检测等技术文件中应明确规定产品多余物控制措施。如：零(部、组)件每道工序完成后和装配前应进行去毛刺和清洁处理；产品贮存、转运过程中及入半成品库前的多余物检查和控制要求等。

3.5.3 电子产品的控制

(1)洁净度、污染控制

电子产品从元器件、印制板的包装、转运以及电路板的焊接、装配、检验、调试、测试等全过程均应在洁净的条件下进行，并在技术文件、图样和工艺文件中规定洁净度等级和控制要求，定期对洁净度等级进行检测确认并记录。

(2)多余物控制

按GJB 5296和QJ 2850A的规定，在工艺文件中明确生产过程多余物控制的措施和要求，重点控制元器件、零部件的领取、组装焊接、调试、测试等关键环节，并进行检查和记录。

3.5.4 产品装配、总装的控制

在分系统装配、系统总装阶段，应按QJ 2850A的规定，对标准件、工艺件、保护件、总装直属件和单机设备的领取、装配等各个环节进行多余物控制。此外，应重点关注辅助材料的使用、设备拆卸等操作过程的多余物控制措施。

3.6 静电防护的控制

静电放电是一种常见的进场危害源，静电放电过程中可形成高电压、强电场、瞬时大电流，其电流波形的上升时间可小于1 ns，并伴有强电磁辐射，形成强烈的静电放电电磁脉冲。由静电放电产生的强烈的电磁脉冲可以直接进入电子设备或者通过机箱上的孔缝、

连接导线、电源线等耦合进设备内部的敏感电路上，引起敏感电路的损坏、翻转，这对日趋敏感的电子设备的正常工作是一个很大的挑战。静电放电电磁脉冲不仅可以对电子设备造成严重的干扰和损伤，而且还可能对其形成潜在性危害，使电子设备的工作可靠性降低，引发重大工程事故。尤其是潜在性失效具有隐蔽性，试验很难检测到，用筛选的方法很难剔除，所以危害性很大，特别是在卫星等无法维修的设备中造成的危害更为严重。

3.6.1　一般要求

静电防护一般要求如下：

1）确保相关要求得到贯彻落实，使静电防护能力满足规定的要求；

2）总体单位按 GJB 1649、QJ 2245 和 QJ 1693 的规定，结合型号任务特点，明确系统级静电防护控制要求，并在相关文件中明确；

3）产品研制单位根据总体要求，结合所承制产品的特点和本单位对各类产品的要求，制定静电防护控制措施。静电防护措施应覆盖元器件交付、验收、保存、领取、焊装到电路板以及电子产品调试、试验、检验、转运等全过程。

3.6.2　控制要求

静电防护控制要求如下：

1）按规定实施静电敏感器件的操作；

2）按规定进行静电放电敏感电子产品静电防护技术的选用及实施；

3）按 GJB 3007A 的规定，进行防静电标识，配置防静电地面、工作台、腕带、椅子、储存架/柜等设施，人员应按要求着防静电服（包括鞋、帽），产品应使用防静电包装等；

4）按规定，进行产品总装过程静电防护工作；

5）按规定，开展防静电系统安装前后的检验、验收及使用中现场检查、周期测试等工作；

6）产品研制单位应对二次外协单位提出相应的静电防护控制要求（要求应在合同或任务书中明确），并检查要求的落实情况。

3.7　产品制造、装配和总装的控制

3.7.1　生产准备状态检查

产品在生产前，组织应对生产的准备状态进行全面系统的检查，对其开工条件作出评价，以确保产品能保质、保量、按期交付并规避风险。产品生产准备状态检查主要包括以下几个方面。

（1）设计文件

产品设计图样和主要设计、试验、验收使用等有关技术文件，应完整、准确、协调、

统一、清晰，并能满足生产的需要。遗留的问题已经得到解决。设计更改已按规定的程序，实施了严格的控制，并符合规定的要求。

(2)生产设施与环境

生产设施应按工艺准备的要求配套齐全，并保证安全。生产设备应能符合产品批量生产的要求，按规定保养、检修、检定，并作出相应的标志。当生产工艺、设备使用和测量对温度、湿度、清洁度、振动、电磁场、噪声等环境有特殊要求时，其生产环境应能符合规定的要求，并有相应的控制手段和记录。

(3)人员配备

确保负责配合现场生产的设计、工艺等技术人员和管理人员具备相应的资格，在数量上和技术上符合现场工作的要求。按产品生产的过程及各工序和工种的要求，配备足够数量、具有相应技术水平的操作、检验和辅助灯人员。各类人员和检验人员应熟悉本岗位的产品图样、技术要求和工艺文件，并经培训、考核按规定持有资格证书。

(4)工艺准备

已制定了生产产品的工艺总方案并经过评审。关键工艺技术已得到解决，并纳入了工艺规程或其他有关文件。按规定的要求进行了工艺评审，对工艺总方案和关键件、重要件工艺文件以及特殊过程的工艺文件进行了评审。在产品研制的基础上，工艺规程、作业指导书等各种技术文件已经确定，能满足批量生产的质量和数量的要求。生产现场的工艺布置、工位器具的配备，应按要求符合工序的性质和加工程序。工艺装备、仪器、测量和试验设备等，应按批量生产配备齐全，其准确度和使用状态应能满足批量生产的要求，并编制了检修、检定计划。对于检验与生产共用的工艺装备、调试设备，应有控制程序保证能按规定进行检定或校准。关键过程的控制方法已确定并纳入了工艺规程。必要时，应采取统计技术进行控制，以减少加工中的变异。已制定特殊过程的质量控制程序和有关的文艺文件，能对其实施有效的控制。对产品制造、检验和试验所用的计算机软件，已经过鉴定，并确保能满足生产使用的要求。

(5)质量控制

《产品保证大纲》已经修订完善，并进行了评审。产品鉴定工作已经完成，并有逐工序及最终检验合格结论，制造工艺应符合设计要求。确保首飞产品生产依据性文件完整有效，确保首飞产品生产状态与产品最终鉴定状态一致。有规定程序，能对产品生产的过程和产品质量实施有效的控制。有规定的要求，对设计、工艺文件及材料、设备的技术状态，实施严格的控制。对识别的关键过程和特殊过程，已制定了专用质量控制程序，并能实施有效的控制。已制定适用的不合格品控制程序。对产品实现的过程应能实施监视和测量，并按制定的程序能实施有效的控制。

3.7.2　强制检验点和关键检验点

(1)一般要求

产品研制单位根据需要在产品研制(含测试和专项试验)过程中设置关键检验点或强制

检验点。关键检验点由产品的设计人员或工艺人员确定，强制检验点由上一级研制单位设计人员或顾客(用户)确定。已确定的关键(强制)检验点应在工艺文件或测试、专项试验细则中明确，并确保在生产过程中按规定实施。

(2)设置原则

产品研制单位在产品生产前或与产品强制检验点、关键检验点相关的产品研制活动开始前按以下原则设置强制检验点或关键检验点：

1)产品处于最能充分表现其质量和性能状况时(如产品盖盖前、多层包覆前等)；

2)关键项目、关键件和重要件、不可测项目实施关键工序(或关键过程)时；

3)下步工序不可逆，或下步工序完成后产品难以分解、对前面的工序无法实施检验时；

4)装配后如果发生故障或失效将可能损坏其他或更关键的产品时；

5)过去的故障或失效记录表明应进行检验时；

6)由于操作的关键性或复杂性，可能对最终产品的质量和性能等构成潜在的危险时；

7)前次检验、试验已有相当长时间，可能发生故障或失效时；

8)分承制单位不能进行的试验或关键性能的检验；

9)验证试验是破坏性的；

10)产品的最终检验和试验。

当发生以下情况时，应考虑在供方(或外协供方)设置强制检验点：

1)供方(或外协供方)承担复杂设备或分系统的制造、装配或总装；

2)供方(或外协供方)的工作业绩或历史记录不好。

(3)控制要求

强制检验点、关键检验点的控制要求包括：

1)在产品制造工艺文件或其他相关的研制文件(如测试细则)中将设置的强制检验点和关键检验点的检验项目、指标、合格判据、检验方法、记录、确认等方面要求结合产品研制过程进行具体细化，作为强制检验点和关键检验点现场实施的依据。必要时，上述有关内容应经过评审。

2)产品投产前，单位按有关文件设置的强制检验点和关键检验点的各项要求，安排计划，做好检验工具及环境条件保障工作。

3)在接受强制检验的项目中，凡是涉及供方(或外协供方)的项目，应依据强制检验点确定原则列出对供方(或外协供方)的强制性检验项目内容，并以文件形式通知供方(或外协供方)提供相关的检验文件和检验结果等。必要时，对供方(或外协供方)提供的检验结果进行现场确认。

4)应对承担强制检验和关键检验项目的操作人员、检验人员进行针对性技术培训，熟悉并掌握检验项目内容和方法，确保过程实施有效。

5)在强制检验点检验实施前提前(一般 5 个工作日)通知上级产品研制单位的设计人员和顾客(用户)参加过程检验，并提前提供与强制性检验有关的检验文件。

6)强制检验点和关键检验点过程记录应实施表格化管理，记录应做到量化、详细、适时有效，必要时可采取照相或录像措施记录产品过程真实状态。

7)强制检验点检验结果在现场由检验、工艺、上级产品研制单位的设计人员和顾客(用户)共同确认并签署。关键检验点检验结果由检验、工艺和产品设计人员共同确认并签署。

8)上级产品研制单位的设计人员和顾客(用户)不能参加现场对强制检验点检验结果确认时，应对承制单位相关人员进行授权，承制单位应将检验记录事后进行整理并提交顾客(用户)或设计方确认、签署。

9)对强制检验点和关键检验点检验状态应进行标识(一般采用《过程质量跟踪卡》或《专项报告》)，以表明检验合格与否，产品交付前应对标识进行确认。

10)对强制检验或关键检验结果的偏离，应立即采取纠正措施(应征得工艺、用户或设计方同意)，以保证产品研制的连续性。

(4)录像、拍照要求

产品研制单位对关键检验点、强制检验点的检验结果不能用文字和数值记录的，应采用照相、录像等措施进行记载并标识，确保可追溯性。下述环节应留有照片或视频资料：

1)单机电子产品在电路板焊装后、涂三防漆前、点胶固封后和合盖前，对焊接面和元器件面分别拍照，检查焊装工艺质量和多余物情况；

2)电路板点胶固封后对器件的固定、导线的走向、固定和绝缘保护等情况进行拍照和记录，检查线束二次绝缘保护和元器件点胶固封等情况；

3)不可测试项目需明确控制措施和记录要求，并对不可测试的关键控制点进行录像或拍照记录，并在产品验收时提供照片和光盘；

4)总装阶段应对整星电缆铺设、管路安装，热控材料的安装和被遮挡的关键仪器设备的安装最终状态进行拍照。

3.7.3　装配和调试控制

(1)单机(部件)装配和调试文件的编制

单机(部件)产品研制单位应组织相关部门对产品装配和调试过程的人、机、料、法、环、测进行全面策划，根据单机(部件)设计图样和相关技术文件要求编写装配工艺文件，并在工艺文件中合理安排装配过程各项调试项目。按相关设计文件的规定编写调试和测试细则，并提供记录表格。必要时，对单机(部件)装配工艺文件和调试测试细则进行评审。

(2)单机(部件)装配和调试过程的控制

装配、调试和质量检验人员按质量管理体系文件的规定持证上岗。生产基线建立后，质量管理人员应对产品实际生产状态与设计状态的一致性进行检查，确认是否保持一致，并对所有相对于生产基线的变化进行跟踪控制。提供的航天器产品、地面支持设备和工艺电缆等应通过验收或确认，确保状态符合要求。用于装配和调试过程(如精度测试和电性能测试等)的计算机软件，在正式用于测试前应经确认。质量管理人员应确认工艺规范和图样中是否规定了对生产过程的特殊环境要求和特殊工艺控制要求；应对产品在装配、调试过程中各阶段的检验和测试状态标识提出要求，特别是各关键控制环节的照相要求。工艺文件中有拧紧力矩要求的紧固件，操作时应使用在校准/检定周期内的测力扳手进行安装，并保持记录。

(3)单机(部件)装配和调试过程检验及调试数据的确认

单机(部件)产品研制单位按照调试和测试细则要求，对装配和调试过程进行检验、并对调试数据进行记录确认，确保装配和调试过程受控。

3.7.4　总装(含精测、质测、检漏)控制

(1)总装专用仪器设备、工装量具状态控制

总装过程中使用的仪器设备、工装及量具和测力矩扳手等，应经检定合格并在周检期内使用。新研制的专用工装、设备等，应经验收合格并经试用后方可用于产品生产。总装现场使用的工装及量具和测力矩扳手等应实施建账管理，使用前、后的种类和数量应相符。如有损坏应及时清查，确保航天器产品无多余物。用于航天器管路系统气密性检测的气体应与被检物体相容。应使用高纯度气体，并符合国家相关标准规定。

(2)总装作业控制

《总装工艺文件》是总装现场作业依据性文件，使用前应经过评审。现场使用临时工艺文件应签署完整后方可使用。总装作业控制要求和专项试验(含精测、质测、检漏等)控制措施和方法应符合 GJB 2204A 的要求。总装过程所使用的工装、地面测试设备、地面测试用电缆等应进行标识管理，使用前应进行复验和确认，并确保可追溯。总装工作场地应按技术要求进行温度、湿度和洁净度等环境控制，并做好记录。总装过程应按 QJ 2574A 的规定，识别安全控制风险点，制定风险控制措施，纳入工艺文件，并确保在操作过程中落实到位。对进入总装工作区的人员数量、着装等进行控制，确保操作人员对航天器产品和地面设备操作时，安全控制措施得到落实。静电放电敏感仪器在“静电放电控制防护区”中进行安装，并按总装测试静电放电控制要求实施控制。执行工艺文件中关于多余物预防和检查的相关规定，避免多余物。应对总装过程装配前后的产品技术状态进行检查并记录。应按工艺文件对关键工序等关键过程实施控制，并保持过程检测、录像和照相记录。应开展总装测试数据判读比对工作，以确保测试数据及结果的可靠性、正确性和完整性。对总装过程中发生的不合格，按程序开展不合格审理工作，确保装配质量受控。

(3)对工艺件和临时拆装的控制

对总装过程中的工艺件实行清单管理。在总装过程中进行的工艺件拆装工作应纳入工艺流程和工艺规程，明确记录要求，确保可追溯性。在航天器各阶段最终状态检查时，应对工艺件拆装状态进行确认并记录，确保系统级产品符合设计状态要求。由于质量问题归零或技术流程调整所涉及的航天器上设备临时性拆装，应明确技术要求，办理确认和审批

手续，编制临时工艺，建立并保存临时拆装记录。

(4)装配过程产品状态确认

装配过程中应按工艺文件的规定检查产品外观、多余物及各系统安装后与设计文件的一致性，按规定填写《产品质量履历书》、《产品质量证明书》等相关质量文件。

(5)专项测试控制

检漏、精测和质测等专项测试的技术要求由型号总体提出，相关分系统会签，总装部门负责执行。检漏、精测和质测等专项测试文件应经过评审确认，并经总体会签。检漏、精测和质测等专项测试过程应对测试项目有关的产品接口技术状态进行控制，并记录测试数据。专项测试过程中出现的数据超差应按要求及时进行处理。专项测试结果应形成报告，并由型号项目办组织对专项测试数据进行评审，确保符合测试文件要求。

3.8　检验和检验印章控制

3.8.1　检验文件

产品检验工作室验证产品是否满足规定要求的一项重要岗位。设计图纸和技术要求及工艺文件是航天产品在制造、组装和总装过程中检验的依据文件，检验岗位人员按上述文件规定的检验内容和要求实施检验并记录检验结果，防止不合格品转入下道工序。

应按 QJ 3049 的规定，编制检验依据文件。在航天器制造、装配和总装流程中，针对产品特性，设置合理的质量检验点，确保所有的关键特性和重要特性得到检验确认。检验点设置应遵循检验成本最小化、尽量在低层级产品(工序)剔除不合格的原则。

检验依据文件一般包括各项检验制度、标准、设计文件、检验大纲和工艺文件等。对于复杂的检验项目应编制相应的检验规程。检验依据文件内容应涵盖保证产品质量所需的工序检验要求、检验方法和检验设备，并按照数据包管理要求，明确形成表格化检验记录及记录表格的要求。

3.8.2　检验记录和标识

(1)检验记录

产品检验过程应按表格化的要求及时填写检验记录，及时记录产品形成全过程的质量状况。检验记录应完整、准确、细化、量化，有数值要求的应记录实测值，不得以“合格”或“满足要求”等替代，确保可追溯性。初样阶段明确形成表格化的记录要求，确保记录完整有效。产品关键特性和重要特性的检验要求应在检验表格与过程数据包中真实反映。检验记录应按规定进行编号。对有传递要求的检验记录应在文件中规定传递路线和传递方法，并按规定的程序传递。检验记录的填写应注意内容完整，不得缺项，应使用钢笔或签字笔，字迹端正，印记清晰，计量单位符合法定要求。检验记录一般不允许更改。必要时可进行划改，不允许刮改或涂改。划改处要签字（盖章）并签署日期，划改处无签字（盖章）者，该划改处的检验记录视为无效。各级产品研制单位建立程序并指定专人对检验记录进行收集、整理、归档和保存。

（2）检验状态标识

产品的检验和试验状态应以适当的方式加以标识，表明产品经检验和试验后合格与否。在产品生产、安装和服务整个过程中，应按产品保证计划或检验文件的要求，保护好检验和试验状态的标识，以确保只有通过了规定的检验和试验的（或授权让步放行的）产品才能发出、使用或安装。

3.8.3 检验控制

检验人员对文件中明确的关键（强制）检验点和产品其他的关键特性作为重点检验项目实施。对于产品检验内容复杂、技术难度大的检验项目，检验人员预先编制《检验规程》，明确检验要求、检验基准、测量精度和方法、判定准则和方法、检验工具盒设备、环境要求、检验记录和报告要求等。为确保检验实施过程受控，对航天器产品检验过程应实施下列控制：

1）按检验依据文件对产品进行 100% 检验，不允许抽检、漏检；

2）检验过程所使用的检测设备应与检测的要求相适应；

3）检验使用的通用或专用测试仪器、仪表和设备，应有周期检定（校准）合格证明，并在有效期内使用，同时，应对检测设备、工具进行校准；

4）对同一批次产品的同一工序的检验，一般应使用同一检验设备与工具，保证参数的可比较性；

5）生产和检验共用的设备用于检验前，应按规定加以校准或校验并记录；

6）当发现检验所用的检测设备（仪器、量具等）不合格时，应对该设备（仪器、量具等）以往所测量结果的有效性进行评价和记录，并对该设备和受影响的产品采取适当的措施；

7）对特种工艺实施过程的检验，除按工艺规程进行过程检验外，应制作同炉的随炉试片进行性能检测，用以证明产品符合要求的程度；

8）发现不合格时应及时进行标识、隔离、报告，并按各单位规定程序进行不合格品审理。

3.8.4 检验印章

航天器承研单位应按 QJ 3049—1998 中 5.13 的规定，制定并执行检验印章控制程序，确保印章正确、合法使用，做到：

1）印章由质量检验部门统一设计、编号、登记和发放，并定期检查；

2）为保证印章应可以追溯到使用者的个人责任，印章应专人专用，不得转借，且使用人离岗后，印章应及时收回；

3）规定检验印章的使用范围，以及可加盖印章的部位；

4）允许在印章位置签名，但应能够保持责任记录的可追溯性。

3.9　测试控制

3.9.1　一般要求

航天器产品的测试是检查产品设计的性能指标符合性的重要检查措施之一，对产品测试过程控制是航天器产品质量保证的重要环节。其控制内容主要有以下方面。

（1）测试准备保障条件控制

航天器产品所进行的《测试大纲》和《测试细则》按规范要求在使用前进行编写并批准，重要的测试项目内容在测试前应进行评审。测试场地环境条件和技术安全条件必须保证并实施现场检查，主要有：测试场地的温度、湿度、洁净度；场地交流供电电压、额定功率、吊车等；检查航天器壳体是否接地良好、测试试验设备壳体是否接地良好；确认测试设备调试合格，确认测试软件经验收合格，且专用测试设备按规定进行了校准，并在有效期内；通用测试设备经过剂量标定合格有效。

（2）产品状态控制

航天器产品在测试前和过程中对产品状态和测试设备设置状态进行检查，确认符合测试文件要求。过程中需要更改产品状态或测试内容和状态时，必须按技术状态更改控制要求办理相关审批手续。对于过程增补临时测试内容时，必须办理审批手续，填写《补充测试（试验）工作申请表》，并编写补充测试细则，经批准后方可实施。

（3）测试过程安全控制

测试过程中，航天器产品不允许带点操作，避免损伤或损坏星上仪器。在正样火工装置装入航天器和推进剂加注后，应明确测试中的关键安全阶段和关键安全部位，制定有关电性能测试的安全防护措施，如电测对关键阶段、关键指令进行安全控制，对关键指令采取硬件、软件加锁，遥控关键阶段关掉射频等措施，确保航天器安全和人身、财产安全。

对测试过程的关键阶段应提前制定相关的故障对策并进行故障预防，出现故障后按故障处理原则和制定的故障对策进行处理。

（4）测试结果评价

加强测试过程中的数据见识和比对是测试过程中对其符合性评价的有效办法，通过数据监视和比对，不放过任何异常现象。在阶段测试结束和试验某工况的节点，应组织对本阶段测试结果的符合性进行确认，保证不带问题转入下阶段工况进行试验。测试结束后，要确保所有测试结果均形成书面报告。这些报告至少包括测试或试验程序的简述，实际测试偏离试验程序的描述，测试数据记录和分析，测试项目覆盖性检查，测试结果符合性及不合格处理结果。还应根据需要，对测试结果报告进行评审确认。

(5)测试过程不合格处理

通过数据监视和比对，发现的任何异常现象都应认真处理，对出现不合格应按承制单位质量管理体系中《不合格品审理规定》进行处置，构成产品的质量问题的不合格项目，按《型号质量问题归零管理程序》的有关规定进行处理。

3.9.2 测试覆盖性分析

按规定开展测试覆盖性分析工作，形成《测试覆盖性分析报告》和各类测试项目清单，明确可测试项目、不可测试项目和控制要求。

3.9.3 可测项目管理

在初样设计阶段开展单机、分系统和系统测试项目的覆盖性分析工作，编写《测试覆盖性分析报告》，明确产品可测试项目。各级产品测试前，应编制《测试大纲》、《测试细则》，确保覆盖所有可测试的项目(必要时需经过评审)。测试前进行测试状态检查。严格按照测试细则开展测试工作。测试过程中，对测试数据进行判读，对异常数据进行分析，并按不合格控制程序进行处理，采取措施进行纠正。如被确认为质量问题，则按《质量问题归零管理程序》进行归零。测试完成后，编制《测试总结报告》。必要时，对《测试总结报告》进行评审。产品进入正样研制阶段后，针对正样产品特点进行测试覆盖性分析，并补充、完善初样阶段形成的《测试覆盖性分析报告》，形成正样产品《测试覆盖性分析报告》。

3.9.4 不可测项目管理

(1)分类

不可测试项目分为I、II、III类。

1)Ⅰ类不可测试项目：各级产品(包括单机装配或调试过程)测试中不能用测试方法获取数据的项目。

2)Ⅱ类不可测试项目：指本级产品不可测试，在下级产品可测试的项目。

3)Ⅲ类不可测试项目：指本级产品不可测试，在上级产品可测试的项目。

(2)控制要求

1)形成不可测试项目文件，明确不可测试项目的内容、操作记录和控制要求。对II类不可测项目，以文件形式规定在下级产品实现过程的测试时机和内容。必要时，对形成不可测试项目的关键操作进行录像或拍照记录，并在产品验收时提供照片和光盘。对Ⅲ类不可测试项目，应以文件形式向上级明确测试项目和要求，在上级测试中进行落实，并索取测试或验证结果。

2)I类不可测试项目：产品研制单位在生产过程中应制定质量控制措施，将形成不可测试项目的工序定为关键工序，同时确定强制或关键检验点，必要时进行录像或拍照记录，并在产品验收时提供照片和光盘。在总装过程中，对不可测试的产品的装配应制定详细的工艺操作规程，确定检验方法和要求，并在总装结束后的总结报告中进行专题汇报。

3)II类不可测试项目：产品研制单位以文件形式确定在下一级产品实现过程可测试环节进行测试，并按照要求记录测试内容、结果。产品生产过程中应制定严格的质量控制措施，将形成不可测试项目的操作工序制定为关键工序，同时将不可测试项目的测试确定为强制检验点。工艺人员应根据设计人员制定的装配后不可测试项目质量控制方案，编制相应的工艺文件，必要时明确录像或照相要求。操作者和检验者应按照工艺文件的规定进行操作、检验和记录。

4)III类不可测试项目：产品研制单位应以文件形式，确定在上一级产品实现过程中可测试时机，并按要求对测试内容和结果等进行记录。

5)系统出厂前的测试项目应覆盖发射场的测试项目和发射、飞行、在轨运行以及返回阶段所有正常的工作模式和已设计的故障工作模式。对于必须在发射场才能安装和测试的正样产品，应在出厂前进行试装和预先模拟测试。

6)系统出厂前完成与其他系统接口的匹配性测试或确认，证实各项接口关系的匹配性和正确性。

3.9.5 测试覆盖性检查

各级产品在完成全部功能和性能测试后或交付前，按《测试覆盖性分析报告》内容完成测试覆盖性检查，确认：可测试项目全部进行了直接测试；不可测试项目在研制过程中的控制措施落实到位；需间接测试的项目已获取相应的测试和检验数据；过程质量记录及有关的客观凭证完整，能有效保证不可测试项目产品质量与可靠性满足设计要求。根据测试覆盖性检查结果编写单机、分系统和系统的《产品测试覆盖性检查报告》，并进行评审。《系统级测试覆盖性检查报告》应是型号转阶段评审和出厂评审的重要备查文件之一。

3.10 试验控制

3.10.1 单机试验控制

(1)一般要求

产品研制单位按GJB 1027A的规定，按单机产品研制阶段设计验证矩阵确定产品的试验项目，制定具体试验计划和控制措施，并纳入到产品研制技术流程和计划流程。

(2)试验文件评审

根据总体对单机产品和部组件环境试验的规定，制定《试验大纲》、《测试细则》和表格化记录等文件，并按要求组织文件评审和试验准备状态评审。

(3)试验准备状态检查

产品进行试验前，进行试验准备状态的检查，检查的主要项目和内容如下：

1）试验文件的有效性；

2）参试人员资格通过审查，试验人员持证上岗情况；

3）参试测量设备在整个试验期内检定/校准状态的有效性，是否符合试验的相关要求；

4）参试过程设备的完好情况，特别注意相关报警功能的有效性，避免因试验设备故障导致产品受损；

5）试验测试、控制软件是否经过调试或确认，状态冻结，符合规定的试验要求；

6）试验过程的工作环境是否符合规定的要求；

7）试验用水、电、气、空调、液氮资源保障是否符合试验要求。

（4）试验过程控制

按照《试验大纲》和《试验实施方案》组织试验。按岗位责任制实施试验，对关键岗位实行“双岗制”。按规定的表格化记录、收集、整理数据和原始记录，分析、评价试验结果，保证试验数据的完整性和准确性。对试验发现的故障和缺陷，采取有效的纠正措施。凡属于质量问题的故障应按规定完成质量问题归零工作，并在纠正后对采取的措施进行试验验证。应保持试验过程、结果及任何必要措施的记录。试验过程变更应征得上一级产品研制单位的同意。对修复或改装后的电子产品应按规定，进行补充环境试验。

（5）试验报告

在试验过程中及试验完成后，对试验数据进行整理、判读，确保试验数据的正确性、完整性。对照《试验大纲》和《试验细则》的要求，形成《试验报告》，给出试验结果。按要求填写《产品试验工作程序记录表》，该记录表应纳入《试验报告》，并作为产品数据包的组成部分在研制单位归档。必要时，《关键单机试验报告》应通过评审。

3.10.2 系统级大型试验控制

（1）一般要求

总体单位按 QJ 2937 的规定，针对每项系统级试验项目，以文件形式明确系统级大型试验的质量管理要求和控制措施。

（2）试验策划

系统总体按航天器的研制阶段，确定产品试验项目，形成系统级试验矩阵，制定具体试验方案和计划，并纳入到型号研制技术流程和计划流程。根据航天器系统级产品环境试验规定，制定《试验大纲》、《测试细则》、表格化记录等文件并进行评审，有关单位按规定对试验文件进行会签、确认。应根据试验技术流程，确定质量控制点和控制措施，并形成文件和记录。

（3）试验文件编制和评审

依据规定的输入要求，编写《试验实施方案》，试验实施方案应征得顾客（用户）同意。按 QJ 2937 的规定，编写《试验质量保证大纲》、《试验技术流程和计划流程》、《试验实施方案》、《试验工作程序记录表》、《试验故障对策预案》。

对试验文件进行评审，必要时应进行会议评审，评审的主要内容有：试验目的的正确性；参试产品技术状态的符合性；试验地面设备状态的完好性及适用性；试验方法、试验工况和试验流程的合理性、可行性；试验条件、试验判据的确定情况；故障预想与对策是否正确、可行；制定的质量控制措施和责任分工等。

(4)试验准备状态控制

试验所用的设备、仪器、仪表精度符合《试验任务书》和《试验大纲》的要求；试验过程所用仪器、仪表应在检定/校准的有效期内，并符合试验的要求；所有的试验和测试软件通过试运行和验收确认，表明软件符合试验和测试要求。

试验环境条件检查确认要求如下：

1)试验前对产品的试验条件进行确认，确保产品不会过试验或欠试验；

2)试验现场的电源容量、电压、频率等应满足试验要求；

3)试验产品的起吊运输设备应符合试验要求；

4)试验用水、气、空调、液氮资源保障符合试验要求。

对试验配套表中所列的产品都应进行检查。其技术状态(特别是接口部位)应符合《试验大纲》要求，配套应齐全。

(5)试验过程控制

按 QJ 3190 的规定，在《试验实施方案》和《试验测试细则》文件中，明确试验过程和试验后的数据判读及审查的内容与方法，组织实施并确保其有效性。

(6)试验数据判读、比对、分析和确认

按 QJ 3190 的规定，在《试验实施方案》和《试验测试细则》文件中，明确试验过程和试验后的数据判读及审查的内容与方法，组织实施并确保其有效性。

(7)试验过程转工况、转阶段控制

对测试数据进行记录。大型试验转工况时，对前一个工况的结果进行评定。工况评定后，确定满足工况判据时，进行工况转换，填写《程序跟踪卡》，试验技术指挥和送试方技术负责人签字后，转入下一工况。工况评定不满足工况判据时，试验技术指挥应组织有关人员(必要时请顾客参加)对本工况试验过程进行分析，根据分析情况由试验总指挥进行决策，依据决策对本工况进行处理。

(8)试验结束评价

在全部试验工况完成后，及时组织相关单位对试验工况进行评价。确认试验工况满足《试验大纲》后，双方填写《试验结果评价表》，试验人员按停机程序进行停机，试验结束。

(9)试验总结、编写报告

按 QJ 3076 和 QJ 2937 的规定，明确试验总结内容和评审的要求。

大型试验结束后，完成《试验报告》。试验方对试验过程(包括试验准备、试验过程、试验结果等情况)进行总结。有电性能测试的产品，测试单位需对试验前、试验中和试验后的测试情况及结果进行总结，并对测试数据进行比对分析。

《试验报告》和《试验测试总结报告》应按规定进行评审，确认试验结果符合要求。

3.11 不合格控制

3.11.1 基本概念

航天器产品在加工、装配、测试和试验过程出现不符合产品任务书、技术文件、图样等规定的为不合格。要求承制单位不合格审批组对产品出现的不合格进行审理、分析并找出不合格原因，制定纠正措施并实施，并防止产品类似不合格重复产生。

(1)严重不合格品

凡下列特性之一不能满足规定要求并可能造成严重后果的为不合格品：

1)功能特性、使用特性；

2)功能接口和物理接口；

3)互换性；

4)形状、重量、重心；

5)可靠性、维修性、安全性；

6)影响人员健康与安全；

7)其他。

(2)轻度不合格品

严重不合格品以外的不合格品，为轻度不合格品。

(3)不合格发生的原因

导致不合格的原因包括以下几类。

1)设计：设计输入差错、设计差错、技术未认识等。

2)工艺：工艺文件不细化、工艺流程错误、工艺设计差错、工艺方法未认识等。

3)操作：技术类操作问题(设备使用不当、未识别环境要求)等。

4)器材：元器件、材料、外购件的固有问题等。

5)设备：由于工装设备、测试设备或计量仪器自身质量问题导致航天器产品发生不合格等。

6)环境：环境条件不满足生产合格产品要求等。

7)管理：有章不循(不按工艺规程、试验规范、操作作业指导书操作)、规章不完善、培训不到位等。

8)其他。

3.11.2 不合格品审理系统

(1)不合格审理组织

以五院为例，部、所、厂级不合格审理组织一般分为以下 3 级：

1)一级不合格审理组织一般设在车间、研究室，由质量技术管理部门的专职检验员和车间、研究室兼职检验员等组成；

2)二级不合格审理组织一般设在质量技术管理部门，由设计、工艺、质量、生产、采购等相关部门人员组成；

3)三级不合格审理组织是部、所、厂级航天器产品不合格的最终审理机构，由部、所、厂有关技术专家、管理专家及质量技术管理部门负责人组成，不合格审理常设机构一般设置在质量技术管理部门。

院组织成立不合格审理委员会，一般由院内相关领域技术及管理专家组成，并征得顾客或其代表的同意。

(2)职责与权限

一级不合格审理组织的职责与权限如下：

1)负责审理不影响产品性能的不合格，包括一般性返工、非成批报废；

2)负责处理可返工或明显报废的轻度不合格品；

3)负责监督所处置的不合格的纠正及落实；

4)负责将职责范围内不能处置的不合格提交二级审理，在二级以上的审理过程中，负责保管所处置的不合格品；

5)负责管理所处置的不合格品，负责保管报废及返工产生的产品、元器件，建立不合格品台帐并及时统计上报；

6)一级不合格审理组织有权做出返工、报废的处置决定。

二级不合格审理组织的职责与权限如下：

1)负责一级不合格审理组织提交的不合格和职权范围内不合格的审理，一级审理意见分歧、无法裁定的不合格，应进行二级审理；

2)负责将严重不合格品或本级组织不能处置的不合格品提交三级不合格审理组织；

3)归口管理不合格品，并对纠正措施进行监督；

4)负责不合格的统计与分析；

5)组织实施三级不合格审理组织的处置意见；

6)负责建立不合格审理档案；

7)负责与顾客沟通、反馈涉及不合格的事项；

8)二级不合格审理组织有权做出返修、返工、报废等处置决定。

三级不合格审理组织的职责与权限如下：

1)负责审理严重不合格或二级不合格审理组织不能审理的不合格；

2)负责审理二级审理意见分歧、无法裁定的不合格；

3)负责确定消除不合格原因的纠正措施，并防止不合格再次发生；

4)负责确定预防措施以防止类似不合格发生；

5)三级不合格审理组织有权做出返修、报废、让步接收和降级使用等处置决定；

6)将关键件、重要件及可能影响整星(船)性能和安全性、可靠性的不合格提交院级不合格审理组织。

关键件、重要件的非关键(重要)特性发生不合格，提高一个审理级别。关键件、重要件的关键(重要)特性发生不合格，审理时可直接作报废处理。

院级不合格审理组织的职责与权限如下：

1)负责审理部、所、厂经三级审理后报送的可能影响整星(船)性能和安全性、可靠性的不合格；

2)负责共性问题的审理。

(3)不合格审理及处置

发现不合格时，发现人员按 GJB 726A 的规定对不合格品作好标识，及时进行隔离，当隔离不可实行时，应采取有效控制措施，防止与合格品混淆。在生产、装配阶段，由发现人员(包括检验人员、质量管理人员)填写《不合格审理单》；在测试、调试阶段，由发现人员(或发现人员交与质量管理人员)填写《不合格审理单》。根据不合格的发现阶段，按后续规定分别进行处理。

外协、外购产品(含原材料、元器件及标准件)验收时，由发现人员根据不合格情况及审理权限判断是否可用，并做出拒收或让步接收的意见，必要时提交不合格审理组织审理。有关不合格信息提交给质量技术管理部门，作为对外协单位考核的资料。

内部产品的不合格审理一般分为 3 级，包括：

1)一级审理，一级不合格审理组织给出返工、报废或提交二级审理的意见；

2)二级审理，二级不合格审理组织可做出返工、返修、报废、让步接收、降级使用、退回供方或提交三级审理的意见；

3)三级审理，三级不合格审理组织负责对常设机构提交的不合格进行审理，并填写处置意见后提交责任部门组织实施。对涉及影响整星(船)成败的可靠性、安全性的不合格应提交院不合格审理委员会审理。

对发生的可能影响整星(船)成败的可靠性、安全性的不合格进行三级审理后，应提交上一级质量技术管理部门。由上一级质量技术管理部门组织不合格审理委员会有关专家进行分析，提出审理意见，上报型号两总做出处理意见。

3.11.3　轻度不合格品控制

对于一般不合格的项目，应按各单位制定的质量管理体系文件《不合格控制程序》的规定进行处置，处置方式一般包括：

1)返工；

2)返修；

3)报废；

4)让步接收；

5)降级使用；

6)退回供方。

3. 11. 4　严重不合格品控制

严重不合格的审理应有上一级产品承研单位参加，并按照《质量问题归零程序》进行处理。

3. 12　质量问题归零

3. 12. 1　归零工作要求

质量问题归零是指对在设计、生产、试验和服务中出现的质量问题，从技术上、管理上运用适当方法，分析问题的原因、机理，并采取纠正和预防措施解决已发生的质量问题，同时通过开展举一反三，避免问题重复发生的闭环管理活动。航天质量问题归零分为技术归零、管理归零两个方面，如图 3 – 1 所示。总体来说，质量问题归零是应用闭环管理模式，举一反三消除潜在质量问题，以航天零缺陷为目标，最终达到“预防为主，一次成功”。

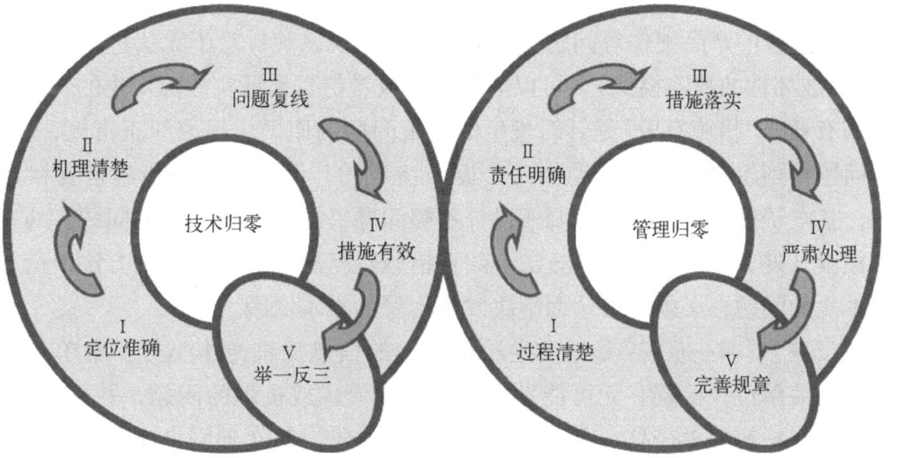

图 3 – 1 质量问题双归零

可以说，质量问题归零是在实践中总结、在总结基础上创新、在创新基础上进行更高要求的质量管理实践。目前，航天质量问题归零工作已经形成了比较系统且规范的组织、制度和方法体系。它是中国航天的故障报告、分析及纠正措施系统(FRACAS)，也是更加科学的、系统的、扩展型的计划 – 实施 – 检查 – 行动(PDCA)循环。归零对问题产品本身，是“救火”措施；对其他型号，起“防火”作用。质量问题的归零过程，是实现质量管理从事后的问题管理转化为事前的预防管理的过程。

通过质量问题归零，能够促使研制队伍吃透技术，发现质量管理体系薄弱环节，培养员工严慎细实作风，提高技术和管理的水平。

(1)技术归零

“质量问题技术归零”是针对发生的质量问题，从技术上按“定位准确、机理清楚、问题复现、措施有效、举一反三”的五条要求逐项落实，并形成《技术归零报告》或技术文件的活动。技术归零的五条要求内涵如下：

1)定位准确。“定位准确”是确定质量问题发生的准确部位。明确问题发生的准确、具体部位是解决问题的前提条件。发生问题，首先要找到问题发生在哪里或哪个环节、哪个产品、哪个部件、哪个零件或哪个电子元器件，是什么故障模式。准确定位就是确定解决问题的对象。受损的产品或零部件可能是一个，也可能是几个，都要确定出来。

2)机理清楚。“机理清楚”是找到问题发生的根本原因和演变过程。明确为什么会发生问题，找到发生问题的根源，才能以治本的方法解决问题。梳理问题和原因的因果关系，支持并证明发生问题原因的正确性，为制定措施提供依据。机理清楚是彻底归零的关键，对提升技术水平和解决问题的能力是非常重要的。

3)问题复现。“问题复现”是通过试验或其他验证方法，复现质量问题发生的现象，验证定位的准确性和机理分析的正确性。问题复现是采取纠正措施的初步试验。按照对问题的定位和原因分析结果，进行地面试验，如果不采取纠正措施，故障(或问题)复现；如果采取纠正措施，故障(或问题)不再复现，说明对定位和机理分析是正确的。对某些显而易见的失误而造成的产品损伤等问题，可无需进行复现试验；对于无法进行问题复现的故障模式(或者破坏性的故障模式)，可以通过分析或者仿真来证实故障发生的现象。

4)措施有效。“措施有效”是针对发生的质量问题的原因，采取纠正措施，经过验证，确保质量问题得到解决。一个问题由几个原因造成的，解决问题的措施也要针对几个原因，例如，某电子元器件失效，有降额设计不够问题，也有安装方法的问题，纠正措施除了完善降额设计外，还要改进安装方法。纠正措施是解决问题的手段和方法，措施有效不仅能纠正本次的问题，必须能够全面解决发生问题的根本原因。

5)举一反三。“举一反三”是把发生质量问题的信息反馈给本型号、本单位和其他相关型号以及相关单位，检查有无可能发生类似故障模式或机理的问题，并采取预防措施。通过举一反三，把解决本产品本次发生问题的纠正措施，落实到同批次、同样机理设计的其他产品上，使具有相同原理设计的产品都能避免同类问题的发生，对还未发生问题的产品，是一种预防措施的落实。

对技术归零来讲，定位准确是归零前提，找到问题发生的准确部位，才能明确解决问题的对象。机理清楚是归零关键，只有找到发生问题的原因，才有治本的依据。问题复现是归零手段，是验证定位和机理分析的有效措施。措施有效是归零核心，是解决问题的落脚点。举一反三是归零结果延伸，是防止同类质量问题重复发生的有效方法。

(2)管理归零

“质量问题管理归零”是针对发生的质量问题，从管理上按“过程清楚、责任明确、措施落实、严肃处理、完善规章”的五条要求逐项落实，并形成《管理归零报告》和相关文件的活动。管理归零的五条要求内涵如下：

1)过程清楚。“过程清楚”是查明质量问题发生和发展的全过程，从中找出管理上的薄弱环节或漏洞。过程清楚就是要清楚发生问题的时间、地点、工作工况、运行程序、问题现象和结果，清楚产生问题的管理环节、岗位和管理原因，清楚管理工作程序或制度中的漏洞、薄弱环节。

2)责任明确。“责任明确”是根据质量职责分清造成质量问题的责任单位和责任人，并分清责任的主次和大小。责任明确是实施改进措施的前提，只有明确了哪个部门、哪些岗位的责任需改进落实，管理改进工作才能做到有的放矢。依据问题发生的过程，明确问题涉及的相关责任单位、相关人员，直接责任和间接责任，主要责任和次要责任，领导责任和执行责任等，涉及到多部门、多岗位、多人员时，需逐一明确。

3)措施落实。“措施落实”是针对管理上的薄弱环节或漏洞，制定并落实有效的纠正措施和预防措施。措施落实要有结果，管理的措施落实要体现在完善规章、教育培训、合理处置等，关键是达到提高认识，提高管理能力。措施要具体、可操作、可检查。措施落实应有计划和保障条件，明确责任人，要有落实的客观证实材料和监督检查的记录。

4)严肃处理。“严肃处理”是对由于管理原因造成的质量问题应严肃对待，从中吸取教训，达到教育人员和改进管理工作的目的。对重复和人为责任质量问题的责任单位和责任人，应根据情节和后果，按规定给予处理。严肃处理重在严肃对待，通过归零工作扩大受教育面，从中吸取教训，达到提高认识、改进管理的目的。严肃处理的最终目的是教育人和改进工作，只有对重复性质量问题和人为责任质量问题的责任单位和责任人才给予一定的行政处罚和经济处罚。这种处罚的目的依然是加深教育，预防质量问题的再次发生。

5)完善规章。“完善规章”是针对管理上的薄弱环节或漏洞，完善规章制度，并加以落实，从规章制度上避免质量问题发生。完善规章是结合质量问题管理归零措施，识别现有规章制度中不完善的地方，把归零工作的措施固化到相关的规章制度、作业指导文件、标准或规范中。规章制度的改进是质量管理体系改进的基础，是单位质量改进的有效资源，是组织提升管理能力的源头，也是管理归零实现闭环的归宿。

对管理归零来讲，过程清楚是基础，只有了解清楚问题发生、发展的全过程，才能准确找到产生质量问题的薄弱环节和管理上存在的漏洞。责任明确是前提，只有明确阐明问题发生在哪个环节，明确责任单位(部门)、岗位，管理改进才能有的放矢。措施落实是核心，不仅要落实到管理文件上，更要落实到工作职责上。严肃处理是手段，通过加强质量管理制度的宣贯和发生质量问题的教训，教育职工提高自身的质量意识，提高管理者的责任心，同时，对严重违章者也必须给予适当的行政或经济处罚，以加深教育的作用。完善规章是结果，将取得的经验教训用规章、制度进行固化和推广应用，起到预防的效果。

(3)质量问题归零的范围

一般而言，技术原因为主的问题，主要从技术上完成归零工作，实现技术改进，提高产品的固有质量与可靠性。但是同时，也应查找管理上的薄弱环节，在管理方面进行完善和改进，促进技术归零成果的有效落实。管理原因为主的问题，主要按管理归零的要求完成归零工作，同时，对发生问题的产品也要从技术上进行归零处理。

管理归零是技术归零的延续，是技术归零后在更深的层面上铲除质量问题重复发生的根源，是提高质量管理水平的手段。大多数的质量问题或多或少均存在管理上的不足或问题，主动查找管理上的不足是提高产品质量与可靠性的有效方法，也是在提高产品设计技术、工艺技术的同时，提高管理水平的重要环节。所以在航天型号研制过程中，发生质量问题，既要开展技术归零，也要开展管理归零。

技术归零的范围：

1）影响研制进度、造成与其他单位的接口设计修改、造成性能指标下降、造成生产返工的设计质量问题；

2）造成重大经济损失的设计和生产质量问题；

3）因技术原因，造成批次性和重复性的生产质量问题；

4）因技术原因，造成批次性电子元器件、原材料质量问题；

5）造成试验失败或损坏产品的试验技术问题；

6）单机、系统（分系统）交付后出现的因技术原因造成的质量问题；

7）产品在靶场或外场出现的因技术原因造成的质量问题；

8）因技术原因造成的武器装备交付后影响使用的质量问题；

9）卫星、飞船在轨运行和回收中的故障或影响任务完成的因技术原因造成的质量问题；

10）上级部门、型号指挥系统和设计师系统确定需技术归零的质量问题。

管理归零的范围：

1）重复性质量问题；

2）人为责任质量问题；

3）无章可循、规章制度不健全造成的质量问题；

4）技术状态管理问题；

5）行政领导和型号指挥系统确定需管理归零的质量问题。

（4）软件质量问题归零

产品研制单位、型号项目办应建立软件问题管理机制。管理软件生存周期中发生的问题，包括评审、测试、第三方测试等活动发现的问题。软件问题纠正过程应满足如下要求：

1）纠正过程是闭环的，以保证能及时报告所发现的问题，并进入纠正过程。

2）软件问题定位准确、分析机理清楚、解决措施有效。

3）纠正过程的输入包括《软件问题报告单》和《更动报告单》。

4）软件更动后，应对更动部分及涉及的影响部分进行相应的回归测试，测试重点主要包含以下两个方面：

a. 更动部分的功能、性能是否满足《软件更动报告单》和软件输入文件要求；

b. 更动涉及的影响域部分的功能、性能是否满足软件输入文件要求。

对于验收交付后的软件，在系统联试和在轨运行期间发生质量问题，应按规定，进行归零并开展举一反三工作。

(5)质量问题信息的上报

型号项目办实时处理各分系统及单机产品研制单位上报的质量信息。质量问题应按规定及时上报，并保证产品质量信息的完整性和准确性。

对于整星AIT阶段和发射场阶段发生的质量问题，项目办应组织填写《质量问题快报表》，经批准后在2 h内以《质量信息快报》形式报送质量管理部门、主管领导，并组织责任单位和相关单位开展归零工作。

初样鉴定件产品和正样产品整机装调、测试、试验阶段(产品交付之前)，以及分系统联试和测试阶段发生的质量问题，产品研制单位应在2 h内以《质量信息快报》形式报送相关型号项目办、院质量管理部门。

按规定完成质量问题归零评审后，应按研制阶段进行全面复查、分类、汇总，形成《质量问题归零情况汇总表》，并作为重要质量信息进行分析、上报。

(6)质量问题归零主要工作步骤

技术归零的实施步骤如下。

①现场记录、确认和报告

质量问题发生后，应立即采取措施防止质量问题扩散。在不影响产品、设备和人员安全的情况下，问题发生单位的岗位人员应保护好现场，并做好记录，填写《质量问题报告单》，或口头方式(情况特别紧急时)按要求逐级上报质量问题信息。

报告内容一般应包括以下内容：

1)质量问题发生的时间、地点等；

2)发生质量问题的产品所处的工作状态、环境条件；

3)产品质量变化过程和现象的详细描述。

②故障定位和机理分析

出现质量问题后，项目负责人应当立即组织有关方面的技术人员确认质量问题的现象和部位，进行初步的问题定位，并确定技术归零的责任单位(部门)。在难以分清是设计质量问题还是生产质量问题，或且难以分清是哪个系统时，由项目负责人组织相关单位分析查找原因，责任初步分清后由责任单位具体组织实施质量问题归零。

在具体进行问题定位时，有些质量问题，问题现象和部位比较直观，可以很容易确定问题部位。例如断线、短路、加工错误、尺寸超差等。有些问题产生的原因和部位不能直观看出来，例如系统工作不稳定等，就需要用质量分析工具(如故障树、鱼骨图等)进行分析，找出产生问题的原因，必要时，需要专业机构进行鉴定，对有些复杂产品，要做试验进行分析。

在质量问题定位之后，要组织有关方面的技术人员，通过试验和理论分析等手段，弄清故障发生的基本过程，搞清楚故障的模式，从而确定质量问题发生的根本原因。只有彻底查明问题的原因机理，才能解释问题发生的过程，才能提出有针对性的纠正措施。

机理分析是一件极其重要，却又非常困难的工作。影响机理分析的准确性的因素比较多，主要有：

1）思想上的顾虑，因为问题的原因涉及到责任；

2）数据和资料收集不全，质量事故的现场没有保护好；

3）分析人员的水平、经验和客观性的限制；

4）单位负责人的态度和作风；

5）分析设备的功能和精度；

6）监督机制的完备性；

7）奖惩机制的合理性。

针对某一特定的质量问题，特别是重大的质量事故应成立问题分析小组。其成员包括参与产品设计、生产、试验和使用等有关的单位和部门代表，专业失效分析机构和质量可靠性部门的代表。其任务是负责问题调查、分析工作，做出分析结论等。

③进行质量问题的复现试验

复现试验，是确认定位和机理分析的正确性。但对某些显而易见的失误造成的产品损伤等问题，可无需进行复现试验。

对质量问题进行复现是一个迭代的过程，如图 3－2 所示。只有通过复现确认机理已经分析清楚，方能进入下一步制定具体的措施进行问题的纠正和预防。假设复现试验不能复现出发生的故障，则认为故障未能定位清楚，机理分析可能不正确，需要重新进行故障的定位和机理的分析。

有些复现试验涉及面广，耗资巨大，很难进行复现试验，如火箭发射失利，在这种情况下，可以利用模拟方法、仿真方法进行验证，或采用原理性试验来验证。

在航天产品质量问题归零中，除了大型破坏性试验可以用理论分析和数字模拟外，一般均要求进行实物仿真试验，以保证以前各个环节的正确性。

④制定并落实纠正措施

根据质量问题的原因，采取相应的改进措施。对一些复杂问题要认真分析，制定改进的实施方案和验证方法，并通过必要的试验验证确认改进措施有效和合理，将措施固化到相应的设计文件或工艺文件中。

一般而言，措施可以分为两类：

1）应急处理。更换有质量问题的零部件，把系统恢复到正常的工作状态，这种更换只对有质量问题的产品采取了措施，不能提高产品的固有质量。

2）防止再发生。在问题原因分析清楚的基础上，采取纠正和预防措施，改进产品的设计、工艺、试验程序，消除产生质量问题的根本原因，从而提高了产品质量。

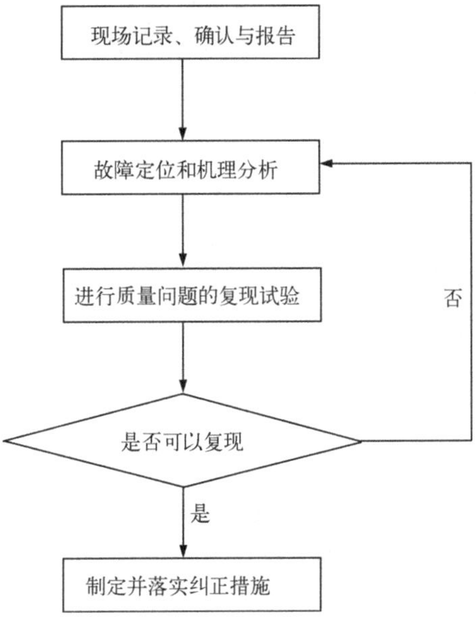

图3-2　复现试验验证机理分析是否正确

⑤开展举一反三工作

各级质量管理部门应将归零信息上报上一级质量管理部门。上一级质量管理部门明确举一反三的要求，并以通报的形式反馈相关单位和相关型号开展举一反三。各单位、各型号应根据通报内容组织本单位的举一反三工作。

举一反三工作内容主要可以分为两个方面：本型号范围内开展举一反三，要检查相同产品范围内，特别是本批次产品范围内是否存在类似的质量隐患，如果存在，都要进行改进，并办理相应的手续和文件；对本单位和其他单位同原理设计生产的其他产品也要进行检查和改进，以防同类问题在其他产品上再次发生。

设计问题的举一反三从以下几点考虑：

1)设计输入，设计输出；

2)可靠性、安全性、维修性设计；

3)设计质量管理程序。

工艺问题的举一反三从以下几个方面开展：

1)工艺设计的优化性、合理性；

2)工装设计的合理性和制造上的系统缺陷；

3)产品实际质量的稳定性。

⑥编写《技术归零报告》

编写《质量归零报告》是归零工作的重要一环。归零报告是归零工作的成果，也是航天型号研制的宝贵经验和财富。通过《质量归零报告》所提炼的研制警示，可为今后产品研制工作提供有益借鉴，也是年轻一代研制人员极有价值的学习教材。

《技术归零报告》由责任单位编写，按三级审签要求进行签署，质量监督代表会签。《外包单位归零报告》应经订货和任务书提出单位会签审查。

一般而言，《技术归零报告》的主要内容包括：

1) 问题概述，描述问题发生的现象；

2) 问题定位，阐述问题定位的过程及结果；

3) 机理分析，阐述故障原因及机理；

4) 问题复现，阐述为验证定位及机理分析的正确性所进行的模拟试验情况；

5) 采取措施及验证，阐述所采取的纠正措施在产品上落实情况；

6) 举一反三情况，阐述举一反三发现的问题所采取的纠正措施和预防措施；

7) 结论，明确该问题是否归零的结论。

⑦技术归零的评审

完成《技术归零报告》之后需要组织对技术归零工作进行评审。评审组织一般由责任单位质量部门负责，根据质量问题重要性、接口关系等综合因素考虑评审组的组成。涉及到用户的均应邀请用户代表参加。

技术归零评审重点评审以下方面内容：

1) 故障的定位和机理的分析是否正确有效；

2) 纠正措施是否落实，纠正措施的效果必须经过充分验证，并将纠正措施落实在设计、工艺文件和产品实物上，确保在产品上做到真正归零。

⑧归零信息的管理

质量问题发生后，责任单位按规定填报《航天产品质量问题信息采集卡》。采取月报、季报等定期统计分析质量归零信息，质量信息中心及时发布共性质量问题和产品质量趋势。形成质量问题快速收集、反馈、准确分析处理、充分利用及共享的有效的质量信息管理系统。归零评审完成后，应及时将归零报告、故障信息等归档，更新质量问题归零信息库。

管理归零的实施步骤：

1) 查明质量问题发生的过程和责任。质量问题发生后，在不影响产品、设备和人员安全的情况下，问题发生单位的岗位人员应保护好现场，并做好记录，填写《质量问题报告单》，按要求逐级上报质量问题信息。由于管理原因造成的，由责任单位责任人进行管理归零工作。分析造成异常因素的过程管理和控制的文件规定、执行方面的原因，查找管理上的薄弱环节和漏洞。

2) 制定改进措施，完善规章制度。对造成质量问题的管理原因，应针对薄弱环节采取纠正措施。归零措施应通过完善质量管理体系文件、规章制度、标准等形式固化。凡属于规章制度不健全的问题，需明确完成规章制度制(修)定时间和具体内容要求。制定的归零措施应当具体、细化、可操作、可检查，且措施中每一项工作应明确责任部门和责任人，对于中长期措施应有明确的计划和节点。

3) 问题处理。依据过程管理和控制文件的规定、执行和记录情况，确定相关组织和相关人员应承担责任的主次和大小等。对确属重复性质量问题和人为责任质量问题的责任单位和责任人，以及弄虚作假、隐瞒不报的有关责任人，应按照责任和影响大小，给予一定的处分或处罚。对预先发现规章制度或流程不完善、不健全等管理薄弱环节，能够主动归零并提出可操作、可落实、可检查措施的责任单位和责任人，根据情况给予奖励。

4)编写《管理归零报告》。《管理归零报告》应经质量管理部门和相关部门会签、本单位行政正职批准。一般而言，《管理归零报告》的主要内容包括：

a. 过程概述，描述问题发生的现象；

b. 原因分析，按管理环节和职责，分析管理方面的原因，明确有关人员和部门的职责；

c. 采取的措施和落实情况；

d. 处理情况，说明对责任部门和责任人处理方法、结果及依据；

e. 完善规章，通过管理原因分析，明确哪些规章制度需要进一步完善或建立；

f. 归零的结论；

g. 管理归零的证明资料清单。

5)管理归零的评审。在完成质量问题管理归零后应组织质量问题归零评审。质量问题归零评审是对归零工作的正式审查。管理归零的评审由责任单位质量管理部门归口管理和组织，有关部门参加。双归零的质量问题，管理归零评审可与技术归零评审结合进行。管理归零评审重点评审以下方面内容：

a. 质量问题发生的过程是否清楚；

b. 发生问题的主要原因和问题性质是否明确；

c. 主要责任单位和责任人是否清楚，相关单位是否认可应承担的责任并采取了改进措施；

d. 是否结合出现的质量问题对人员进行了教育，并对责任单位和责任人进行相应处罚，处罚是否得当；

e. 属于无章可循或规章制度不健全的是否完善了规章。

3.12.2　归零工作的管理

(1)产品交付前的归零管理

单机产品研制过程中发生的质量问题，由单机产品研制单位负责组织归零、确认、汇总、上报。分系统产品联试和试验中出现的质量问题，由分系统产品研制单位负责组织相关单位进行归零、确认、汇总、上报。

(2)产品交付后的归零管理

在AIT阶段，总装、电性能综合测试和大型试验过程出现的质量问题，由型号项目办负责组织归零、汇总、复查、确认。型号出厂评审时，应按Q/QJA 4.6A的规定，编制《型号出厂质量问题归零专项评审报告》，并通过逐级评审。发射场出现的质量问题由试验队长负责领导归零工作，各有关单位启动快速响应机制，配合试验队完成质量问题归零工作。型号产品交付顾客(用户)前，在轨运行中出现的问题由型号项目办负责组织归零。型号产品交付顾客(用户)后，在轨运行中出现的问题由院质量管理部门组织归零。

(3)研制各阶段质量问题归零的举一反三

质量问题举一反三是将发生质量问题的信息反馈给本型号、本单位和其他型号、其他单位，检查有无可能发生类似模式或机理的问题，并采取预防措施。相关单位(部门)应按规定，明确职责分工，开展质量问题举一反三工作，并书面报告举一反三工作结果。

(4)研制各阶段质量问题归零的确认

在型号研制过程中，应在以下关键节点，由单机、分系统、系统对质量问题归零工作完成及措施落实情况进行汇总、全面检查和确认，并根据需要组织专题评审，做到阶段清零：

1)单机、分系统产品交付系统总体验收前；

2)型号总装、电性能综合测试、大型试验结束后；

3)型号出厂评审前；

4)发射场技术区电测结束后；

5)航天器与运载联合测试完成，火箭加注前。

3.13　验收与交付

3.13.1　一般要求

建立和实施产品研制单位自验收、分系统验收单机、总体验收分系统的分级负责管理机制。必要时，总体参加分系统对关键单机产品的验收活动。产品承研单位按规定以及相关质量管理体系文件、型号产品保证要求和计划安排，对产品进行验收测试、检验和数据包检查，确认产品和数据包符合相应任务书(或合同)、产品技术要求和验收准则，且进行了必要的自验收和产品质量评审后，办理验收与交付手续。

产品验收依据《产品配套表》、《产品任务书(或合同)》、《产品技术要求》、《产品验收大纲》、《产品验收细则》(含验收测试细则)、《产品外形图册》、《产品接口数据单》、《环境试验规范》、《设计和建造规范》、《关重项目清单》、《关重件清单》、《强制(关键)检验点清单》、《测试覆盖性分析报告》、《可靠性和安全性工作计划》等文件中的技术条件、产品保证要求、设计文件和图样进行。

验收与交付应形成明确的结论。产品数据包不符合规定要求时，拒收产品。凡列入航天型号配套表的所有软件产品，在交付正式使用之前，按 QJ 3175 和型号产品保证要求的规定验收软件产品。

3.13.2　产品数据包检查

(1)单机产品数据包检查

分系统对单机产品验收时，对每台(套)单机产品数据包的完整性、正确性、可追溯性进行全面检查。重点检查：

1)产品《设计关键特性表》、《工艺关键特性表》、《过程控制关键特性表》的有效性；

2)关重项目、关重件、关键工序和不可测试项目控制措施落实与检查记录；

3)关键(强制)检验点的检验、确认记录；

4)技术状态更改控制是否符合“五项原则”；

5)质量问题归零是否符合归零标准要求；

6)偏离/超差审批记录；

7)材料目录外/代料/超期复验审批记录及使用情况；

8)元器件目录外/不一致/超期复验审批记录及使用情况；

9)工艺鉴定和禁限用工艺控制情况；

10)常见工艺质量问题与隐患进行检查与控制情况；

11)待办事项闭环管理情况。

(2)分系统产品数据包检查

系统总体对分系统产品验收时，对单机产品数据包落实情况进行抽查(按产品数量10%以上抽查，一般不低于两件)。对分系统数据包检查重点：

1)分系统对单机产品数据包的验收结果；

2)对分系统联试结果进行检查确认；

3)检查分系统文件(数据包)的完整性、正确性、一致性；

4)分系统技术状态更改控制情况；

5)不可测试项目控制措施落实与检查记录；

6)各类评审待办事项的落实和闭环管理证据。

3.13.3　产品(实物)验收

(1)单机产品验收

单机产品验收要求如下：

1)产品验收前，产品研制单位进行自验收，确认产品质量及数据包是否符合《产品验收大纲》要求，并通过产品质量评审。

2)单机产品验收由分系统所在单位组织。验收组一般由分系统项目技术负责人、单机产品保证工程师、专业产品保证工程师、检验工程师组成，必要时邀请总体有关代表参加。

3)按GJB 1307A的规定，进行火工装置产品验收。

4)按《产品验收大纲》的规定，检查《产品证明书》和《产品质量履历书》的正确性、完整性、规范性，以及与产品实物状态的一致性。

5)依据《产品验收大纲》，对产品重量、尺寸等物理特性进行检验，对产品的功能、性能进行测试，确认是否符合规定的要求。

6)形成验收工作记录和验收结论。

(2)分系统产品验收

分系统产品验收要求如下：

1)产品验收前，产品研制单位进行自验收，确认产品质量及数据包是否符合《产品验收大纲》要求，并通过产品质量评审。

2)总体验收分系统时，由型号项目办组织。项目产品保证经理任组长。验收组一般由项目技术经理、系统级专业产品保证工程师、总体主任设计师、总装检验工程师等组成，必要时邀请顾客(用户)代表参加。

3)验收组依据《分系统验收大纲》和《IDS 表》，对分系统的功能、性能进行测试，对产品的重量、机械接口、热接口、电接口等指标的实物状态进行检验，确保接口匹配、符合要求。

4)形成验收工作记录和验收结论。

(3)软件产品验收

软件验收的前提条件：软件产品已通过第三方评测和分系统测试；交付验收的文档完备、规范；软件产品已处在配置管理之下；技术状态更改手续齐全，更改已落实到位；测试过程中出现的质量问题已经解决，并完成质量归零工作。

验收时由软件承制方向验收组作软件研制和测试报告，包括：软件产品满足顾客(用户)需求(任务书)的情况，测试情况，文档完成情况和文物相符情况，软件配置管理和技术状态控制情况，质量问题归零情况，可靠性、安全性复查情况，质量控制措施落实情况。

3.13.4　产品交付

(1)单机和分系统产品交付要求

单机和分系统产品交付满足如下要求：

1)单机研制单位向分系统研制单位交付单机产品；分系统研制单位负责相关设备的验收，向总体单位交付分系统产品。

2)交付产品按《型号产品验收管理细则》的规定执行，并附有《产品证明书》(或产品合格证)、《产品质量履历书》、《产品质量评审证明书》等。随产品交付的配套件、备件、附件、工具等应配套齐全。

3)按验收大纲规定交付“最终产品数据包(EIDP)”中相关的文件和资料，提供有关检测及试验结果、质量问题归零、最终产品技术状态更改情况报告和使用维护文件，以及验收大纲规定的其他文件资料。

4)保证产品装箱所用包装材料、方法、程序能防护产品。合同要求时，这种防护应延续到交付的目的地。应根据文件规定对产品包装、贮存、搬运和运输进行标识。对静电、水分、冲击、污染等敏感的产品要采取符合寿命时间要求的方法加以保护，避免产品受到损伤或降低性能。

(2)系统级产品交付

系统级产品完成技术流程规定的工作，准备出厂前，按 Q/QJA 14(所有部分)的规定和《型号产品保证计划》，组织专项评审文件和出厂评审文件的编制、审查工作。系统级产品应符合出厂放行准则要求，有准予出厂的明确结论。

3.14　搬运、贮存、包装、防护

3.14.1　搬运

对于重要产品和分系统、系统级产品的搬运应编制相关操作文件，明确搬运设备的程序及规程，确保产品搬运安全。搬运装置的设计需满足产品力学环境和静电防护等要求，确保符合产品的防护要求。产品包装箱在使用前全面检查其功能和性能，并进行状态确认，确保产品不受损坏。产品(含火工品)的运输符合相关要求。

3.14.2　贮存

设置材料、元器件和需暂时保存的半成品及装运前的最终产品的贮存场地。产品贮存场地(含库房)的洁净度、温度、湿度、静电防护措施和安全性等满足贮存产品的技术要求，并按规定的要求进行监测和记录。贮存场地有明显的标识且只允许被授权的人员进入。有限寿命材料、缓期使用的有限寿命材料、等待不合格评审委员会处理的不合格品、报废品以及因健康和安全原因需要分开贮存的所有其他项目，存放在贮存场地内的隔离区域内。贮存场地内的每个隔离区域需清楚地标识。保存记录以保证所有贮存项目都处于可使用的寿命范围内，且受到适当控制和重复试验，同时提供贮存的可追溯性。对贮存的产品(含材料、元器件)建立相应台账和出入库记录。

3.14.3　包装

产品包装按 QJ 2438A 和 Q/W 45B 的规定执行，并实施以下控制：

1)按技术要求进行产品和材料、元器件包装，提供包装程序和说明，防止退化、腐蚀、损坏和污染的情况发生；

2)产品和材料、元器件在运输途中以及到达目的地时，应对包装状态进行检查并采取相应的保护措施；

3)如需保持特殊的内部或外部环境，应采取相应的措施，并在外包装上标识详细的环境要求；

4）对关键的、敏感的、危险的、有害的或者贵重的物品，研制单位应采取防潮、减振、充惰性气体等保护措施；

5）外部保护盖和包装箱应有识别和警示标记；

6）产品（含火工品）的装箱应符合相关要求。

3.14.4　防护

产品设计时考虑产品的防护要求。产品制造工艺文件应明确规定具体的防护要求和控制措施。产品研制全过程以及搬运、贮存、包装等各个环节应确保各项防护措施落实到位。

参考文献

[1] Q/W - Q - 20—2013 航天器产品质量保证要求[S]. 中国空间技术研究院，2013.

[2] QJ 3076—98 航天产品质量保证要求[S]. 中国航天工业总公司，1998.

[3] Q/QJA 10—2002 航天产品质量问题归零实施要求[S]. 中国航天科技集团公司，2002.

[4] 李祖洪，等. 卫星工程管理[M]. 北京：宇航出版社，2007.

[5] 五院产品保证队伍培训教材[M]. 2012.

第 4 章　可靠性保证

4.1　可靠性要求

可靠性要求包括可靠性定性要求和可靠性定量要求。定性要求主要是可靠性设计、分析和试验验证等工作项目要求，定量要求主要是可靠性指标要求。

4.1.1　可靠性定性要求

可靠性定性要求是为获得可靠的产品，对产品设计、工艺、软件及其他方面提出的非量化要求，如采用成熟技术、简化、冗余和模块化等设计要求、有关元器件使用、降额和热设计方面的要求等。

4.1.2　可靠性定量要求

可靠性定量要求通常应包括任务可靠性要求和基本可靠性要求，包括以下 5 个方面基本要素：

1) 可靠性要求的定量描述；

2) 任务时间；

3) 产品的任务剖面；

4) 产品故障的明确定义；

5) 验证可靠性要求的方法。

4.2　可靠性工作流程与工作项目

4.2.1　工作流程

航天器可靠性工作流程如图 4－1 所示。

4.2.2　工作项目

航天器可靠性工作项目见表 4－1。型号可在分析表 4－1 的基础上，根据型号任务特点以及专业领域要求，适当增补其他工作项目。

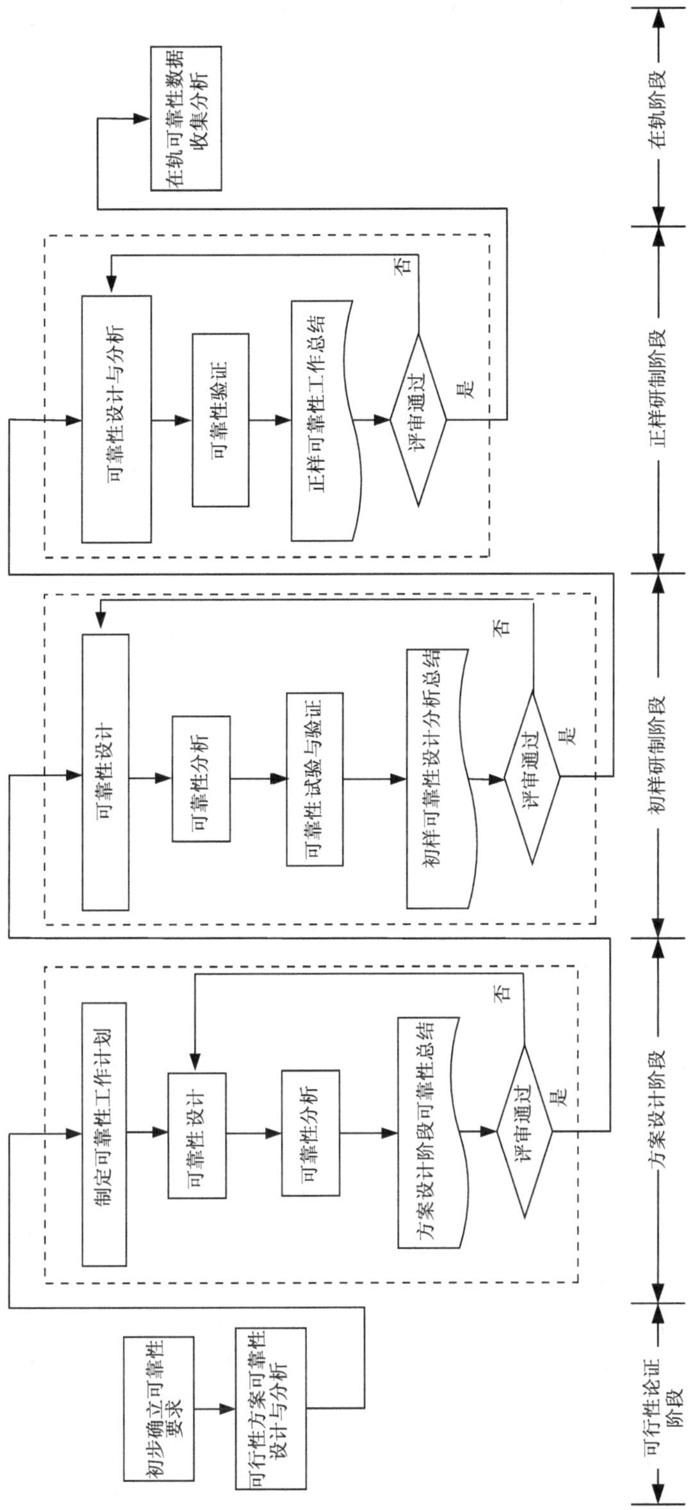

图4－1　航天器可靠性工作流程

表 4－1　航天器可靠性工作项目

工作项目类别	序号	工作项目	可行性论证	方案设计	初样研制	正样研制	在轨
可靠性管理	1	制定可靠性工作计划	×	√	√	√	×
	2	可靠性评审	×	√	√	√	×
	3	对转承制方和供方工作的监控	×	√	√	√	×
可靠性设计与分析	4	故障模式与影响分析(FMEA)	×	√	√	○	×
	5	故障树分析(FTA)	×	√	√	○	×
	6	潜电路分析(SCA)	×	√	√	○	×
	7	最坏情况分析(WCA)	×	△	△	○	×
	8	可靠性建模	×	√	√	○	×
	9	可靠性预计	×	√	√	○	×
	10	可靠性分配	△	√	√	○	×
	11	可靠性关键项目的识别与控制	×	√	√	√	×
	12	可靠性设计准则	×	√	√	○	×
	13	元器件、材料和工艺的选用控制	√	√	√	○	×
	14	确定功能测试、包装、贮存、装卸、运输及维修的影响	×	√	√	○	×
可靠性试验与验证	15	可靠性研制试验/增长试验	×	×	□	×	×
	16	环境应力筛选(ESS)	×	×	×	√	×
	17	可靠性验证	×	√	√	√	√
	18	在轨数据收集与分析	√	√	√	√	√

注："√"表示"必做"，"△"表示"选做或用户、交办方有要求时做"，"×"表示"不要求做"，"○"表示"技术状态更改时必做"。

4.3　可靠性设计与分析

可靠性设计就是考虑可靠性的工程设计，不存在独立于工程设计之外的可靠性设计。进一步说，就是对产品的性能、可靠性、费用等各方面因素进行综合平衡，从而得到产品的最优设计。由此可见，可靠性设计和产品的设计、研制阶段相对应，产品经过设计和研制阶段后，产品固有可靠性就确定了，以后的各工程阶段使可靠性提高的因素就不多了。

根据国内外开展可靠性设计工作的经验，结合航天器产品的实际情况，可靠性设计包括抗力学环境设计、热设计、电磁兼容性设计、静电放电防护设计、信息流设计、供配电设计、冗余设计、裕度(余量)设计、降额设计等内容。需依据 QJ 2172A—2005 及企业相关标准确定系统各级、各类产品主要依据的可靠性设计准则。

可靠性分析首先要根据任务需求分析产品的功能及结构组成、产品的工作条件与环境条件。在吃透产品的任务剖面后就要进行一系列的可靠性设计，可靠性分析就融于其中，从可靠性指标确定与分配直到各种可靠性设计技术的应用，都渗透着可靠性分析，分析的核心就是如何识别并防止故障。产品可靠性与产品故障紧密相关，可靠性分析，说到底实质上就是故障分析。故障分析手段主要有 FMEA、FTA、最坏情况分析、潜在分析等。

4.3.1　可靠性设计准则

主要内容包括：

1）充分运用最佳设计方法和综合权衡设计技术，力求在满足规定功能要求的基础上，使产品故障少，以最少费用和快捷的维修实现规定的目标。

2）优先选用在实际任务环境中经过考捡、验证，技术成熟的设计方案（包括软件和硬件）和零、组、部件，充分考虑产品设计的继承性。新设计的产品必须经过严格的可靠性分析，充分的试验验证。在满足总体技术性能要求的前提下，不能片面追求高、精、尖。

3）简化设计（包括从电路设计到系统结构），减少零部件、元器件的品种数量。在设计中注重标准化和规范化，采用标准的零部件、元器件、组装件和接口，重视通用化、系列化和组合化要求。

4）遵循降额设计准则，元器件的降额是使元器件在低于其额定应力条件下工作。设计时应根据 GJB/Z 35 对不同类别的元器件进行降额。机械和结构部件的降额应保证其实际工作时所承受的负载（应力）低于其所能承受的负载（强度），强度和应力是分布值，因此，应重视应力－强度分析，并根据具体情况，采用提高平均强度、降低平均应力、避免应力集中、减少强度散布等基本方法，找出应力与强度的最佳匹配，提高设计可靠性。

5）应用容错设计，合理地利用冗余技术（热储备、冷储备、温错备），对于影响任务成功和安全性的关键部件不允许有单点失效模式，确有困难时，采取有效措施使其出现的概率减小到可接受的程度。冗余设计应利用独立的工作通道或信息通道，并在发生间歇故障时能高度有效地保证任务成功。

6）采用容差设计和防瞬态过应力设计，确保产品工作稳定、可靠。

7）对热敏感的系统实施热分析，保证设计的性能和固有可靠性不被不合适的热特性所破坏，通过分析来核实并确保不会有元器件暴露在温度超过线路应力分析和最坏情况分析所确定的温度环境中。电子产品的可靠性热设计可参照 GJB/Z 27 进行，并应注意空间轨道热环境的特点。

8）实施环境影响分析，进行环境防护设计，包括过载、振动、冲击、温度、低气压、真空以及静电、电磁辐射等，以满足使用环境的要求。

（1）抗力学环境设计

防止或尽量减少各种力学环境因素对航天器产生的不利影响或对人员造成的危害，合理设计设备结构，确保设备刚度强度满足要求，连接可靠。

系统级抗力学环境设计需综合考虑航天器机械性能、电性能、热性能以及光学性能等因素之间的相互影响，权衡航天器的系统功能和性能指标满足工程大总体要求，避免研制工作出现不必要的反复。

设备级抗力学环境设计需确保各机械部件、电子设备及其连接环节在经受准静态过载、正弦振动、随机振动和冲击中满足相关规范与准则要求。

可行性论证和方案设计阶段，系统级根据初步的航天器质量预算、有效载荷以及天线等大部件特点和运载火箭选型，参考同类平台类似载荷的国内外航天器构形布局设计，结合经飞行验证过的成熟设计经验，按照简化传力路径、降低航天器质心、构形开敞便于总装操作、考虑热控散热面要求等基本原则，确定合适的主承力形式，选择恰当的吊点及吊装方式，初步确定航天器构形。设备级根据总体方案设计，初步分析组件可能承受的力学环境条件，初步确定组件结构设计方案以及拟采取的特殊抗力学环境设计措施。

初样研制阶段，系统级明确航天器整个任务期间可能经历的地面、发射、在轨、再入以及着陆等力学环境剖面，确认航天器在各个阶段可能需要承受的载荷及其具体条件，特别应明确开展航天器抗力学环境设计工作的依据，即航天器系统与运载火箭系统的接口控制文件。在完善方案设计阶段工作的基础上，进行初样详细设计。设备级应以满足电子设备的功能、性能、可靠性、耐环境适应能力等为目标，进行机、电、热一体化设计。

正样研制阶段，系统级复核航天器抗力学环境设计工作是否满足运载火箭要求以及航天器系统自身的要求。根据初样力学试验结果修正航天器力学模型，完成总体构形布局设计，完成结构分系统正样设计。开展航天器力学验收试验工作，确认试验满足总体技术要求。设备级根据总体确定的初样航天器设备环境试验力学条件，航天器设备进行各项环境试验。

(2)热设计

航天器系统级热设计的目的是在给定轨道、姿态、构形与结构、仪器设备布局、热功耗等条件下，采用合适的方法，控制航天器内、外热交换，使航天器结构及其设备的温度、温度差、温度稳定性等技术指标满足总体技术要求。

航天器设备级热设计的目的是在给定的安装边界及辐射环境下，通过调节元器件、零部件散热路径和热阻，将元器件、零部件工作时产生的热量传给机箱壳体或安装面，使零部件温度控制在规定的范围内，使元器件、零部件满足温度降额要求，或是减少零部件温度交变的幅度或温差，满足设备性能指标要求，确保设备产品可靠运行。

原则是优先采用被动热控技术，设计力求简化，优先采用成熟技术和产品，留有足够的设计余量，避免单点故障，可靠性指标与其他指标协调。确保设计合理可行，产品安全可靠，各项功能和性能指标满足要求。

可行性论证和方案设计阶段，系统级提出热控系统的可行性论证方案，进行任务初步分析，进行航天器热控方案论证，确定热控系统的总构架，尽可能采用被动热控技术，方案力求简化；进行详细任务分析，识别全寿命周期环境应力对热控的要求；在总体构形布局工作中，尽可能使热源分布合理、传热路径较短；进行外热流及内热源分析、合理选择散热面布局，尽可能简化热传输所需部件的品种和数量；进行初步热分析，比较和优化热控方案。设备级确定热控方案，提出需要解决的关键技术或工艺；确定可能选用的热控产品；进行设备热环境分析，确定传热路径，提出散热与隔热要求；进行初步热分析，比较和优化热控方案。

初样研制阶段，系统级进行详细的热分析，验证温度、加热器功率等有一定的设计余量；进行热控分系统可靠性设计，在航天器电性模型、结构模型、热模型上进行热控系统的性能和功能测试，验证相关的热控可靠性设计。设备级对电子设备、机电、光机电设备进行热设计；进行详细的热分析，对电子设备，验证元器件是否满足温度降额要求。对机电和光机电设备，验证温度、加热器功率等是否有一定的设计余量。在电子设备的鉴定件上进行初样热平衡试验，在机电、光机电设备的鉴定件或结构温控模型上进行初样热平衡试验，验证设备热设计。

正样研制阶段，进行正样航天器热分析，包括正样热平衡试验后的热分析模型修正以及飞行温度预示等，验证飞行温度、加热器功率等满足规定的设计余量。在初样研制基础上，进行热控系统变化部分正样可靠性设计。

(3)电磁兼容性设计

航天器系统内的电子设备在预期的电磁环境中工作时，应按规定的电磁干扰安全裕度实现设计的工作性能，不能给环境(或其他设备)带来不可接受的电磁干扰，也不能因电磁干扰而受损或产生不可接受的性能降级，从而确保航天器系统和设备能安全、可靠地工作。

方案设计阶段，系统级应初步确定频谱要求和可选用的工作频段；开展航天器频谱兼容性预测分析，初步确定系统和设备工作的电磁环境；分析航天器可供选用的不同方案的电磁环境效应影响；拟定航天器与运载火箭等大系统间有关的电磁兼容性接口要求；提出航天器设备，特别是天线和电缆的最佳安装布局准则；制定初步的电磁兼容性技术要求或规范，并确定试验内容和验证要求。设备级应针对新研和有较大技术状态变化的电子设备，在性能设计的同时开展电磁兼容性分析；针对继承和技术状态变化不大的电子设备，根据其电磁特性和预期所处的电磁环境，开展设备级电磁兼容性分析。

初样研制阶段，系统级根据各分系统和设备提供的电磁参数，综合分析系统的电磁兼容性，并评估电磁兼容性参数超差设备的性能影响，制定针对性的电磁兼容性技术要求和规范；进行设备和分系统级电磁兼容性试验验证，并针对发现的问题，改进和完善设计方案；在汇总设备级电磁兼容性验证结果的基础上，实施系统级电磁兼容性试验验证，针对发现的问题，改进和完善系统设计方案。设备级开展电子设备电性件和鉴定件的电磁兼容性设计；开展电子设备电性件和鉴定件的电磁兼容性试验验证(包括微放电试验)，针对发现的问题，改进和完善设计方案；对调试和试验中发现的电磁干扰问题进行分析，并改进和完善设计方案。

正样研制阶段，针对初样研制阶段发现的与电磁兼容性有关的问题，确认相应的改进措施和方案在正样研制阶段的落实情况；针对设计变更的设备应进行必要的电磁兼容性试验验证和分析。根据航天器系统各阶段的电磁特性，特别是在轨工况，实施系统间、系统内和无源互调等电磁兼容性试验验证。

(4)静电放电(ESD)防护设计

采用适当的设计，在满足规定的技术指标前提条件下，为产品在全寿命周期内提供连续的抗给定电压值的 ESD 防护。对产品生产、使用全过程提出特殊的、有针对性的 ESD 控制要求和措施，避免产品受到 ESD 损伤。

电子设备 ESD 损伤防护、加固设计应通过增加 ESD 隔离、屏蔽、衰减、旁路、限幅、阻尼等外部防护网络和设施，使航天器电子产品的抗 ESD 损伤能力满足规定的要求。

ESD 过程控制应按照 ESD 控制相关标准，在产品设计输出文件中，结合已有 ESD 防控设施、规章制度建设和人员培训情况，分别对产品生产、使用全过程提出 ESD 控制要求。

方案设计阶段，制定产品全寿命周期内 ESD 防护设计计划，评估产品在全寿命周期中各个阶段所处 ESD 环境，找出薄弱环节，提出改进要求；明确可能使用的核心器件、重要器件、不易获得的器件及其他可能使用到的元器件的 ESD 敏感度等级；明确 ESD 防护设计和控制重点；提出可能采取的 ESD 设计措施和过程控制措施；确定应实现的 ESD 防护目标；提出 ESD 防护设计有效性验证要求、验证方法和验证时机。

初样研制阶段，以 ESD 损伤防护、加固设计为核心，全面落实方案设计阶段制定的 ESD 防护设计计划。在产品生产、测试、组装、检验、转运、试验和使用等环节中应考虑 ESD 防护设计的合理性和有效性。

正样研制阶段，明确控制要求，包括：电装、调试、测试、固封、组装等工艺文件中应具备的 ESD 防护要求，作为相关工艺文件的编写输入；当电子设备设计难以满足 ESD 敏感等级要求时，应对产品或组件从生产到使用的全寿命周期内各个阶段提出专项 ESD 防护需求；改进初样研制阶段 ESD 防护设计薄弱环节，并加以验证。

(5)信息流设计

航天器系统需开展信息流设计工作，必要时，信息流复杂的分系统、设备、部(组)件也应进行对应级别的信息流设计工作。以信号特征作为划分依据，航天器系统信息流分为低频信息流、射频信息流两大类。低频信息流主要包括遥测信息流、遥控信息流、姿轨控信息流等，射频信息流主要包括测控信息流、数传信息流、航天器间链路信息流等。

在各研制阶段中，对相同的信息流工作内容，如果输入的实质内容没有变化，下阶段可继承上阶段的工作结果。

可行性论证阶段，明确航天器系统外信息流、航天器各分系统间信息流的主要内容，确认航天器提供的信息内容满足自身使用需求，确认航天器系统对外信息内容满足航天器总体要求。

方案设计阶段，明确航天器系统信息需求，包括信息流相关信息的类型、数量、信息流通道要求、信息处理功能及性能等，形成初步信息流设计方案，开展信息流仿真验证。

初样研制阶段，明确航天器系统信息需求，形成初样信息流设计方案，开展信息流实现分析验证，开展信息流测试验证。

正样研制阶段，明确航天器系统信息需求。应在初样研制阶段信息需求分析工作基础上，针对航天器相比初样研制阶段的设计变化，完善信息需求分析，形成正样信息流设计方案，开展信息流实现分析验证和测试验证。根据航天器技术状态的更改情况，针对各级产品信息需求的变化，对原有信息流方案、信息流图册等进行更改、完善，并对各级实物产品组成的正样航天器系统信息流方案进行航天器飞行前的验证。

(6)供配电设计

通过开展供配电及供电链路可靠性设计及分析，确保航天器供电满足供配电任务要求以及可靠性要求。应从系统和设备两个层面对影响航天器供配电可靠性安全性的各因素加以分析识别，明确对各因素的技术指标或量化控制措施。

可行性论证阶段，初步明确航天器供配电任务剖面及失效判据，明确实施途径、冗余设计及供配电分系统可靠性指标；明确影响供配电可靠性安全性的关键技术和难点，对关键技术进行充分论证，开展先期攻关研制。

方案设计阶段，系统级应明确供配电任务剖面及失效判据，确定供配电分系统可靠性指标，通过初步的可靠性安全性设计与分析工作，分析影响航天器供配电可靠性安全性的各因素；明确影响可靠性安全性各因素的技术指标及量化的控制措施；明确供电接口安全间距设计应遵循的规范，冗余设备或冗余功能供电设计原则。

设备级需对总体要求进行分析，在现有技术基础上分析指标要求的可实现性并开展设计。通过初步的可靠性安全性设计与分析工作，分析设备内部影响航天器供配电可靠性安全性的各因素，包含工艺方面的因素，并提出控制要求。

初样研制阶段，系统级需进行详细的可靠性安全性设计与分析工作，对设计准则的落实情况进行检查；通过试验验证设计的合理性，应对大功耗设备和功率电缆网进行热设计及分析验证。设备级需进行详细的可靠性安全性设计与分析工作，对设计准则的落实情况进行检查，在设备验收时应对供配电安全设计的实施情况进行检查确认，通过试验验证设计的合理性。

正样研制阶段，需对相对初样更改的部分进行详细的可靠性安全性设计与分析工作，对设计准则的落实情况进行检查，对电缆网二次绝缘实施情况进行检查。

(7)降额设计

降额设计是有目的地降低元器件承受的电、热和机械应力，以降低元器件的工作失效率，提高产品的可靠性。

降额设计是设备产品的设计工作项目。系统、分系统对降额设计提出原则性要求，对《设备降额设计报告》组织评审，对不满足降额要求的部分进行审批。设备按规范开展降额设计，设计应防止因过设计而引起产品体积、质量和成本的不合理增加。

方案设计阶段对关键元器件(大功率、高电压、大电流、高功率密度等)应按 GJB/Z 35 和 Q/W 1228 开展初步降额设计，明确高发热元器件散热对结构设计的要求，确定关键元器件的可获得性和可使用性。

初样研制阶段应按 GJB/Z 35 和 Q/W 1228 完成降额设计。产品中使用的全部元器件的全部应用参数(应力)都应满足规定的降额要求，不满足部分应完成报批。

正样阶段完成设计更改部分的元器件降额设计，不满足规定降额要求的部分应进行补充试验验证，并完成报批。

(8)冗余设计

当产品不能满足可靠性要求时，可以采用冗余设计。冗余设计的核心是冗余设计三要素(隔离保护单元、交叉连接切换单元、故障检测管理单元)。冗余设计三要素本身也可能成为单点，在进行冗余设计时，应引起高度重视，确保冗余设计有效。

方案设计阶段(含可行性论证阶段)一般通过定性判断和定量分析来确定是否需要冗余并确定具体的冗余方案。开展定性判断，根据总体任务要求和 FMEA 来定性判定冗余必要性，若不能定性确定是否需要冗余，应进行定量分析。通过可靠性建模和计算，开展定量分析，定量判断是否需要冗余。

初样研制阶段实施冗余设计与分析，设计包括界定冗余设计模型中的冗余设计三要素。依据各要素的设计要点进行设计，重点关注共用接口、冗余电源和冗余设计三要素的单点的设计等。分析包括共因故障分析、切换有效性分析等。在分析的基础上，应对冗余设计三要素进行故障注入测试(也称“故障仿真试验”)。

在正样研制阶段，对冗余设计进行复核确认。在不损伤正样产品的前提下，结合地面测试设备，有选择地开展冗余设计的测试验证。

(9)裕度设计

设计裕度是表征产品可靠性和安全性的重要指标，确保设计和实际实现指标相对于设计要求，特别是实际使用状态留有充分的余量，以保证产品的可靠性。

应在关键特性分析和确认工作的基础上，对产品关键特性参数进行裕度设计。开展设计裕度分析应考虑产品在飞行过程所经历的空间环境等极端条件下的关键特性参数的变化情况，应覆盖各种条件下的实际使用状态。

设计裕度确认方式一般包括试验、仿真、分析、设计评审以及检验等。型号总体和各级产品承制方可根据具体情况，选择合理的确认方式。设计裕度分析和确认应以设备、分系统、系统级三个层次的分析及试验结果为基础，并经系统级综合分析后对其设计裕度及鉴定试验充分性进行确认。

4.3.2 可靠性建模、预计和分配

可靠性模型的建立、可靠性预计和可靠性分配按 GJB 813、QJ 2172A 规定的方法进行。

方案阶段，在完成系统任务剖面分析和功能分析的基础上，开展系统、分系统可靠性建模工作。系统、分系统可靠性模型应建至设备级或独立的功能单元，设备可靠性模型至少应建至模块电路或部件级。

可靠性分配应结合产品可靠性模型、研制经验选择合适的方法。一般原则是：复杂度高的产品，分配较低的可靠性指标；技术上成熟、继承性好的产品，分配较高的可靠性指标；处于较恶劣环境的产品，分配较低的可靠性；重要度高的产品，分配较高的可靠性；

各级产品往下分配可靠性指标时，必须确留有一定的余量。

可靠性预计国产元器件优先选用在轨失效率数据，当元器件种类不在其范围内时，选取 GJB/Z 299C 中的失效率数据。进口元器件失效率优先选用 GJB/Z 299C 附录 A 的数据，若不在此范围内，可选用美国军用手册 MIL－HKBD－217F 的数据。

4.3.3　故障模式与影响分析(FMEA)

FMEA 需分级、分阶段实施，实现 FMEA 的动态管理和闭环管理，使方案设计阶段、初样研制阶段和正样研制阶段的分析结果不断完善。填表分析完成后，除了薄弱环节统计分析，还要进行故障模式归纳分析。

对任务或安全有关键影响的新过程及安装精度高、装配复杂的过程(如推进分系统、蓄电池、太阳翼等装配过程)可以开展过程 FMEA 工作。

4.3.4　故障树分析(FTA)

需将导致系统、分系针灾难、致命后果的事件作为顶事件，在方案设计和初样研制阶段开展 FTA 工作，底事件应分析到设备级。对系统级识别出的所有一阶割集应纳入型号关键项目，按 Q/QJA 71 的规定进行控制，并对包含上述一阶割集的设备进一步开展 FTA 工作。当正样研制阶段存在技术状态更改时，需对更改部分开展 FTA 工作，FTA 工作应随设计的深入不断完善，当在研产品和在轨产品出现故障时，需开展 FTA 工作。

4.3.5　最坏情况分析(WCA)和潜电路分析(SCA)

潜在分析的目的是识别航天器中引起非设计期望的功能或抑制期望功能的潜在状态，根据对潜在状态的危害度分析结果，采取相应措施。

方案设计阶段系统功能分析结束后，可以选择和确定系统级 SCA 工作项目，并纳入型号研制计划中。一般在初样研制阶段实施分析，系统及设备完成初样详细设计，鉴定产品投产前完成。在正样研制阶段，应对发生重大技术状态变化的设备/接口重新进行 SCA 工作，并评价分析结果，对存在风险的应制定有针对性的控制措施，纳入测试发射流程，实施闭环控制。

系统级 SCA 的工作重点应是对系统安全性、可靠性有影响的环节，如航天器的接地网络、火工品控制电路、推进系统控制电路、手动控制电路、射频耦合系统等。设备级 SCA 一般选择电气接口或工序接口多、影响人员安全或任务成败的关键设备开展。

最坏情况分析工作目的是对电路最坏情况故障进行预测，发现设计薄弱环节，提出改进措施。

WCA 一般在设备级进行。原则上所有电路都应进行 WCA，尤其是自身灵敏度高的设备、影响系统关键设计特性的设备或电路、任务剖面中工作环境恶劣的设备。首先明确 WCA 的边界条件，应根据产品寿命及环境特点，对产品进行 WCA，以确认在所选元器件的参数和使用环境(如温度和辐射)可能的最坏情况下，产品性能是否满足技术条件的要求；应对产品的关键参数进行灵敏度分析，以确定元器件的工作应力与电路、设备性能之间的关系，为正确选用元器件和材料、降额使用和裕度设计提供依据。

4.3.6 元器件、材料、工艺的选用与控制

按规定选用目录内元器件，选用目录外元器件和材料应履行审批手续。

确保在产品全寿命周期内满足设计所需的物理、化学、热特性及机械性能，并有足够的安全系数。应满足地面环境(制造、试验、贮存、运输、总装)要求和飞行环境(发射、环境、轨道)要求，同时应考虑下列因素：相容性、腐蚀、应力腐蚀、温度、热膨胀系数、电偶腐蚀、真空质损和可凝挥发物、吸湿和解吸湿、空间充放电效应、耐电子、质子、γ辐射和紫外辐照等。

进行禁(限)用工艺复核，确保不选用禁用工艺，尽可能不选用限用工艺。

4.3.7 确定功能测试、包装、贮存、装卸、运输及维修的影响

在初样研制阶段早期，明确航天器和设备功能测试、包装、贮存、装卸、运输和维修的方式、材料、设备、原始环境，分析当前状态相对以往的变化。对长期贮存产品，应开展贮存分析，进行贮存可靠性设计。

在初样研制阶段，制定并实施测试和分析程序，通过分析和必要的试验评价或估计功能测试、包装、装卸、运输、维修的影响，尤其是贮存时间、环境变化对产品性能及可靠性的影响。

4.3.8 可靠性关键项目的识别与控制

在 FMEA、可靠性预计、元器件选用和应力分析、环境影响分析等可靠性设计分析的基础上识别、确定可靠性关键项目，并对其实施有效控制，以消除或尽量减小其对系统可靠性的不利影响。

在可行性论证阶段初步识别系统级的可靠性关键项目；在方案设计阶段和初样研制阶段确定并控制各级产品的可靠性关键项目；在正样研制阶段全面落实解决可靠性关键项目的具体措施并复核验证。

4.4 可靠性试验与验证

可靠性试验与一般的工程研制试验既有联系又有区别，它们的相同点都是要暴露问题，并采取相应的改进措施，所以可靠性试验可以和一般的工程研制试验结合进行。它们的不同点是：虽然工程研制试验结果也可提供可靠性信息，但仅是“好”或“坏”之类的定性信息，得不到量化信息，而可靠性试验需要有一定的试验样本量，可以根据试验结果获得量化信息，即可以定量说明产品可靠性水平或增长程度。

可靠性试验是在工程研制试验的基础上进行的。换言之，在可靠性试验之前，必须是

各项工程研制试验如性能试验、环境试验、系统试验等均已获得通过，可靠性试验是在各种工程研制试验之后，而不是之前。

4.4.1　可靠性研制/增长试验

可靠性研制/增长试验用于验证产品的设计方案和工艺方案，并应在鉴定试验前，通过“试验—分析—改进”的过程不断完善和优化产品，以提高产品固有可靠性。这里的可靠性增长试验是指无模型可靠性增长试验。

可靠性研制/增长试验要与 GJB 1027A 中的研制试验综合考虑和安排，在方案阶段和初样阶段由产品研制方负责完成。试验应在研制试验件上进行，研制试验件包括元器件材料级、部件级、组件级、分系统级(舱段级)、系统级，如工程模型(EM)、热模型(TM)、结构模型(SM)、结构温控模型(STM)等。

可靠性研制/增长试验类型主要包括功能/性能试验、接口匹配试验、设计验证试验、环境适应性试验、拉偏试验等。不同类型的产品选择不同的试验项目，试验顺序因产品特点而异。一般的试验顺序是功能/性能试验、设计验证试验、环境适应性试验，其他类型的试验可根据产品的具体情况穿叉在中间进行。

4.4.2　环境应力筛选(ESS)

航天器产品 ESS 通常结合 GJB 1027A 验收试验要求统一进行，一般不单独进行。正样研制阶段对所有用于飞行的正样产品(主要是组件级和系统级产品)应进行 ESS。ESS 可使用单一环境或综合环境，单一环境如压力、温度、湿度、振动、冲击、噪声环境，综合环境如“振动 + 温度 + 湿度”环境、“压力 + 温度”环境。环境应力量级与验收环境试验量级相同。

4.4.3　可靠性验证

通过分析或试验证明产品的可靠性是否达到了规定的要求。

可靠性验证分为可靠性定量验证和可靠性定性验证。定量验证是指验证产品可靠性是否达到可靠性指标要求，除此之外的可靠性验证为定性验证。应根据产品特点，明确是可靠性定性验证还是可靠性定量验证。

可利用检查、演示、分析、试验等方法，对航天器相关分系统所属设备的可靠性设计措施有效性进行定性验证，至少应包括本标准规定的可靠性设计措施的验证。航天器相关分系统的可靠性设计措施的定性验证至少应包括利用检查、演示、分析、试验等方法，对分系统内的设备、设备间接口设计或功能冗余设计的验证。

在用户要求进行可靠性指标定量验证的情况下，航天器相关分系统所属的设备应根据用户需求，实施可靠性验证试验来定量验证产品的可靠性是否达到了规定的要求。设备可靠性验证试验一般应在初样研制阶段后期或正样研制阶段进行。航天器系统及所属分系统原则上不进行可靠性验证试验，而是依据设备可靠性评估结果及分系统和系统可靠性模型，分别给出分系统和系统的可靠性评估结果，从而达到分系统和系统可靠性定量验证的目的。

4.4.4　在轨数据收集与分析

收集与分析产品在轨数据、空间环境数据和寿命相关数据，开展数据分析，为产品可靠性设计分析和设计改进提供依据。

产品研制阶段，收集在轨故障现象、故障后果、故障原因、故障发生次数等故障数据，对在轨故障举一反三，避免相同原因故障重复发生。对重要故障和多发故障，分析产品深层次故障原因，分析可靠性和寿命薄弱环节，提炼可靠性设计准则，支持产品可靠性设计。

归纳产品故障模式，定量分析故障发生概率，为产品可靠性设计优化和降低技术风险、开展 FMEA 和可靠性预计提供数据支持。此外还可以收集相关产品的在轨变化数据，分析设备关键参数是否具有随时间变化的规律性。对于影响设备寿命的有明显退化特征的关键参数，通过趋势分析建立设备寿命预计模型，有条件时进行寿命评估。

4.5　可靠性管理

航天器可靠性管理的主要内容包括制定可靠性工作计划、开展可靠性评审、对转承制方和供方的监督和控制。

一般系统级、分系统级制定可靠性工作计划。设备级可根据其关键程度和产品研制情况，根据上级产品技术要求确定是否制定可靠性工作计划。

可靠性评审属于专项评审，用于评价型号可靠性工作是否符合可靠性工作计划要求，可靠性设计、分析与验证是否满足要求。一般在可靠性工作计划中明确评审项目和计划，并纳入《产品保证计划》。

对转承制方和供方的监督和控制要求需在可靠性工作计划中提出，一般结合可靠性数据包的审查、验收、可靠性评审等进行。

参 考 文 献

[1] 周正伐．航天可靠性工程培训教材[M]．航天科技集团公司，2006.

[2] 许达哲．航天型号可靠性守则[M]．北京：中国宇航出版社，2013.

[3] GJB 450A 装备可靠性工作通用要求[S]. 2004.

[4] GJB 451A 可靠性维修性保障性术语[S]. 2005.

[5] GJB 813 可靠性模型的建立和可靠性预计[S]. 1990.

[6] QJ 1408A 航天产品可靠性保证要求[S]. 2005.

[7] QJ 1408A 航天产品可靠性保证要求[S]. 2005.

[8] QJ 2172A 卫星可靠性设计指南[S]. 2005.

[9] Q/W－Q－30 航天器产品可靠性保证要求[S]. 2012.

第 5 章　安全性保证

航天器产品是关系国家主权和领土完整、国民经济健康发展、社会繁荣稳定、人民生命财产安全的重要、特殊产品。其研制工作的安全、成败在国家安全和社会经济生活中占有非常重要的地位。

同时，由于航天器产品的特殊性，其本身通常带有高能、易燃、易爆、毒性等物质，并能够产生巨大的破坏力和杀伤力，因此在研制、生产、使用及处置等过程中，也威胁着研制和操作使用人员、相关产品、基础设施、资源财产以及社会和自然环境的安全。一旦发生事故，往往造成极大的危害和严重的后果。这种特殊性决定了航天器产品不仅需要高可靠性以保证完成规定任务，更需要具备高安全性以保证人员、设备/设施安全，避免财产受损失或环境遭受损害。

国内外安全性事故不胜枚举。例如，俄海军库尔斯克号核潜艇于 2000 年 8 月执行任务时因易燃气体泄漏造成爆炸而沉入海底，艇上 118 名官兵全部遇难；苏联联盟 11 号飞船因返回舱中一个与外界连接的活门提前误打开，造成 3 名航天员死亡；1986 年美国挑战者号航天飞机因固体助推器密封接头处燃气泄漏导致爆炸，造成 7 名航天员丧生；2003 年哥伦比亚号航天飞机再次失事，又有 7 名航天员殉难。在我国装备的研制和使用过程中，也多次发生过导弹、卫星爆炸和舰艇沉没、飞机失事等意外事故，如 2003 年 5 月海军某常规动力潜艇在训练时，由于指挥操纵不当，造成 70 名官兵遇难。这些事故造成了人员伤亡和巨大的经济损失，甚至严重的政治和社会影响。因此，为了保障人员、设备以及环境不受伤害、损坏和破坏，需要在航天器产品的全寿命周期内开展安全性保证工作。

安全性是指免除人员伤亡、职业病、航天器毁坏、重大财产损失或环境破坏的状态。

1）安全性的对立面是危险。危险的存在就有可能出现事故，是对安全构成潜在威胁的源。因此将危险定义为可能导致事故的状态，也称危险状态。引发危险的因素就叫危险源。事故是指造成伤亡、职业病、设备或财产损坏或损失、环境破坏的一个或一系列意外的事件。对于载人航天事故，也特指航天员受到永久性损伤或死亡的事件。

由于安全性涉及到危险造成的危害及可能性，因此引入“风险”这一概念。将风险定义为：用危险的可能性和严重性表示发生事故的可能程度。对于航天器产品风险的定义是：特定危险源对人员、设备威胁大小的度量（用危险可能性和危险严重性表示）。绝对为零的风险是没有的，只能说某一水平的风险是可以允许的，此时，可认为事物是安全的。

2）安全性和可靠性往往被误认为是等同的，实际上两者既有联系，也有区别。在规定条件下和规定时间内，完成规定功能（任务）的能力。安全性则是指不可能出现导致意外事故的条件或状态，而不管其规定功能是否被完成。也就是说，可靠性要求工程系统不失效，而安全性要求工程系统没有意外事故。可靠性考虑所有可能会发生的功能故障，而安全性则考虑那些能威胁航天员安全的危险源，包括能造成事故的故障（而并非所有的故障）。

就系统而言，通常可靠的系统也是安全的。系统不可靠意味着系统不能执行规定功能，因此也就是不安全的。例如，飞船返回舱开伞系统因故障造成降落伞功能丧失，导致返回舱硬着陆，从而引发航天员受到永久性损伤或死亡的灾难性事故。因此，可靠性是保证安全性的前提和基础。

但是，可靠并不一定就等于安全。例如，返回舱内安装有各种火工品（起爆器、导爆索等），这些火工品的工作可靠性很高，能保证隔板起爆器（火工品的执行元件）可靠地起爆。然而，火工品工作后的有毒燃气可能渗漏或泄漏到座舱中，对航天员造成伤害。由此可见，可靠性仅考虑产品执行规定功能的能力，而安全性既需要考虑产品执行规定功能的能力，还需要考虑在执行功能的全过程（包括执行功能前、后）中是否存在威胁航天员生命、健康的危险因素。

在某些情况下，可靠性与安全性是矛盾的。例如，飞船推进系统为提高可靠性采用冗余的设计方案。但由于冗余，系统的密封接头增加，造成推进剂漏液、气路漏气的可能性增加，因而导致着火事故的可能性也加大，安全性下降。

从另一方面来说，不可靠也不等于不安全。例如，系统可靠性为 97%，即系统存在 3% 的不可靠。为在系统发生故障时保证航天员的安全，采取了诸如逃逸救生系统等应急救生措施。此时，当工程系统出现诸如火箭爆炸等灾难性故障时，航天员可以借助逃逸救生系统安全脱离危险区，从而保证了航天员的安全。又如，飞船系统设置了一套相对独立于自动控制系统的人工控制系统，一旦飞船自动姿态控制功能失效，航天员可以借助光学瞄准镜、舷窗和手柄进行人工姿态控制，并可通过仪表板上的按钮启动制动发动机，使飞船脱离轨道返回地面，从而保证了航天员的安全。

5.1　安全性要求

5.1.1　安全性目标

通过实施安全性保证工作项目，保证航天器产品在设计、研制、生产和使用过程中，能有效识别安全性相关风险，对风险进行评价和控制，使风险最小化，将风险降低到可接受的水平。

航天器产品在实施安全性保证工作后，要确保不发生以下危险事件：

1）人员伤亡；

2）环境危害；

3）公共和私有财产损失（包括发射设备）；

4）航天器和发射器的损坏；

5）地面设备和设施的损坏。

在开展安全性设计、分析、验证前应首先明确产品(系统、分系统、单机)的安全性要求。产品的安全性要求通常为两类，安全性定量要求和安全性定性要求。安全性定量要求是指提出明确能够确保安全的概率性指标，通常在载人航天器中提出。安全性定性要求是产品设计必须明确的原则，安全性定性要求通常指安全性设计准则和对于产品特殊的安全性要求。如压力容器的安全系数、辐射源的特殊防护要求等。

5.1.2　安全性设计准则

安全性设计准则是在产品安全性设计前应考虑的设计方法或者设计原则。主要包括：

1)安全性第一原则，在各种方案选择、各种因素权衡时，把安全性设计放在首位。

2)风险最小的原则，设计应立足不产生风险，在风险不可避免的情况下，力争风险为最小。

3)开展故障安全设计，航天器系统应设置安全模式。在轨发生故障时，进入安全模式确保航天器安全，首要保证能源安全，其次保证信道安全。对于载人航天器的关键分系统或关键设备按“一次故障——工作，二次故障——安全”的原则开展设计，即出现单一功能故障或操作差错后航天系统可继续执行任务，出现第二功能故障或操作差错后不发生灾难性后果(此项准则对结构件、压力容器等不适用)。

4)开展余量设计，应综合考虑各种不利因素(环境及使用因素等)的影响，并留有一定的设计余量。

5)开展故障隔离设计，防止因自身故障而导致与之有接口关系的产品发生Ⅰ类和Ⅱ类危险的故障或危险。

6)开展容错设计，单一硬件、软件故障或单一误操作不应导致航天器的严重或灾难性后果。

5.1.3　安全性设计优先顺序

安全性设计及采取安全性设计措施的优先次序为：

1)消除危险，应通过设计技术和使用特性的选择，结合工程的约束条件和任务目标将危险从设计和使用方案中消除；

2)危险最小化，对于不能通过设计手段消除的危险，应利用最小危险设计原理、技术及使用特性的选择，结合工程约束条件和任务目标，将其风险降低到可接受的水平；

3)采用安全装置控制危险，如果通过设计技术和使用特性的选择不能消除已识别的危险，也不能将其风险减少到可接受的水平，则应使用自动的安全装置，作为系统(分系统或设备)的一部分来减少并控制危险；

4)用报警装置控制危险，如果通过设计措施和安全装置均不能实现或满足要求时，应采用能及时发现危险并产生报警信号的报警装置，以便使用者及时采取安全措施或关闭危险单元；

5)用特殊规程控制危险，如果不能通过设计措施消除危险或将其风险减少到可接受的水平，也不能利用安全装置或报警装置满足产品的安全性要求，则应制定特殊的规程对危险进行控制。特殊规程包括急救和应急程序、受控维护程序等。这些特殊规程必须经过验证，并对有关人员进行培训。

5.1.4　推进系统安全性要求

推进系统安全性要求包括：

1) 流体控制装置及相关部件漏率(外漏率、内漏率)应满足环境条件最坏组合情况下的设计指标，并进行试验验证；

2) 一般情况下，氧化剂与燃烧剂、催化剂与推进剂的机械隔离措施不少于 2 道；

3) 为防止推力器、发动机误点火，要求每个推进剂贮箱与推力器、发动机的机械、电气隔离不少于 2 道(如电爆阀、自锁阀、电磁阀等)，且机械上应该是独立的、串联的，电器上至少受一个独立电器禁止电路的控制；

4) 为防止电爆管误起爆，应至少有 3 个串联的互相独立的安全开关来控制火工品点火线路工作；

5) 电禁止控制装置是故障保护装置，在没有“接通”信号前处于关闭状态；

6) 任何流体控制装置的启动不应引发爆炸。

5.1.5　压力容器安全性要求

压力容器安全性要求包括：

1) 所有压力容器和贮箱的设计安全系数一般不低于 2；

2) 压力容器和贮箱间应设置一个机械隔离装置，作为容器下游第一个组件，且尽可能装于靠近压力容器处；

3) 所有压力容器都应设监控容器压力的装置；

4) 所有压力容器和贮箱必须进行材料超声探伤，产品的 X 光探伤、压力试验、声发射检查、漏率检测。

5.1.6　管路安全性要求

管路安全性要求包括：

1) 所有管路其最小设计爆破压力应为系统内工作所需最大压力的 4 倍；

2) 所有管路应单独紧固，并牢固支承，防止机械应力和振动损坏；

3) 所有管路都必须按照管路清洁处理工艺要求，严格进行管路内部清洁处理；

4) 管路必须进行探伤与检漏。

5.1.7　阀门、压力调节器及控制装置安全性要求

阀门、压力调节器及控制装置安全性要求包括：

1) 加注/排出(或泄出阀)的安装位置，应便于操作，保证系统内任何组合件间的推进

剂和气体均能得到泄出或排放；

2)起关闭作用的阀门不应与安全阀串联安装，除非在该阀门旁并联安装着另一个独立工作的可靠的安全装置；

3)在双组元压力系统中应安装单向阀，避免燃料与氧化剂蒸气混合，造成危险；

4)当并行供压系统或压力容器服务于共同的下游系统时，应采用阀门将其隔开。

5.1.8 火工装置安全性要求

火工装置安全性要求包括以下 7 条。

1)火工装置应能在最大输入能量(或装药量)的 120% 或更高，且不增加初始自由容积条件下，完成最终功能，并保持结构完整；在最小输入能量(或装药量)的 80% 或更低条件下，完成其最终功能。有输出性能参数(如推力、速度、同步性)的火工装置，应满足输出性能指标要求。

2)对静电、电磁等环境敏感的火工装置应采取屏蔽或其他保护措施。电起爆器应有短路保护措施，在与点火供电系统连接前应处于短路保护状态。

3)火工装置必须防止静电累积引起的误发火。在要求的电磁干扰环境下，火工装置应不发火，性能不降低。电起爆器应为 1 A/1 W/通电 5 min 不发火的防射频、防静电的钝感型电起爆器。

4)设计时应考虑火工装置工作后：

a. 不产生碎片，避免因固体颗粒和燃气产生的污染对人员和其他设备造成损害；

b. 确保在任何工作条件下，不产生对地短路现象，如桥丝与地搭接造成短路。

5)火工装置应经过 100% 的 X 射线或 γ 射线工业 CT 检查其内部质量。

6)按照 GJB 1307A—2004《航天器火工装置规范》的规定，火工装置的贮存、运输和操作环境应满足：

a. 温度 0 ~ 40℃；

b. 相对湿度 20% ~ 80%；

c. 禁止在雷雨天气装卸和运输火工装置。

7)对于火工品等危险部件的供电控制必须遵循以下原则：

a. 航天器在地面测试、试验、运输等状态下，危险品点火安全电路设计应有不小于 4 级保险；

b. 临发射前，安全点火电路安全开关应有不小于 4 级保险；

c. 发射和运行期间，火工品的安全点火电路安全开关应有不小于 3 级保险；

d. 所有火工装置点火状态应有遥测手段。

5.1.9 蓄电池安全性要求

蓄电池安全性要求包括：

1)蓄电池组的单体必须密封设计，避免电解液泄漏；

2)各电池组应有良好的绝缘设计，实现各单体和电池组输出在母线接地前与星体结构电绝缘，装星时应使蓄电池处于不荷电或小荷电状态；

3)氢镍蓄电池采用高压容器，应有良好的安全设计，压力容器的安全系数应不小于2.5，并满足疲劳寿命试验和耐压试验等要求；

4)镉镍电池充电控制电路的设计应防止电池组的过充电和过放电，并进行绝缘设计；

5)锌银电池应进行单体密封性设计，避免电池泄气、漏压和爬碱；

6)锂电池或锂电池组应有防爆、防光电、防短路措施，并制定安全使用规范，严格禁止电池组短路、过充电、过放电及过热。

5.2　安全性工作流程与工作项目

5.2.1　工作流程

航天器安全性工作流程如图5－1所示。

5.2.2　工作项目

航天器安全性工作项目见表5－1。型号应在分析表5－1的基础上，根据型号任务特点以及专业领域要求，适当增补其他工作项目。

表5－1　航天器安全性工作项目

工作项目类别	序号	工作项目名称	可行性论证阶段	方案设计阶段	初样研制阶段	正样研制阶段
安全性管理	1	安全性工作计划	△	√	√	○
	2	安全性评审	×	√	√	√
	3	对转承制方和供方安全性工作的监控	×	√	√	√
	4	安全性培训	√	√	√	√
安全性设计与分析	5	危险源识别	√	√	√	○
	6	危险分析	×	√	√	○
	7	确定安全性关键项目	△	√	√	√
	8	安全性设计	△	√	√	○
安全性设计与验证	9	安全性验证	×	△	√	√
	10	安全性评价	×	△	√	√

注：“√”表示“必做”，“△”表示“选做或用户、交办方有要求时做”，“×”表示“不要求做”，“○”表示“技术状态更改时必做”。

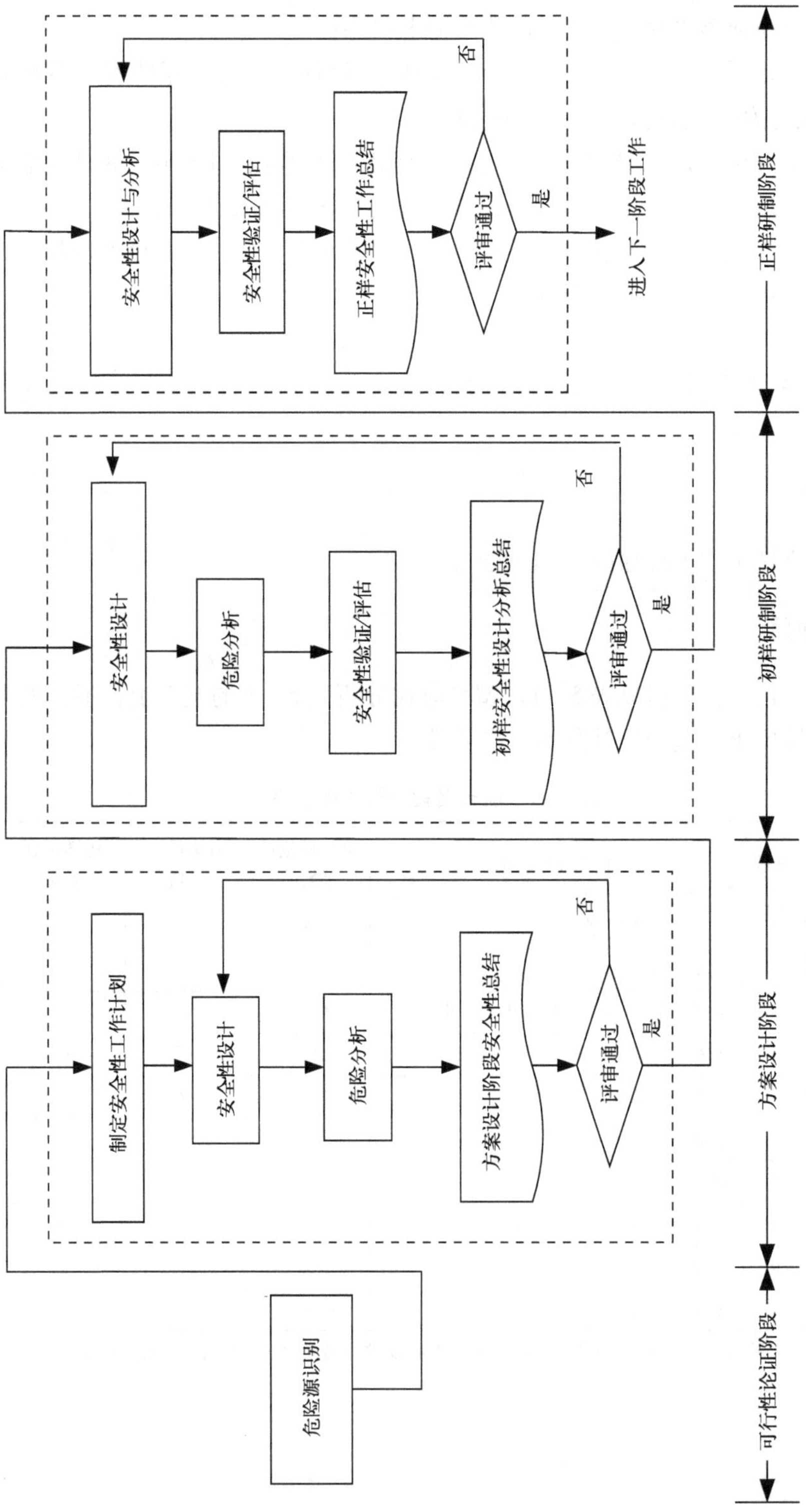

图5-1 航天器安全性工作流程

5.3　安全性设计与分析

设计师应能掌握基本的安全性分析方法，安全性分析的基本方法主要涉及故障模式与影响分析(FMEA)、危险分析(HA)、概率风险评估(PRA)等。

5.3.1　识别危险源

安全性分析的基础工作为危险源的识别，型号各级设计师应清楚航天器系统危险源、分系统危险源、单机设备危险源，以便在各级产品的全寿命周期控制危险发生的风险。

在系统方案阶段开始，即应在方案论证、确定方案的同时，识别系统方案中可能存在的危险，并编制《危险源清单》，包括一般危险源清单和故障危险源清单。将具有固有危险特性的材料和产品(如推进剂、高压气瓶等)以及与环境有关的危险因素(如空间碎片等)统称为一般危险源。故障危险源指引发危险状态的系统功能故障因素(包括软、硬件故障及人为差错等)。

《危险源清单》可通过回顾与查阅相似产品的经验教训和有关安全性资料来拟定，也可通过 FMEA 和 FRACAS 工具辅助识别。

5.3.2　危险分析

本书对危险分析的方法不进行详细介绍。对识别出的危险源(包括一般危险源、故障危险源)进行危险分析，通过表格的方法记录危险分析的过程。危险分析可参照 QJ 3139—2001《危险分析方法和程序》开展。

5.3.3　确定安全性关键项目

依据危险分析对危险后果进行评价，作为确定安全性关键项目的主要依据。

安全性关键项目，主要包括安全性关键功能、安全性关键件和安全性关键程序，判别准则为：

1)航天器某一功能一旦降低或丧失，或在使用时出现误操作，会导致严重或灾难性后果，则该功能为安全性关键功能；

2)执行安全性关键功能的硬件、软件称为安全性关键件，而控制安全性关键功能的飞行程序或地面控制程序称为安全性关键程序。

依据危险分析结果和安全性关键项目识别准则形成《安全性关键项目清单》，纳入型号关键项目管理。

5.4　安全性试验与评价

5.4.1　安全性验证方法

航天器各承制单位应通过试验或演示、分析(如工程分析、计算、类比法等)、检验和评审等方法验证安全性关键的硬件、软件及规程是否符合安全性要求。

对执行航天器安全性关键功能(主要集中在指令、供电、火工品电路、蓄电池、推进系统、大功率射频设备等关键部位设计方面)的硬件、软件、固件和操作程序按产品工作模式进行联试，验证其安全性关键特性、性能、安全余量、故障容错等能力，以及当人按操作规程参与时是否符合安全性要求。为验证故障影响和故障容错能力，考虑做故障“注入”的试验。

必须开展安全性试验进行安全性验证的航天器产品类别主要包括：

1)压力容器类，主要有贮箱、气瓶、蓄电池、热管等；

2)火工品类；

3)保护航天员安全的安全设备，如载人航天器座椅缓冲器；

4)影响航天器返回或着陆安全的设备，如月球探测器着陆缓冲装置。

5.4.2　安全性评价

针就位的安全性措施得到验证后，需要做出危险风险能否接受的决策。为此需要对照已经确定的危险风险评价准则，进行危险风险评价与决策，确定该危险风险能否接受。对于消除不了的风险或不打算进一步采取设计措施的风险，可以列入《残余风险清单》，对残余风险进行跟踪管理。

5.5　安全性管理

航天器安全性管理的主要内容包括制定安全性工作计划、开展安全性评审、对转承制方和供方的监督和控制、安全性培训。

一般系统级、分系统级应制定安全性工作计划。设备级可根据其关键程度和产品研制情况，根据上级产品技术要求确定是否制定安全性工作计划。

安全性评审可以与设计评审结合进行，必要时可以单独进行。安全性评审的内容通常包括以下几方面：安全性工作项目进展情况和取得的结果；设计满足合同或任务书规定的安全性要求的情况；已出现或潜在的安全性问题的影响及其解决办法。

对转承制方和供方的监督和控制要求需在合同或任务书中提出，一般结合产品数据包的审查、验收、安全性评审等进行。

安全性培训要求如下：各级产品研制单位应根据不同岗位，确定相应的安全性要求，在系统研制初期制定安全性培训计划，并对有关人员进行培训。参与危险作业的人员经培训合格取得相应的资格后，持证上岗。

安全性培训主要内容包括：

1)设计人员应掌握的安全性设计知识，应了解的危险分析与分析结果，以及应采取的安全性措施；

2)上岗测试人员应掌握的设备安全操作及排故方法；

3)生产、操作人员应掌握的已批准的安全性规程、安全操作使用及排故方法，应了解的安全性措施；

4)危险作业人员应掌握的与作业有关的安全性标准与规定，安全操作规程，应急、急救方法与规程。

参 考 文 献

［1］GJB 900A—2012 装备安全性工作通用要求［S］. 2012.

［2］QJ 2236A—99 航天产品安全性保证要求［S］. 1999.

［3］QJ 3273—2006 航天产品安全性分析指南［S］. 2006.

第 6 章　维修性保证

航天器的维修性是航天器在规定的条件下和规定的时间内，按规定的程序和方法，保持或恢复到规定状态的能力。规定的条件包括航天器发生故障时的星地运行状态，空间环境条件和故障处理所需人员、设备设施、技术资料等资源；规定的时间是对航天器产品故障修复时间的量化要求，反映了航天器维修的水平；规定的程序和方法是指航天器故障处理的具体流程、步骤和具体的指令。

首先，传统的可达性设计、互换性设计等维修性设计要素基本适用航天器，载人航天器具备类似地面的人工维修特征，因此载人航天器也适用维修性定量要求。

其次，航天器更注重在轨维修性。传统上一般认为航天器是在轨不可修产品，这是由于航天器一旦入轨飞行执行任务，不可能像地面装备那样在发生故障后可以在现场或返厂修理。但是，在维修性工程中，并非只有返厂修理才算维修，地面装备在使用现场更换故障单元和战场抢修都属于维修工作。在这一点上，航天器在轨故障后通过地面进行切换备份恢复或进入安全模式后系统重构等与地面装备的维修并无本质区别，这些都属于维修范畴。

航天器在轨运行管理中也不乏预防性维修的例子。例如，某卫星的红外地球敏感器由于自主干扰保护功能异常，为确保卫星安全，地面测控系统增加了卫星地影期干扰保护的遥控作业，在每次进地影期前，由地面指令将被干扰的探头信息剔除，以保证卫星姿态稳定。

当前航天器正朝着网络化、智能化发展，越来越多的功能通过软件实现，通过软件上注功能可实现某些在轨软故障的修复。因此，航天器在轨具有可维修的特点，航天器应关注在轨维修性设计。

6.1　维修性要求

维修性要求是维修性设计和维修性验证与评价的依据。维修性要求分为定性要求和定量要求，一般通过下述文件表述：

1)研制总要求；

2)研制合同；

3)研制任务书。

承制方参与和协助订购方提出维修性要求，并将系统级的维修性要求逐级分配，确定其各组成部分产品的维修性要求。

6.1.1　定性要求

维修性定性要求通常包括：

1)在轨维修。航天器在轨故障能够通过地面或自主处理恢复。

2)可达性。要求维修部位看得见、摸得着，拆装方便，不影响上下左右，同时有足够的维修作业空间。

3)标准化。要求产品通用化、系列化和组合化，减少维修备件的品种和数量。

4)模块化。要求产品按功能/结构划分为最小可更换单元。

5)互换性。要求同种产品之间在实体上(形状、尺寸)、功能上能够互相替换。

6)防差错及识别标记。要求有完善的防差错措施及识别标记，以防止差错、杜绝事故。

7)维修安全。要求实施维修作业时不会发生人员伤亡、设备损坏等事故。

8)减少维修内容和降低维修技能。要求减少维修工作量，缩短维修时间和人员培训时间。

9)人素工程。要求产品设计符合人素工程需要，提高维修工作的质量和效率。

6.1.2　定量要求

维修性参数选择和指标确定可根据 GJB 1909.1、GJB 1909.2 的相关规定，以及产品的特点和维修性目标进行。除载人航天器产品外，其他航天器一般没有维修性定量要求。

6.2　维修性工作流程和工作项目

6.2.1　工作流程

航天器维修性工作流程如图 6－1 所示。

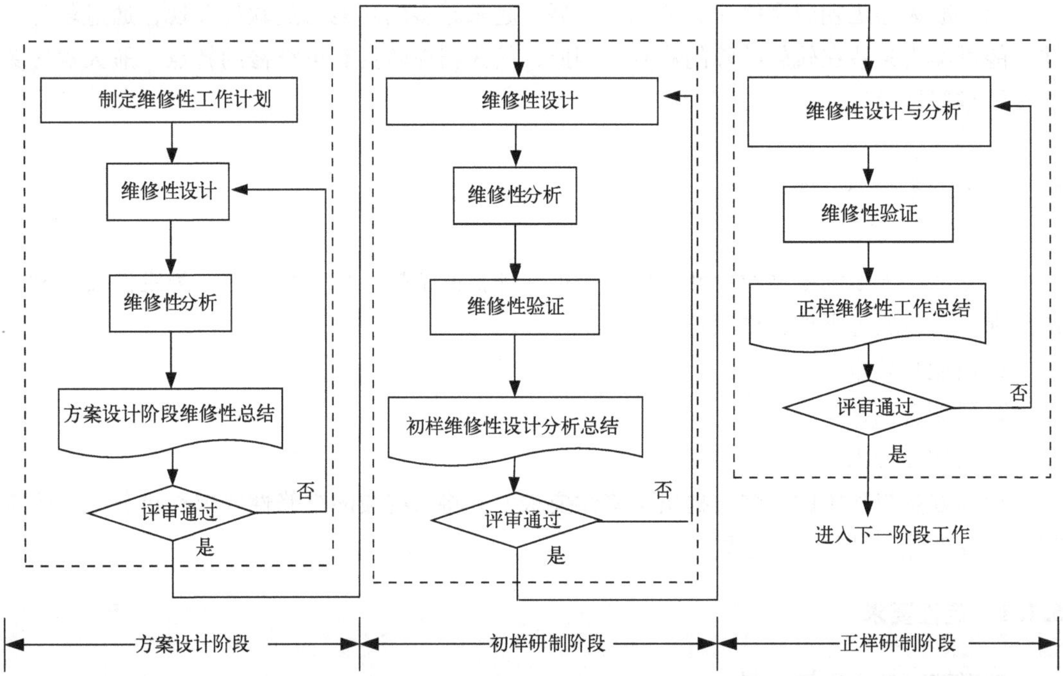

图 6－1　航天器维修性工作流程

6.2.2　工作项目

航天器维修性工作项目见表 6－1。型号应在分析表 6－1 的基础上，根据型号任务特点以及专业领域要求，适当增补其他工作项目。

表 6－1　航天器维修性工作项目

序号	工作项目名称	方案设计阶段	初样研制阶段	正样研制阶段
1	制定维修性工作计划	√	√	√
2	对转承制方和供方的监督与控制	√	√	√
3	维修性评审	√	√	√
4	维修性设计	√	√	○
5	维修性建模	△	△	△
6	维修性分配	△	△	△
7	维修性预计	△	△	△
8	维修性分析	√	√	○
9	测试性验证	√	√	√

注：“√”表示“必做”，“△”表示“选做或用户、交办方有要求时做”，“×”表示“不要求做”，“○”表示“技术状态更改时必做”。

6.3　维修性设计与分析

6.3.1　维修性设计

航天器产品在方案设计阶段确定适用于本型号的维修性设计准则，并在方案设计阶段、初样研制阶段和正样研制阶段有相关技术状态更改时依据维修性设计准则开展维修性设计工作。

维修性设计相关的标准和技术资料参见 GJB/Z 91—1997、QJ 3124—2000 等文件。航天器维修性设计的主要内容包括以下方面。

1）在轨可维护性设计。即航天器在轨发生故障后，应具备可修复性。例如：软件故障可以通过地面上注数据对故障模块进行修改或替换；通过遥控指令可以禁止或使能某个软件功能模块等。

2）在轨故障恢复策略。即对在轨故障的处理方式、恢复程序进行优化设计，尽可能缩短恢复时间。例如：产品复位、加断电或切机的应用条件，产品加断电的顺序，航天器进入安全模式后的系统重构策略等。

3）防差错设计。设计的原则包括：在设计上杜绝出错的可能性；采用容错技术，即使有差错发生，也会提示或告警；安装时容易发生差错的零部件，从结构上加以限制，或有明显的防止差错识别标记；对可能出现误操作的零件、组件、部件设置明显的防错标志等。

4)标准化、模块化和互换性设计。设计的原则包括：在满足要求的条件下，将产品的变化限制到最小范围；产品间在实体上、功能上能够相互替换；产品设计为单独分离的，具有相对独立功能的结构体等。

5)简化维修和操作设计。例如：尽量设计操作简便而可靠的调整机构，以便于排除因磨损或漂移等原因引起的常见故障，避免或减少互相牵连的反复调校。

6)可达性设计。例如：产品检查、拆装(路径)应有很好的可达性。

7)维修安全设计。例如：在拆卸、更换、测试或检验过程中不引发安全性危险；使操作与维修人员避免高压、高压放电、高温、低温、锐利的边缘和尖物、辐射以及化学污染等危害。

8)人素工程设计。例如：采取措施将使用和维修操作环境的噪声、振动、温度、湿度和电磁辐射控制在规定的可接受水平之内，否则对使用和维修人员提供防护措施等。

6.3.2　维修性建模、分配和预计

除载人航天器外，其他航天器一般没有维修性定量指标要求，不需要开展维修性建模、分配和预计工作。载人航天器的维修性建模、分配和预计按照 GJB/Z 57—1994 推荐的方法执行。

6.3.3　维修性分析

航天器维修性分析主要包括以下工作：

1)结合 FMEA 工作，确定最小可更换单元的故障检测和隔离方法，确定在地面和在轨两种条件下故障的修复方法。

2)通过分析确定最小可更换单元的最佳技术状态和最佳配置。

3)进行热分析，保证设计满足维修性要求和符合设计准则。对于载人维修活动，热分析应标出任何在维修活动中超出戴手套的手能承受的温度极限的热表面。

4)按 QJ 2236A 进行安全性分析，保证维修活动满足安全要求。

5)载人航天器可进行备件需求分析，确定每一个最小可更换单元需要的备件数量。

6.4　维修性验证

维修性验证的目的包括：

1)发现和鉴别维修性设计缺陷，通过改进设计或改善维修保障条件来提高维修性；

2)考核产品满足维修性定量与定性要求的程度，作为产品鉴定或验收的依据。

维修性验证的方式包括：

1)维修性设计评价。即根据维修性检查单结合维修性演示、试验进行维修性设计检查及评价。维修性设计评价是产品在整个研制过程的维修性验证工作。

2）维修性试验验证。即通过维修性试验全面考核产品符合规定的维修性要求而进行的定量验证。原则上，凡是有维修性定量要求且具备条件的产品都应进行维修性试验验证。

3）基于工程试验的维修性估计。即利用航天器产品研制过程中实际排除故障的数据进行维修性估计。

具体实施过程中，可按以下原则进行验证：

1）各项维修性设计和维修性定性要求可以通过维修性设计准则符合性检查、维修性设计检查单、检查表评分等方式进行分析验证。

2）可达性设计、防差错设计可通过实际操作或虚拟操作等方式进行演示验证。

3）在轨维护设计和软件维护设计可通过故障注入的方式进行测试/试验验证。此外，也可以利用研制过程中的相关测试、试验数据进行验证。

4）维修性定量指标要求可通过试验、研制过程数据统计、在轨数据统计或预计等方式进行验证。

6.5　维修性管理

航天器维修管理的主要内容包括制定维修性工作计划、开展维修性评审、对转承制方和供应方的监督和控制。这些工作均可以结合产品保证的其他要素一起进行。例如，维修性工作计划可以纳入《产品保证计划》，不需单独编制；维修性评审尽可能与性能、可靠性、安全性等评审结合进行。

参考文献

[1] GJB 368B—2009 装备维修性工作通用要求[S]. 2009.

[2] QJ 3124—2000 航天产品维修性保证要求[S]. 2000.

[3] QJ 3213—2005 航天产品维修性设计与验证指南[S]. 2005.

第7章　空间环境适应性保证

空间环境是影响航天器在轨稳定、可靠、安全运行的重要因素之一，在航天器研制生产过程中，必须对航天器进行充分、有效的空间环境适应性设计，尤其对于现代航天器，由于大量使用高集成度、高性能的电子元器件以及各种新型功能材料，航天器对空间环境具有更高的敏感程度，因而对空间环境适应性设计提出了更高要求。本书针对目前航天器型号研制过程中涉及的空间环境效应、防护设计要求、防护设计方法和模拟试验规范等进行概要介绍。

7.1　基本概念和相关术语

日地空间存在着对航天器产生影响的空间环境要素，主要包括太阳电磁辐射环境、中性大气环境、真空环境、地磁场环境、带电粒子辐射环境、微流星和轨道碎片环境等。这些空间环境要素与航天器相互作用会产生各种各样的环境效应，如大气阻力、真空效应、紫外辐射损伤、原子氧剥蚀、电离总剂量效应、单粒子效应、位移损伤效应、表面充放电效应、内带电效应等，进而影响宇航任务功能与性能。

相关的缩略语如下：

GEO——Geostationary Earth Orbit，地球静止轨道；

MEO——Medium Earth Orbit，中高度地球轨道；

IGSO——Inclined Geosynchronous Earth Orbit，倾斜地球同步卫星轨道；

SSO——Sun - Synchronous Orbit，太阳同步轨道；

LEO——Low Earth Orbit，低地球轨道；

HEO——Highly Eccentric Orbit，大椭圆轨道；

TID——Total Ionizing Dose，电离总剂量；

RDM——Radiation Design Margin，辐射设计余量；

DDD——Displacement Damage Dose，位移损伤剂量；

CCD——Charge - Coupled Device，电荷耦合器件；

SEU——Single Event Upset，单粒子翻转；

SEL——Single Event Latch - up，单粒子锁定；

CMOS——Complementary Metal Oxide Semiconductor，互补金属氧化物半导体；

SET——Single Event Transient，单粒子瞬时干扰；

SEB——Single Event Burnout，单粒子烧毁；

SEGR——Single Event Gate Rupture，单粒子栅击穿；

MOSFET——Metal - Oxide - Semiconductor Field Effect Transistor，金属 - 氧化物 - 半导体场效管；

SEFI——Single Event Functional Interrupt，单粒子功能中断；

MOS——Metal - Oxide - Semiconductor，金属 - 氧化物 - 半导体；

MeV——Mega - electron - Volt，兆电子伏特；

ELDRS——Enhanced Low Dose Rate Sensitivity，低剂量率增强效应；

LET——Linear Energy Transfer，线性能量传输；

OSR——Optical Solar Reflector，光学太阳反射镜；

IRI——International Reference Ionosphere，国际参考电离层；

CRI——China Reference Ionosphere，中国参考电离层；

IGRF——International Geomagnetic Reference Field，国际参考地磁场；

APS——Active Pixel Sensor，有源像素传感器；

SER——Single Event Rate，单粒子发生率；

NASA——National Aeronautics and Space Administration，美国国家航空航天局。

7.1.1　大气密度影响

航天器在中性大气中运动，与气体分子碰撞进行动量交换的作用力可以解成升力、阻力和侧向力等部分。其中，阻力会对航天器的运动产生阻碍作用，阻力的大小与航天器运动速度的平方成正比，速度越快阻力就越大。此外，大气阻力还与大气密度、航天器的飞行角度、航天器的材料和结构等因素相关。对于给定的航天器而言，所受的大气阻力主要由大气密度决定。

大气阻力导致航天器轨道衰减，如果没有足够的推进剂来维持轨道调整，大气阻力就会造成航天器轨道高度大幅衰减，甚至提前陨落，如图 7 - 1 所示。

图 7 - 1　航天器轨道衰减示意图

7.1.2　原子氧剥蚀

原子氧是低地球轨道大气中的主要成分，由太阳紫外线分解氧分子而产生的，其密度并不高，且随着轨道高度、轨道倾角、太阳活动周期与季节等的不同而异。但当航天器以 8 km/s 左右绕轨道飞行时，原子氧撞击的束流密度可达 $10^{13} \sim 10^{15}$ O - atom/cm^2/s。在如此高的撞击速度下，原子氧的平均撞击能为 5 eV，这一能量足以使许多材料的化学键断裂并发生氧化；又由于原子氧本身是一种强氧化剂，因此造成材料质量损失、表面剥蚀和性能退化；而且，它对有机材料的腐蚀作用还会产生可凝聚的气体生成物，进而污染卫星上的光学仪器及其他设备。原子氧与材料表面作用如图 7 - 2 所示。

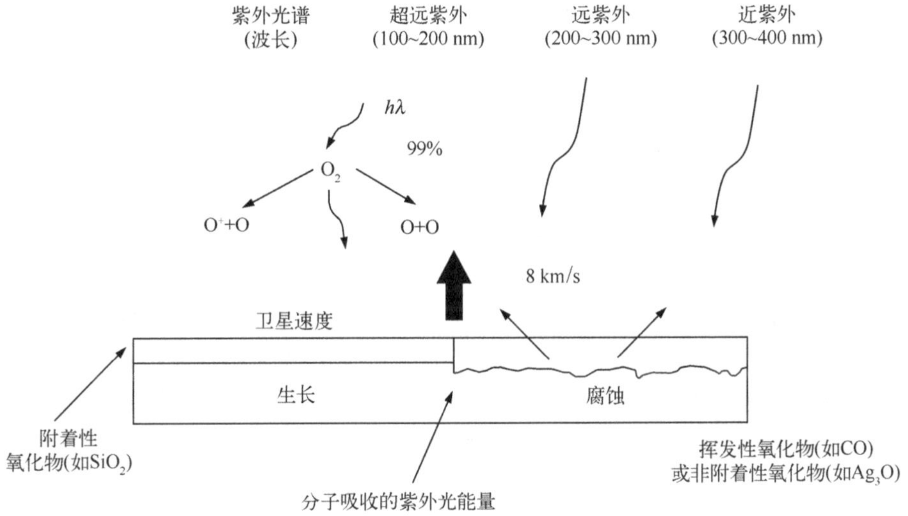

图 7 - 2　原子氧与材料表面作用示意图

7.1.3　真空效应

(1)低气压放电效应

存在电位差的两个电极，在约 1 ~ 1 000 Pa 范围内的低气压环境下可能引起气体电离现象而引发低气压放电。航天器发射过程中，会经历从一个大气压直至极高真空的环境条件，在这期间工作的电子电工设备就有可能遭受低气压放电效应的影响。

(2)微放电效应

微放电效应是指真空中两个具有一定距离的表面在一定频率的射频电场作用下，由于二次电子倍增所产生的一种真空放电现象，又称为二次电子倍增效应。航天器发射及入轨后很长的时间内都处于高真空环境中，在这期间工作的微波器件有可能遭受微放电效应的影响。

(3)真空干摩擦与冷焊

当航天器处于超高真空环境时，航天器运动部件的表面处于原子清洁状态，无污染。而清洁、无污染金属接触面间原子键结合造成的粘接现象会使活动部件驱动力矩加大，甚至有可能发生接触面粘接或焊死，这就是真空干摩擦和冷焊现象。

(4)真空放气

材料在空间真空环境中，由于蒸发(液体)、升华(固体)以及有机聚合物材料在制造中添加的催化剂、抗氧化剂、增塑剂、增粘剂等的挥发产生材料的质量损失，带来材料成分上的变化，可能引起材料性能的变化，导致材料硬化、脆化和龟裂，造成防护层的分层、破裂等现象。另外，材料表面和内部吸附的水汽、二氧化碳和其他气体及氧化物在真空环境中会产生材料放气，虽然使材料表面更加清洁，使材料的电学、光学性能得到改善，然而活动部件表面吸附的气体分子逃逸到空间中去，使活动部件驱动力矩加大，逐渐发展到接触面粘接或焊死(冷焊)，使活动部件失效。此外，由于材料的质量损失和放气，其挥发物将会污染航天器上的敏感表面如光学镜头、热控涂层、继电器触点等，使其功能降低甚至失效。

7.1.4　紫外辐射效应

来自太阳的波长在 0.01 ~ 0.4 μm 之间的电磁辐射称为太阳紫外辐射，太阳紫外辐射对材料具有损伤作用。波长在 0.3 μm 以下的紫外光子的能量高于 376.6 kJ/mol，而有机聚合物分子的结合键能一般在 250 ~ 418 kJ/mol，因此足以造成某些有机化学键的断裂。其破坏结果是使材料变脆，产生表面裂纹、皱缩等，使机械性能下降。紫外辐照还使聚合物基体严重变色，影响了光学性能。在某些情况下，紫外辐射的存在可进一步加剧原子氧对材料的侵蚀，使材料的质量损失显著增加。图 7 - 3 是共价键结合能与具有同等能量的光子的波长的关系图，可以看出，波长范围在 0.01 ~ 0.4 μm 的太阳紫外辐射具有足够的能量破坏 C—H 等共价键，从而对有机物性能产生影响。

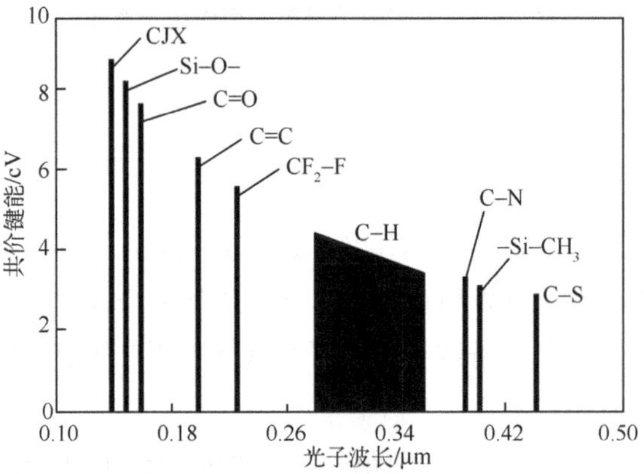

图 7 - 3　共价键能与光子波长的关系

7.1.5　电离总剂量效应

带电粒子入射到航天器元器件和材料中时，在其路径上沉积能量，当入射粒子把足够多的能量传递给材料原子的核外电子时，电子就可以脱离原子核的束缚成为自由电子，这称为电离作用(如图7-4所示)。航天器元器件和材料处于空间辐射环境中，吸收电离作用传递的能量后，元器件和材料将会出现性能衰退、参数漂移等现象，称为电离总剂量效应(如图7-5所示)。

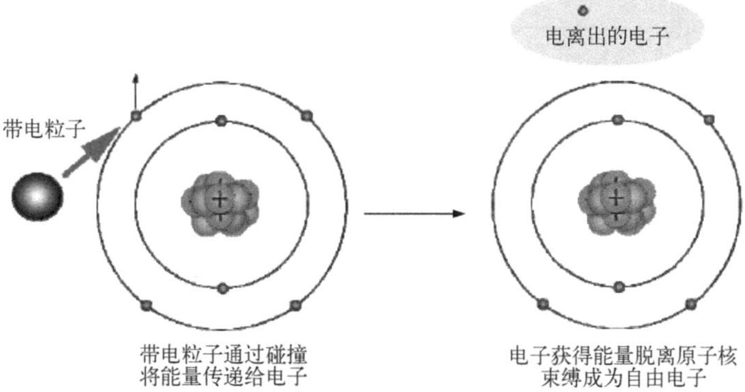

图7-4 带电粒子导致原子电离

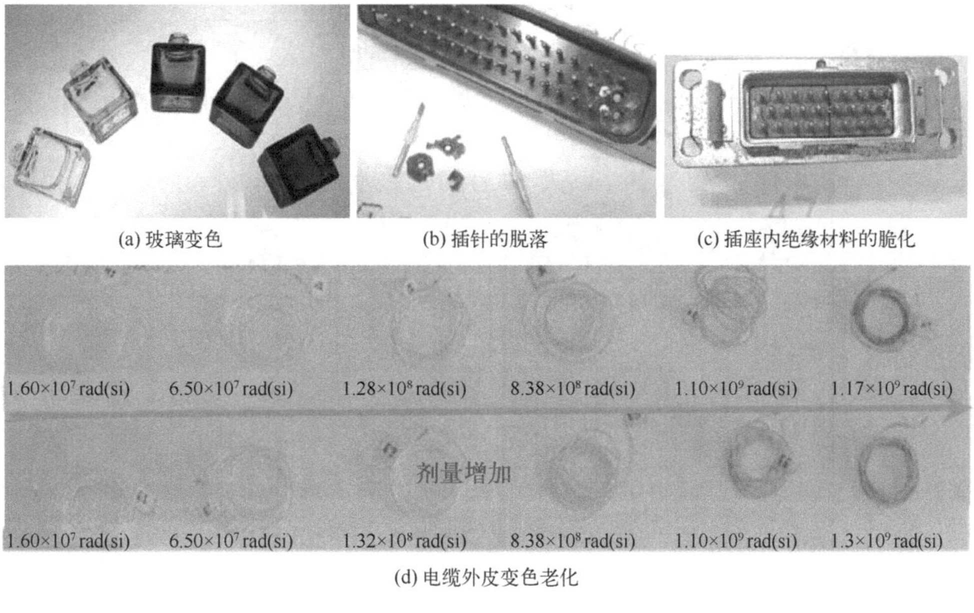

图7-5 电离总剂量效应导致航天器用材料损伤现象

7.1.6 位移损伤效应

高能粒子入射到材料中，除了通过电离作用传递能量外，还会通过与原子发生弹性及非弹性碰撞(即非电离作用)，使原子脱离开晶格的束缚而离开原来的位置，即造成原子移位(如图7-6所示)，并形成稳定的缺陷，因此对半导体器件性能产生的影响称为位移效应。位移损伤的总体后果是改变了半导体材料中少数载流子的寿命，增加了晶体光学材料的变色和对光的吸收(如图 7 -7 所示)。因此，位移损伤效应的作用对象是光电器件及其他少数载流子工作器件。

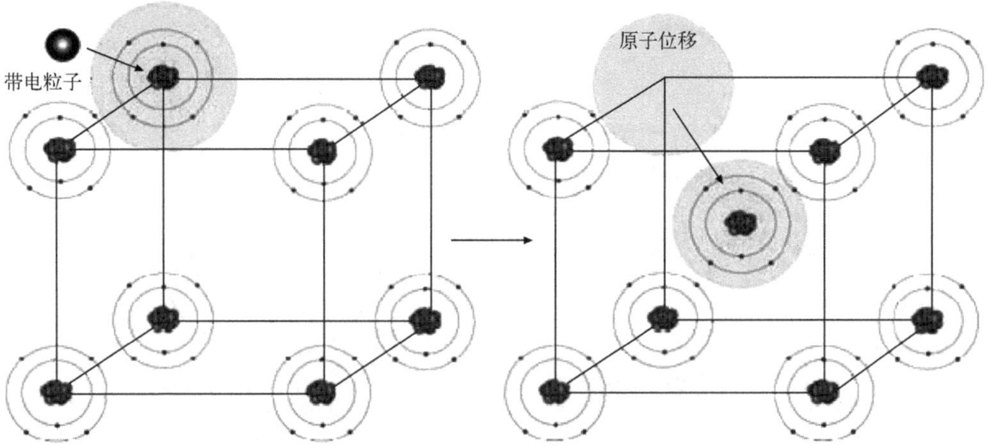

图 7 -6　带电粒子与原子发生碰撞产生原子位移

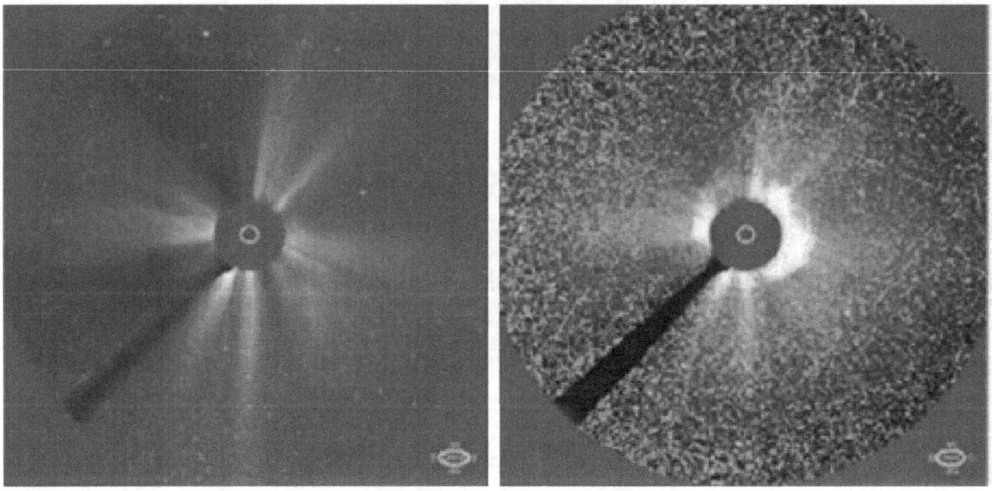

图 7 -7　SOHO 卫星 CCD 相机位移损伤

7.1.7　单粒子效应

单粒子效应(SEE)是指单个高能粒子穿过微电子器件的灵敏区，沉积能量并产生足够数量的电子 - 空穴对，这些电子 - 空穴对被器件电极收集后，造成器件逻辑状态的非正常改变，甚至造成器件损毁。目前，已经发现了单粒子翻转(SEU)、单粒子锁定(SEL)、单粒子栅击穿(SEGR)、单粒子烧毁(SEB)、单粒子瞬时干扰(SET)和单粒子功能中断(SEFI)等多种类型的单粒子效应。在这些效应中，单粒子烧毁、单粒子栅击穿造成的是永久性损伤，也称为硬错误，即通过重新写入或断开电源，器件不能恢复正常状态，器件彻底损坏。单粒子锁定在不采取保护措施的情况下，也会导致永久性损伤。而单粒子翻转和单粒子瞬时干扰均为软错误，在采取及时的复位或断电重启等措施后，器件可以恢复正常状态。

SEU 是发生在具有单稳态或双稳态的逻辑器件和逻辑电路的一种电离辐射效应。当单个高能粒子轰击大规模、超大规模集成电路芯片时，沿着粒子的入射径迹发生电离，产生一定数量的电子空穴对。产生的电子空穴对在电场作用下发生漂移和重新分布，从而改变芯片内部载流子的分布及运动状态，当这种改变足够大时，将引起器件逻辑状态改变，造成逻辑器件或电路的逻辑错误。器件的逻辑状态在高能粒子入射后发生了翻转，“1”变为“0”，“0”变为“1”(如图 7-8 所示)。

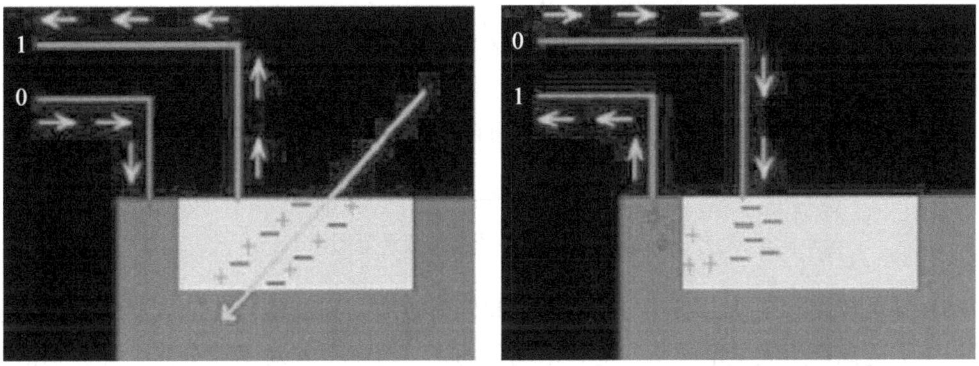

(a) 高能粒子入射　(b) 逻辑状态改变

图 7-8　单粒子翻转示意图

SEL 是发生于体硅 CMOS 工艺器件的一种危害性极大的空间辐射效应。体硅 CMOS 器件内部存在一个固有的 p-n-p-n 四层结构。这种 p-n-p-n 结构使体硅 CMOS 器件存在两种电流通路：低电流状态的正常通路和高电流状态的潜在通路。通常情况下体硅 CMOS 电路的电流通路为低电流状态的正常通路，高电流状态的潜在通路不导通，单个高能粒子入射后，会导致低电流状态的正常通路关断和高电流状态的潜在通路导通，在体硅 CMOS 器件中，这种由单个高能粒子引发的电流通路由低电流状态向高电流状态改变的事件称为单粒子锁定(如图 7-9 所示)。

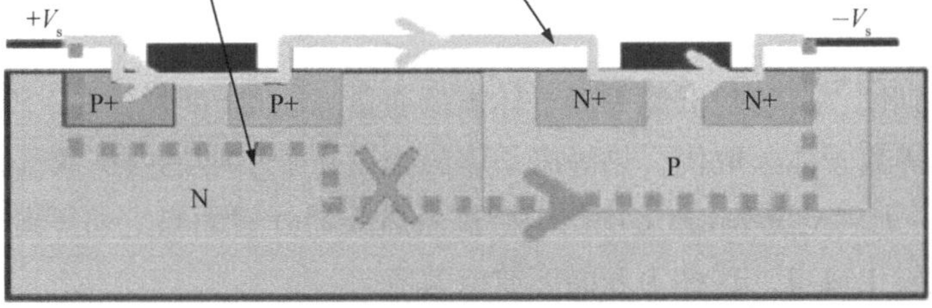

图 7-9　单粒子锁定示意图

SEGR 是发生于功率 MOS 器件的一种空间辐射效应(如图 7－10 所示)。对于一个处于正常工作状态的 MOS 器件，当空间的高能带电粒子入射并穿透其栅极、栅氧化层及器件衬底时，将沿着粒子的入射轨迹，在硅－二氧化硅界面的硅一侧，通过电离效应产生大量的电子空穴对，形成电荷集中，导致该处电场增强。当电场超过栅氧化层的绝缘强度时，将导致栅氧化层永久性击穿，从而造成器件完全失效。

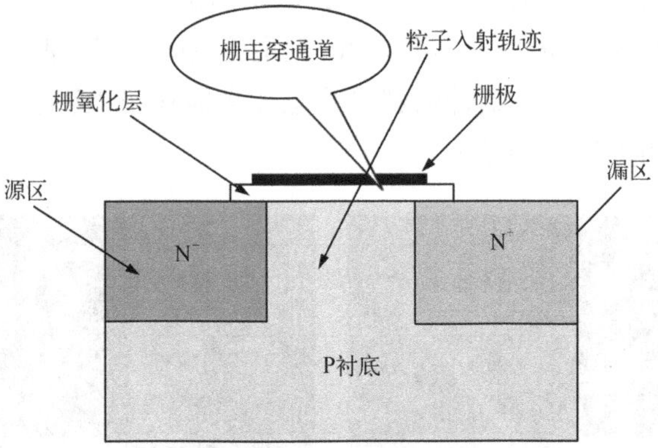

图 7－10　单粒子栅击穿示意图

SEB 是主要发生于功率器件中的一种空间辐射效应。当高能粒子的入射时，沿着粒子入射径迹会电离产生大量电子空穴对，电场作用下，电子空穴对迅速分离，并分别沿着电力线向相反方向运动，在此过程中，极易产生电子空穴的雪崩效应。雪崩效应一旦形成，将使器件从正常工作状态触发到高电流状态，导致结发热，最终使器件烧毁。

SET 是主要发生于模拟或数字器件中的一种空间辐射效应。单个高能质子或重离子轰击到模拟或数字器件的灵敏区时，可在器件中通过电离作用在短时间内产生一定数量的电子空穴对，从而使器件输出电压受到瞬时脉冲干扰。当电子系统的抗干扰能力不足时，这种瞬时的脉冲干扰可能会对系统产生严重影响。

SEFI 是指，单个事件使得存储器地址/译码/控制逻辑等部分发生故障。其表现形式多种多样：指定地址范围内响应错误的数据、读到半永久固定位、器件不响应或不输出数据等。以 SRAM 型 FPGA 为例，在配置控制逻辑或上电复位电路等全局控制电路中发生单粒子翻转导致器件配置功能丧失或器件复位的现象称为单粒子功能中断。

7.1.8　表面充放电效应

在磁层亚暴期间，高轨的低能等离子体被低通量高能量(能量为 1～50 keV，密度 1～10 个/cm^3)的热等离子体云取代，热等离子体云会在几个小时之内扩散开，但在整个地磁亚暴期间(持续一天甚至更久)会多次出现。高轨航天器外表面与空间等离子体相互作用会积累电荷并可能发生放电，这称为表面充放电效应。

当航天器处于空间等离子体环境中时，正负电荷(主要是电子和质子)的热运动能量相当，而质子的质量约为电子质量的 1 840 倍。根据 $E = mv^2/2$ 可知，等离子体中电子的热运动速率将远远大于质子，因此单位时间内打到航天器表面上的电子数更多。航天器表面带电的过程如下：充电过程开始的时候，有更多的电子打到航天器表面上，因此航天器表面带负电；由于同种电荷互相排斥、异种电荷互相吸引，因此航天器表面积累的负电荷将阻止电子的继续积累而吸引更多的质子；当单位时间内打到航天器表面的电子和质子数量相当的时候，航天器表面充电过程达到一种动态平衡。

实际上，对航天器表面充电有影响的不仅仅是空间等离子体中的电子和质子，二次电子、背散射电子、光生电子等也会影响航天器的表面充电过程。其中二次电子是由于带电粒子碰撞材料表面，激发的能量在 50 eV 以下的电子。光生电子是由太阳光辐照航天器表面材料而激发出的电子。背散射电子是从材料表面被反射的能量在 50 eV 以上的电子。航天器表面带电过程可以看作是不同电流源电流进出航天器表面的动态过程，当这些电流达到动态平衡即净电流为零时，航天器表面达到充电平衡。这些电流包括入射到航天器表面的电子电流、入射到航天器表面的离子电流、二次电子电流、背散射电子电流、光电子电流及与航天器不同表面间由于电阻、电容、电感等电性参数的差别而产生的电流。表面充电过程如图 7 – 11 所示。

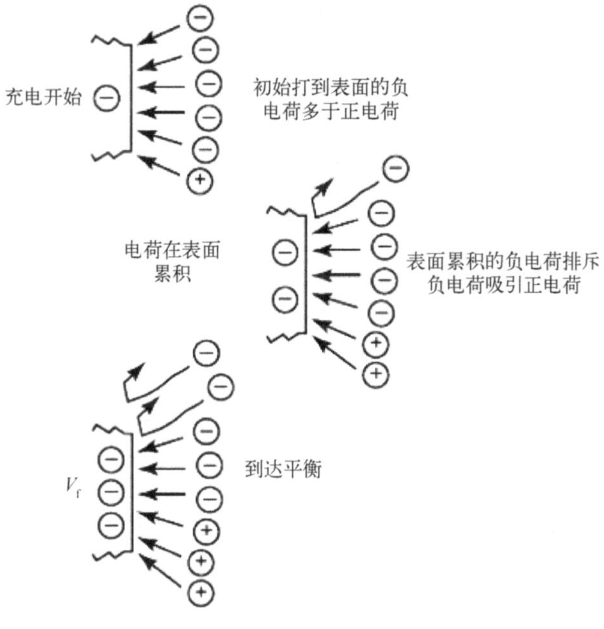

图 7 – 11　表面充电过程示意图

7.1.9　高压太阳电池阵充电效应

高压母线太阳电池阵处在轨道的空间等离子环境中时，更容易与空间等离子体发生相互作用，最恶劣的情况是导致太阳电池片之间或太阳电池与太阳阵基板之间的材料发生热解，并在太阳电池片之间产生一个异常的低电阻通路，导致太阳电池阵永久性短路，使得太阳电池阵中止对航天器提供电源。

造成这一后果的物理过程，通常认为是由于等离子体在太阳电池阵上引发了两次静电放电过程所造成。在空间等离子体环境中，高压太阳电池阵的太阳电池玻璃盖片会产生表面充电现象，当其充电电位足够高时，在一定的条件下，会在玻璃盖片之间引发静电放电，这是一次放电过程。随着一次放电的产生，将在放电位置处的玻璃盖片和太阳电池的互连片之间或玻璃盖片和太阳电池阵基板之间，产生一个高浓度的等离子体云团。这时如果太阳电池串之间的电势差高于某一个阈值电压，将在太阳电池阵电路的高、低电位之间产生通过高浓度等离子体的电流通路，这种电流流动一般能够维持 ms 数量级的时间，这就是所谓二次放电过程。二次放电过程在高浓度等离子体云中形成的电流通路产生了足够的能量，使得太阳电池片之间或太阳电池片与太阳阵基板之间的聚酰亚胺膜发生热解，并留下一个永久性的低电阻通路，从而导致太阳电池阵永久性短路。图 7－12 是太阳电池阵烧毁的实例。

图 7－12　太阳电池阵烧毁

7.1.10　内带电效应

当出现大的辐射环境扰动事件时，大量的高能电子可注入到地球同步轨道甚至高度较低的轨道，使得地球辐射带中能量大于 1 MeV 的电子通量大幅度增加。这些电子可直接穿透航天器的蒙皮（包括外层导电表面和绝缘材料等）、航天器结构和仪器设备外壳，沉积在航天器内部的电路板、导线绝缘层等深层绝缘介质中，导致绝缘介质带电，也就是所谓的内带电效应，如图 7－13 所示。

本书前文对环境效应进行了概括介绍，但各种环境要素的空间分布并不相同，因此不同轨道航天器研制过程中应考虑的空间环境要素和空间环境效应也有所差异。航天器研制过程中，应首先根据航天器轨道、寿命和任务特点，梳理其可能遭遇的空间环境要素及效应，确保对环境适应性风险的全面识别。我国常用航天器轨道面临的典型环境效应详见表 7－1。

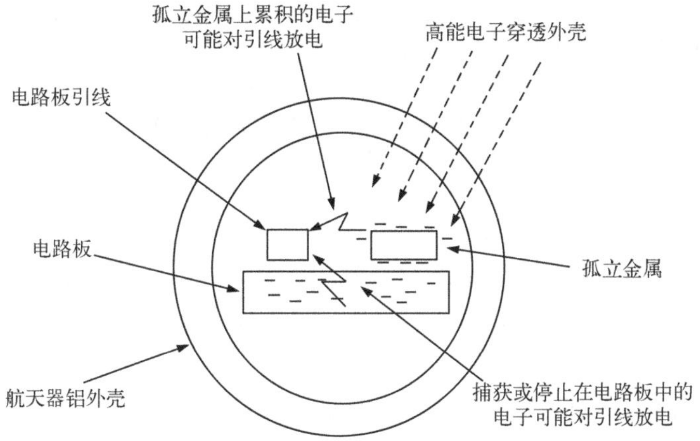

图 7－13　内带电效应

表 7－1　不同轨道航天器研制过程中应该考虑的空间环境要素及效应

典型环境效应	GEO 高度约 35 786 km，倾角 0°	MEO 高度约 19 000 km～25 000 km，倾角约 55°	IGSO 高度约 36 000 km，倾角约 55°	SSO 高度 500～1 300 km，倾角约 98°	LEO 高度 300～400 km，倾角约 40°	HEO 近地点约 300 km，远地点几万千米	行星际轨道高度 >65 000 km
	DFH－4、XX－2(GEO)	XX－2(MEO)	XX－2(IGSO)	ZY－1、YY－1	飞船、空间站	TC－1、TC－2	CE－1、CE－2
大气密度影响	/	/	/	轨道设计需考虑大气阻力			/
原子氧剥蚀	/	/	/	/	表面材料需考虑原子氧剥蚀	/	/
真空效应	需考虑真空(低气压)放电、出气、污染等						
地球引力场及微重力环境效应	需考虑微重力下的物体、微小颗粒等运动状态						
紫外辐射效应	表面材料需考虑紫外辐射后的性能衰退						
热效应	空间热交换方式与地面不同，整星、设备均须进行良好热设计						
微流星体与空间碎片撞击	碰撞概率低，目前未考虑防护；但需考虑自身不产生碎片			需考虑空间碎片碰撞、钝化问题	密封舱、航天员出舱需考虑	/	/
地球磁场效应	需考虑磁场扰动(地磁暴和磁亚暴)带来的影响(表面充放电和内带电)，使用磁力矩器需考虑磁场影响			有磁净度控制要求时考虑			/

续表

典型环境效应	GEO 高度约 35 786 km，倾角 0°	MEO 高度约 19 000 km ~ 25 000 km，倾角约 55°	IGSO 高度约 36 000 km，倾角约 55°	SSO 高度 500 ~ 1 300 km，倾角约 98°	LEO 高度 300 ~ 400 km，倾角约 40°	HEO 近地点约 300 km，远地点几万千米	行星际轨道高度 >65 000 km
	DFH-4、XX-2(GEO)	XX-2(MEO)	XX-2(IGSO)	ZY-1、YY-1	飞船、空间站	TC-1、TC-2	CE-1、CE-2
电离总剂量效应	所有电子元器件、材料均需考虑满足在轨 TID 及辐射设计余量(RDM)要求						
位移损伤效应	CCD、光耦、太阳电池等光电器件以及其他靠少数载流子工作的器件						
单粒子翻转(SEU)	逻辑(数字)器件、双稳态电路等需考虑						
单粒子锁定(SEL)	体硅 CMOS 工艺器件需考虑						
单粒子瞬时干扰(SET)	高速、低电压逻辑器件需考虑						
单粒子烧毁(SEB)	高工作电压(>70 V)应用下的功率 MOSFET 需考虑						
单粒子栅击穿(SEGR)							
单粒子功能中断(SEFI)	FPGA、DSP 等复杂逻辑器件需考虑						
表面充放电效应	需考虑表面充放电效应的影响			轻微充电(极光卵区极恶劣事件时例外)	飞船及空间站在交会对接、航天员出舱时需考虑多体带电影响	低能粒子探测需考虑表面电位对探测任务的影响	/
高压母线太阳电池阵充电效应	需考虑二次放电问题			极光卵区极恶劣事件时，考虑太阳电池阵二次放电问题	需考虑二次放电及电源无功损耗	远地点若低于 65 000 km，则需考虑二次放电问题	/
内带电效应	需考虑内带电效应影响			/	/	10 000 ~ 40 000 km 内运行时间超过 10 h 时，需考虑内带电	/
其他	针对各轨道航天器的实际设计状态进行分析后，确定是否需考虑其他空间环境要素及效应						

7.2　环境适应性分析与设计

航天器空间环境适应性设计的目的在于通过一定的设计方法，消除或缓解空间环境对航天器的影响。基本思路是：首先利用环境模型确定航天器轨道的空间环境；然后利用专业软件分析其对航天器的效应；根据飞行经验或地面试验获取航天器元器件、材料或组件耐环境效应能力；评估其耐受能力是否满足任务要求；针对不满足要求的元器件、材料或组件进行防护设计直至满足要求为止。下面针对各种空间环境效应的分析与设计进行简要介绍。

7.2.1　中性大气环境适应性分析与设计

轨道高度小于 2 500 km 的航天器，轨道设计方案、轨道维持策略及推进剂预算中应充分考虑大气阻力对航天器的影响，尤其应考虑太阳剧烈活动期间大气密度剧增带来的轨道衰减影响，并在推进剂预算中考虑适当余量。

飞行高度在 300 ~ 500 km 的航天器，其暴露于最外表面的薄层材料，包括热控多层、热控白漆、OSR 片等材料应考虑抗原子氧能力，确保原子氧环境不会影响材料功能。

轨道高度小于 2 500 km 的航天器，应针对航天器设计寿命周期内在轨所处的大气密度进行分析；飞行高度在 300 ~ 500 km 的航天器，应针对设计寿命周期内在轨累积原子氧通量进行分析，作为航天器中性大气环境适应性设计的依据。我国航天器任务中通常采用 GJB 544A 规定的地球大气模式开展大气密度分析，并根据太阳活动和地磁活动情况，选取适当的太阳辐射指数 $F_{10.7}$ 和地磁 A_p 指数。

7.2.2　真空环境适应性分析与设计

航天器发射过程中，会经历从一个大气压直至极高真空的环境条件，在这期间工作的电子电工设备有可能遭受低气压放电效应的影响。因此，发射主动段加电工作或发射过程中处于密封状态但入轨后缓慢放气的电子设备，应进行低气压放电试验，试验重点考核真空度为 758 Pa(5.7 Torr)左右时，电子设备是否发生低气压放电；航天器上具有高压电路的设备，应评估其在入轨后放气特性，在气压满足要求后方可加电，避免低气压放电的产生；对于在轨无需密封的产品，应明确提出放气要求，使产品具有内部气体快速泄放的措施(如放气孔等)，以尽快平衡产品内外气压。

航天器发射及入轨后很长的时间内都处于高真空环境中，在这期间工作的微波器件有可能遭受微放电效应的影响，应在设计中予以考虑。

航天器机构部件应采用不挥发的润滑方式以防止机构的真空干摩擦与冷焊，并对机构部件中运动部分的材料进行干摩擦和冷焊试验，以验证其设计满足真空中的运动要求。

航天器产品热设计过程中应该考虑在轨真空条件下热传递方式的差异对热设计的影响，光学表面应考虑真空放气导致的污染等问题。

7.2.3 太阳电磁辐射环境适应性分析与设计

航天器热设计过程中，应该根据任务特点选择合适的太阳辐照度数据作为热分析和设计输入。所有轨道航天器暴露外表面的材料应考虑其抗紫外辐射能力是否满足航天器任务要求。

我国航天工业采用太阳常数(在日地平均距离处的太阳总辐照度) $S=(1\ 353\pm21)\ \mathrm{W/m^2}$ 作为标准，然后考虑轨道受晒因子、光照几何因子，计算得出卫星与太阳入射方向的垂直面上(如太阳电池阵)在轨累积太阳紫外辐射总量，作为太阳紫外辐射防护设计的依据。

7.2.4 电离层环境适应性分析与设计

电波传播路径穿越距离地面高度50～1 500 km范围的航天器，均应考虑电离层环境对电波传播的影响。航天器与地面之间无线电波发射、接收系统，应具有充分的抗干扰措施或设计余量。在链路预算时，考虑工作性能允许范围内，适当增加链路余量，以确保在电离层扰动、电离层不规则体产生等情况下的电波顺利传播。

对航天器电波传播过程中面临的电离层环境进行分析，计算航天器电波传播过程中要面临的典型电子密度分布情况。分析时宜使用国际参考电离层(IRI)模型，对于穿越中国上空电离层的电波，宜采用中国参考电离层(CRI)模型进行分析校验。

7.2.5 微重力环境适应性分析与设计

航天器设计中均应考虑微重力环境的影响，并在设计中采取措施，必要时在微重力环境下或采用重力补偿设备进行验证，确保航天器在空间微重力环境下完成预定的功能。其中包括具有在轨展开、旋转等运动功能的机构部件，在微重力环境下的展开和旋转性能是否满足要求；在轨可能产生微小颗粒(如磨屑等)，应确保其在微重力环境下不会团聚、漂浮以致形成影响产品性能及安全的多余物。热控(热管)、推进(贮箱)、能源(燃料电池)分系统及机构分系统中的液体润滑等与液体相关的设备应进行微重力环境适应性设计。

针对需考虑微重力环境的航天器，应根据轨道参数，采用经典牛顿力学，分析航天器微重力环境特征，必要时结合工作模式，对整个任务剖面的微重力环境特征进行详细分析。月球探测器微重力环境适应性设计的验证按照《月球探测器大型地面试验项目及要求》(QJ 20066)的规定执行，推进剂贮箱按照《卫星推进剂贮箱通用规范》(QJ 20078)的规定进行微重力环境适应性设计。

7.2.6 地球磁场环境适应性分析与设计

开展空间低能粒子和空间电场及磁场测量的科学探测航天器、轨道地球磁场强度较高的中低轨道航天器(短期在轨的除外)、应用磁力矩器进行姿态控制或动量轮卸载的航天器和应用磁敏感设备(如高精度铷钟、磁强计、行波管等)的航天器研制过程中，应分析地球磁场对航天器磁净度控制的影响，其中GEO、IGSO等高轨航天器还应关注磁层顶穿越事件的影响。地球轨道航天器空间辐射环境分析中应该考虑地磁场的影响。

磁场环境分析时，对于轨道高度小于25 000 km的航天器，只需考虑地球磁场内源场的作用，应采用最新的国际参考地磁场(IGRF)模型(目前最新的为IGRF－11)；对于轨道高度大于25 000 km的航天器，尤其是开展磁层科学探测的航天器，必要时需考虑地球磁场外源场的作用。由于外源场存在复杂的动态变化，目前仍没有国际公认的标准外源场模型，实际应用中可选取阿列克谢耶夫(Alexeev)模型或齐加年科(Tsyganenko)系列模型。

7.2.7　带电粒子辐射环境适应性分析与设计

本书所述的带电粒子辐射环境包括等离子体、地球辐射带、太阳宇宙线和银河宇宙线。涉及的环境效应包括电离总剂量效应、位移损伤效应、单粒子效应、表面充放电效应和内带电效应。

(1)电离总剂量效应分析与防护设计

所有航天器均应考虑电离总剂量效应对航天器上电子元器件和非金属材料的影响。设计中应采取相应的措施确保元器件和材料因电离总剂量导致的性能衰退不影响飞行任务。目前国内均采用RDM是否满足要求来判断，RDM即辐射设计余量

$$RDM = \frac{D_{失效}}{D_{环境}} \tag{7-1}$$

式中　$D_{失效}$——元器件或材料自身的辐射失效剂量；

$D_{环境}$——元器件或材料实际使用位置处的剂量。

一般情况下，军用航天器的RDM≥2.5，民用航天器的RDM≥2，试验航天器的RDM≥1。

具体分析过程如下：首先结合航天器轨道、寿命等参数，分析航天器在轨累积剂量深度曲线(电离总剂量一维分析)，其中辐射带模型参考标准GJB/Z 24—1991；然后在整星电离总剂量一维分析结果基础上，完成与单机设计相关的电离总剂量效应分析，主要是对设备内部关键部位或关键元器件处的电离总剂量进行分析，并给出辐射设计余量(RDM)；若上述分析得到的RDM不能满足空间环境工程设计规范的要求，可在总体提供的电离总剂量初步三维分析或详细三维分析基础上再进行单机内部的电离总剂量效应分析，并给出RDM；若上述分析得到的RDM仍不满足《空间环境工程设计规范》的要求，则需要采取防护措施，如更换元器件、局部屏蔽、布局优化等(局部屏蔽示意如图7－14所示)。

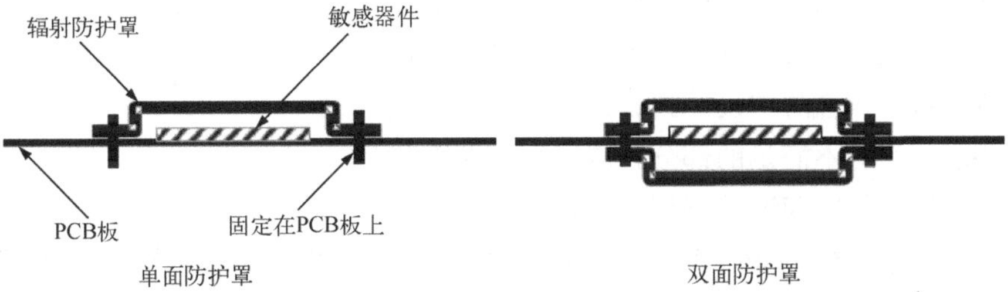

图7－14　敏感元器件局部屏蔽示意图

(2)位移损伤效应分析与防护设计

航天器上使用的CCD、CMOS APS、光耦、太阳电池等光电器件以及其他靠少数载流子工作的器件需考虑位移损伤对元器件性能的影响，并确保因位移损伤引起的性能变化不影响飞行任务。以太阳电池为例，在一次电源功率预算时，应考虑位移损伤导致的太阳电池开路电压、短路电流和最大功率的衰减，并确保寿命末期的输出功率满足要求。

具体分析要求如下：根据航天器的轨道参数、在轨寿命以及环境模型，确定造成位移损伤的辐射环境，其中辐射带模型参考标准 GJB/Z 24—1991；然后结合光电器件特征参数，开展位移损伤效应分析。常见的位移损伤效应分析方法有两种，分别为等效注量法和非电离能损等效法。

1)位移损伤的等效注量：现工程应用中，采用等效注量法来确定太阳电池在航天器寿命期所遭受等效1 MeV 电子注量的位移损伤。

2)非电离能量损失或位移损伤量(非电离能损等效)：可给出不同轨道卫星的非电离能量损伤或位移损伤量与屏蔽厚度的关系。

根据光电器件的位移损伤效应分析结果，并通过试验确定光电器件参数经位移损伤之后的变化，判断是否满足任务要求，若不满足要求，则通过更换器件、增加屏蔽、容差设计等予以防护。

(3)单粒子效应分析与防护设计

航天器上使用的单粒子效应敏感元器件应考虑单粒子效应的影响，并进行防护设计，确保不发生灾难性的单粒子事件，发生单粒子事件时，不能对上一级的功能/任务造成灾难性影响；防护设计措施启动时，不能影响设备和系统的正常功能。

具体分析过程如下：根据航天器的轨道参数、发射时间以及环境模型，确定航天器轨道高能质子和重离子辐射环境，辐射带模型参考标准 GJB/Z 24—1991。

根据器件单粒子效应 LET 阈值及饱和事件截面数据、航天器轨道高能质子和重离子辐射环境、采取的防护设计措施，对器件在轨的单粒子事件发生率(SER)进行预示，给出器件在该轨道上每天的单粒子事件次数。以器件单粒子事件发生率预示结果为基础，分析设备发生单粒子效应及防护措施启动时对航天器任务的影响，包括严重程度、影响模式、影响时长、出现频度和任务损失程度等，确认是否满足总体规定的设备单粒子效应防护设计指标以及是否满足航天器任务要求。针对不满足的部分，应采取针对性的防护措施，例如针对 SEU 的存储器配置优化(图7-15)、三模冗余(图7-16)等，并根据防护设计结果重新分析 SER，确保满足要求。

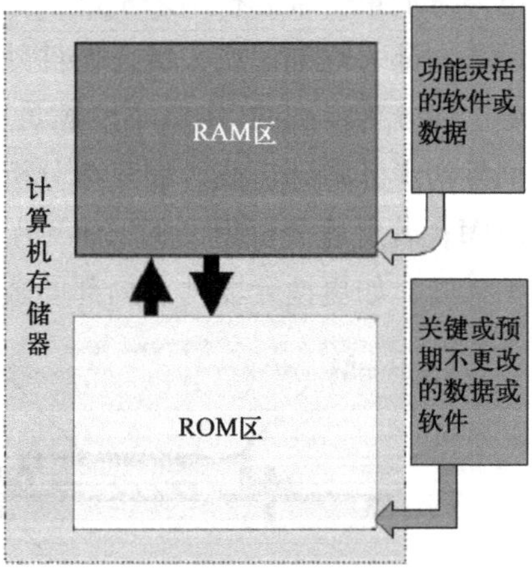

图7-15　计算机存储器配置优化

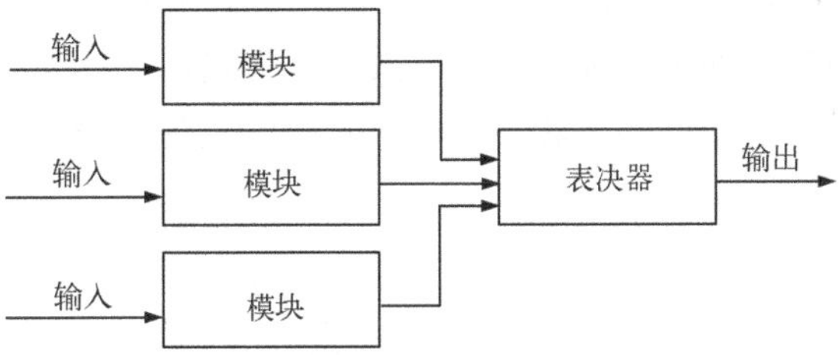

图 7 - 16　三模冗余示意图

(4)表面充放电效应分析与防护设计

经历距离地球表面 20 000 ~ 65 000 km 空间范围的航天器，应考虑空间热等离子体导致的表面充放电效应。通过采取控制表面材料电阻率、良好接地、屏蔽和滤波等设计措施，确保航天器入轨后不因表面充放电效应导致航天器异常或设备受损，避免发生影响航天器任务的表面充放电事件。其中高压太阳电池阵尤其要注意由一次放电引发的二次放电，通过设计措施确保不因二次放电导致功率损失。

可参考 NASA - HDBK - 4002A《缓解在轨充电效应手册》开展表面充放电效应防护设计。防护措施之一是进行表面材料电阻率控制，众所周知，处于静电场中的导体是个等势体，导体表面是个等势面，不存在相对带电的问题。若能将航天器的外表面设计成连续的导电面，那么就能大大降低表面的相对带电(图 7 - 17)。因此，控制航天器外表面的导电性是进行表面充放电效应防护的有效措施。防护措施之二是电磁屏蔽设计，法拉第笼的笼体由导电材料构成并与大地连接，因此笼体是一个等位体，内部电势为零，电场为零，发生放电时站在法拉第笼内的人可以毫发无损。以此类推，航天器的基本结构应尽量接近法拉第笼，这样可以防止航天器内部电子设备、电缆等受到航天器表面放电产生的电磁脉冲的影响。类似的措施还有接地、滤波等。

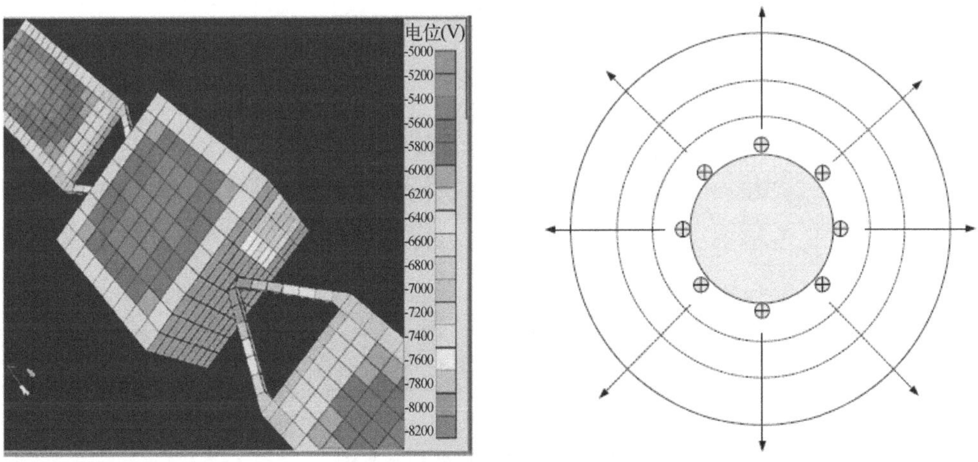

图 7 - 17　航天器表面相对带电示意图及带电导体球周围静电场及等势线

低轨、极轨和大椭圆轨道航天器，可参考高轨航天器开展防护设计。其中低轨航天器主要关注极光卵区极恶劣事件中的表面充放电效应，飞船及空间站交会对接、航天员出舱时的多体带电问题，以及处于稠密等离子体中的太阳电池阵电源的无功损耗等。

(5)内带电效应分析与防护设计

经历距离地球表面20 000～65 000 km空间范围的航天器应考虑因高能电子辐射环境导致的内带电效应，采取控制高阻材料电阻率、良好接地、屏蔽和滤波、控制高能电子注入电流密度等内带电效应防护措施，确保航天器入轨后不因内带电效应导致航天器异常或设备受损，避免发生影响航天器任务的内带电事件。

可参考NASA－HDBK－4002A《缓解在轨充电效应手册》开展内带电效应防护设计。防护措施之一是控制介质材料电阻率，介质材料的内带电可以用图7－18简单表示：当高能电子轰击材料时，电子注入与电子泄漏同时发生。如果材料的电导率足够大(电阻率足够小)，可以将注入电子完全泄漏，材料中就不会累积电荷，也就不会产生内带电效应。防护措施之二是屏蔽，引起内带电效应的环境要素是高能电子，它是可以通过质量屏蔽进行防护的，如果能通过足够的屏蔽将航天器内部敏感部位的高能电子通量降低到足够低，则可以避免内带电效应的发生。图7－19是NASA根据在轨数据统计的内带电效应发生阈值，认为当注入电流密度低于0.1 pA/cm^2时，几乎没有内带电效应发生。因此，内带电效应的有效防护措施是通过屏蔽将敏感部位的注入电流密度降低到0.1 pA/cm^2以下。防护措施之三是接地，接地可以为介质材料提供电荷泄放通路。图7－20是JPL实验室的介质材料表面金属接地前后的内带电效应分析结果。从图中可以看出表面金属与接地线搭接前后介质材料带电程度有明显差异。分析表明接地为介质材料提供了电荷泄放通路，有效缓解了介质材料的内带电现象。另外，还有滤波等其他防护措施。

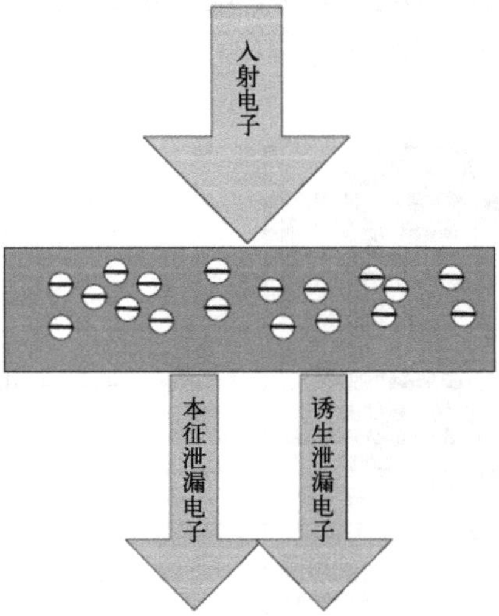

图7－18　内带电效应示意图

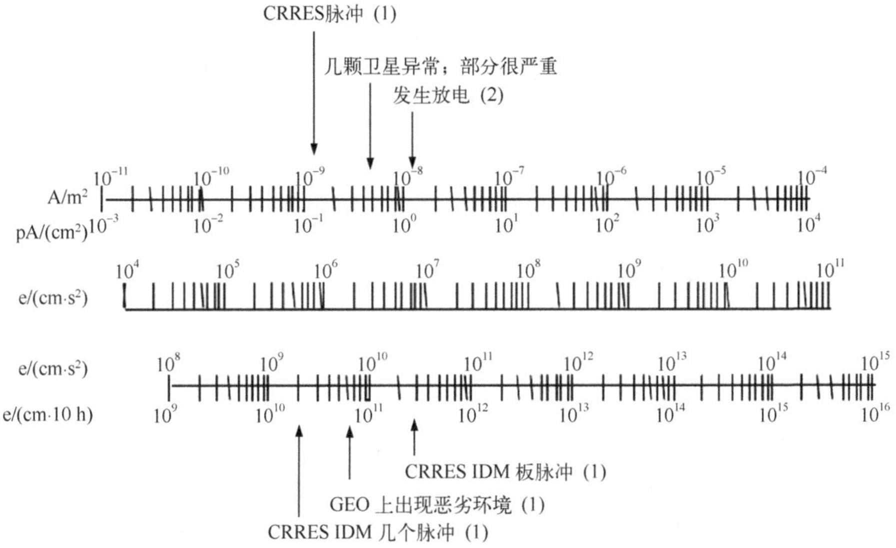

图 7－19　内带电风险及注入电流密度

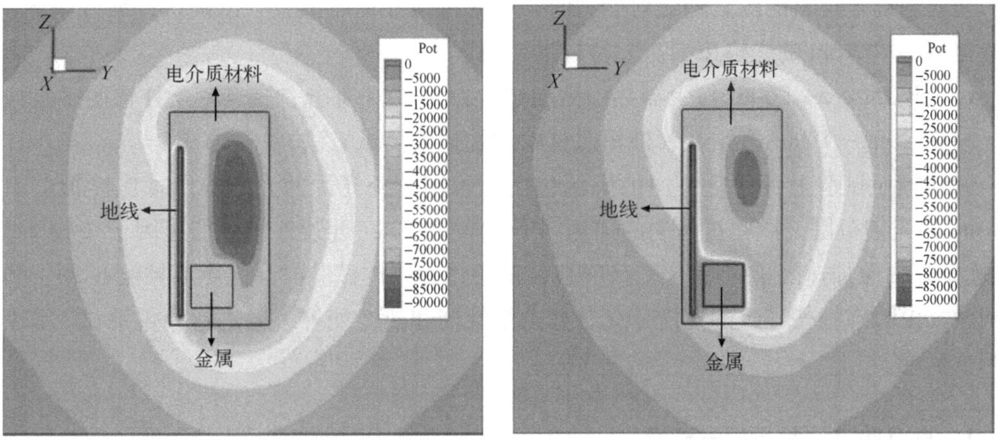

图 7－20　介质材料表面金属接地前后的内带电效应分析

7.2.8　微流星体与空间碎片环境适应性设计

轨道高度 1 000 km 以下的航天器(尤其是低轨大型航天器，如飞船和空间站等)，设计过程中应该考虑微流星体与空间碎片对航天器的撞击引起的损伤。所有航天器设计中，都应考虑在全寿命过程中尽量减少空间碎片的产生。

7.3 环境适应性试验

航天器的环境适应性设计是否满足要求，需结合环境效应分析和防护设计水平两方面因素进行判定。这其中通常需要利用地面试验获取航天器元器件、材料或组件耐环境效应能力。本节针对常规环境适应性试验及其关键问题进行介绍。

7.3.1 原子氧试验与相关标准

当无法确定材料经原子氧剥蚀之后的功能和性能是否满足要求时，应通过原子氧试验予以确认，试验参考标准包括 GJB 2502.9—2006。

原子氧试验过程中应注意：试验装置产生的原子氧的动能应控制在 5 eV 左右；若无法避免产生离子氧，则离子氧的通量密度应比原子氧的通量密度低 3 个数量级；另外，还包括原子氧通量密度的控制、原位测试的控制等，详见 GJB 2502.9—2006。

7.3.2 紫外辐照试验与相关标准

当无法确定材料的耐紫外辐射能力时，应通过紫外辐照试验予以确认，紫外辐照试验应覆盖 10 ~ 400 nm 的光谱范围。参考标准包括：

1）GJB 2502.5—2006《航天器热控涂层试验方法 第 5 部分：真空 - 紫外辐照试验》；

2）QJ 1991—1990《真空 - 紫外辐照材料质量损失测试方法》。

紫外辐照试验过程中应关注的问题包括试验用紫外光源的光谱辐照度应能覆盖 10 ~ 400 nm 的光谱范围，试验过程中的加速因子应满足要求（近紫外辐照加速因子一般不大于 5，远紫外辐照加速因子一般不大于 100），试验过程中的试验样品温度应控制在 20 ~ 50 ℃范围内，由瞬态损伤导致的性能变化，如电学性能和热性能等，应进行原位测试。详见相关测试标准。

7.3.3 真空放电试验与相关标准

主动段开机的单机，或者在常压下密封但是入轨后有缓慢漏气的单机，应在初样和正样阶段通过真空放电试验考核其承受低气压环境的能力。航天器上有相对运动的金属组件应该在方案阶段和初样阶段确认其在超高真空环境中的动作能力，无法确认的应该通过真空干摩擦和冷焊试验予以测定。

真空放电试验过程中应注意降压速率的控制，一般从常压下降到 1.3 Pa 的时间不小于 10 min，尤其是当压力在 758 Pa 附近时，最容易出现真空放电，应放慢降压速度。

真空干摩擦和冷焊试验需注意试验样品、夹具的洁净度和污染控制问题，参见《卫星产品洁净度及污染控制要求》（GJB 2203A）。应针对试验样品进行室温除气和真空高温除气，试验中的真空度优于 1.3×10^{-7} Pa，确定外力加载满足要求。详见相关试验标准。

7.3.4　电离总剂量效应模拟试验与相关标准

无法确定抗电离总剂量能力的元器件和材料应该通过辐照试验予以测定，元器件辐照试验方法参考 GJB 5422—2005；材料的辐照试验方法应根据具体材料特点进行分析确定，包括试验源、总剂量、剂量率、氧气隔离和温度控制等方面。

元器件电离总剂量辐照试验，一般采用 Co－60γ 射线源。试验中应注意：根据元器件是否具有明显的低剂量率增强效应(ELDRS)，选定合适的剂量率试验条件；器件偏置状态的设置，可采用最劣偏置状态进行试验，当无法确认最劣偏置状态时，应采用在轨长时间所处的偏置状态进行试验；开展室温退火或高温退火时，偏置状态与试验状态相同；若进行移位测试，则应控制测试时间，确保辐照完至性能测试的时间、前一次辐照与后一次辐照之间的时间间隔满足要求；试验过程中应针对试验位置的剂量率进行实测。详见相关试验标准，如 GJB 5422—2005。

材料电离总剂量辐照试验中应注意试验源的选择，根据所使用的材料的物理特性、几何特性等，开展相关分析，确定试验源。若采用 γ 射线源进行材料电离总剂量辐照试验，需对样品进行氧气隔离，避免地面试验中的氧气对材料性能的影响。针对薄膜状试验样品，应分析样品中实际吸收的电离总剂量是否满足试验要求；试验过程中应针对试验位置的剂量率进行实测。

7.3.5　位移损伤效应模拟试验与相关标准

采用相应的辐照源对位移损伤效应敏感器件进行辐照(辐照量不小于本次航天器在轨接受的带电粒子辐射量或等效 1 MeV 电子损伤注量)后，对器件的电性能进行测试，获得器件性能变化情况，作为判断器件是否满足本次航天器任务的依据。试验可参照 ISO 23038—2006 的规定执行。

位移损伤效应模拟试验源一般采用质子源或中子源，对于太阳电池，一般为 1 MeV 电子或 10 MeV 质子。试验源优选质子，为确保足够的质子射程，减少在射程范围内能量变化对试验结果的影响，样品应开帽，若试验样品无法开帽或质子能量不满足试验要求，应选择中子辐射源；确定注量率时应考虑尽量减小辐照升温对样品的影响，并在试验过程中对样品进行温度控制。

7.3.6　单粒子效应模拟试验与相关标准

单机产品元器件选用时应该确认是否具有单粒子效应指标，包括单粒子效应的 LET 阈值和饱和截面等，若无此指标应该通过单粒子效应辐照试验予以确认，单粒子效应辐照试验参考欧洲基础规范 ESCC－25100、《单粒子效应试验方法和程序》(GJB 7242—2011)、QJ 10005—2008。

单粒子效应模拟试验中应注意试验粒子类型及射程确定，测定 LET 阈值和事件阈值的单粒子效应模拟试验必须采用重离子加速器进行，重离子在 Si 材料中的射程不得小于30 μm。不得用锎源或脉冲激光源进行此项试验。单粒子翻转试验时的注量率以每秒钟内产生不大于1～4次错误为宜。若总注量达到1×10^7个离子/cm^2未出现错误，则认为在该LET值下器件单粒子效应不敏感，可以增加入射粒子有效LET值。详见相关试验标准。

7.3.7 表面充放电效应模拟试验与相关标准

单机产品鉴定件应通过表面放电效应模拟试验验证其抗表面放电脉冲干扰的能力，单机产品辐射脉冲干扰式试验方法参考MIL－STD－1541A。

试验应针对鉴定件进行，试验装置产生的放电脉冲的峰值电流应大于80 A，且受试设备的状态应与在轨飞行状态一致。

7.3.8 内带电效应模拟试验与相关标准

若材料或设备存在发生内带电的风险，且无法通过防护设计消除该风险，则需要执行内带电效应模拟试验，对航天器用材料和设备的内带电效应情况进行评估。

7.4 环境适应性管理

航天器空间环境适应性管理重点在于确保将环境适应性设计纳入航天器型号研制流程中，针对航天器面临的环境适应性问题进行有效识别、开展针对性的防护设计，并在研制过程中对防护设计措施的落实情况进行确认。为加强型号空间环境适应性设计把关、确认和管理工作，2012年7月，五院颁布“院长五号令”，核心是强调型号产品的产品保证工作，并将空间环境适应性保证纳入型号产品保证的九要素之一。

航天器型号研制过程中的环境适应性管理，首先是落实队伍，将空间环境适应性保证工程师纳入型号产品保证队伍；其次是开展空间环境适应性保证工作策划，根据研制流程和研制计划，梳理每个阶段应开展的空间环境适应性保证工作项目，明确责任人和时间节点，纳入《型号产品保证计划》中；在航天器研制过程中，严格按照策划执行相关工作；在初样和正样设计状态确定前、系统级出厂前，对型号各级产品进行空间环境适应性设计技术确认工作，对空间环境引起的产品风险进行有效识别和控制，确认空间环境适应性设计的合理性，排除设计隐患，降低型号产品研制风险。在每个阶段的产保总结中对工作项目落实情况进行总结。管理流程如图7－21所示。

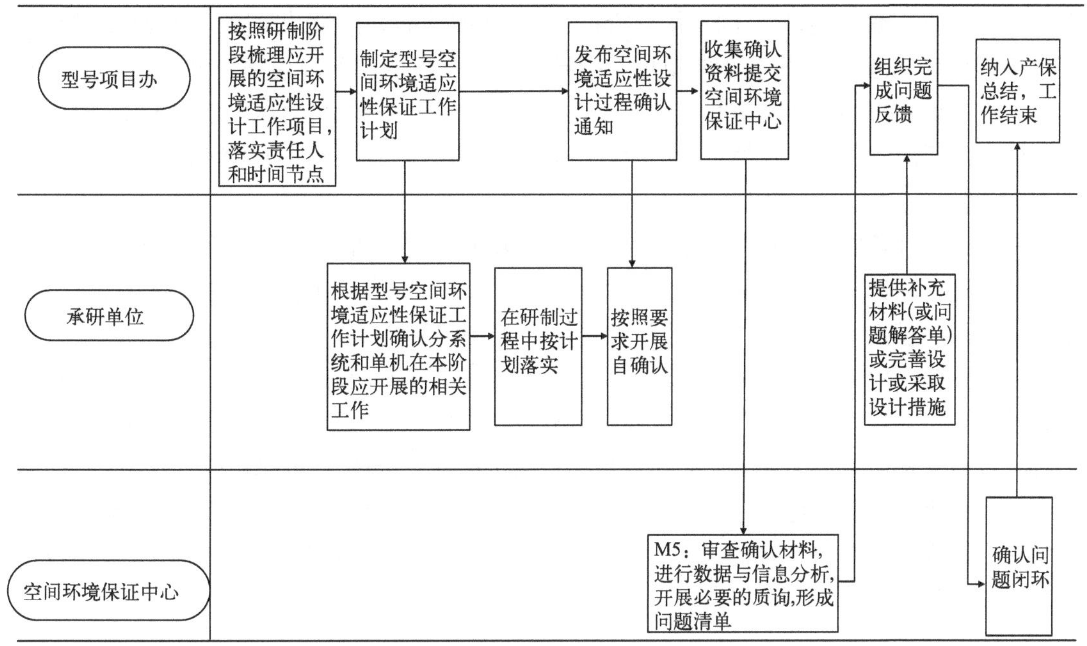

图 7－21　环境适应性管理流程

7.4.1　一般要求

空间环境对航天器的影响与任务需求及具体设计状态密切相关，因此必须在型号立项之初就启动空间环境适应性相关工作。各型号必须将产品空间环境适应性保证工作纳入《型号产品保证工作计划》，明确工作要求、工作项目，落实责任人，按照要求组织开展各项工作，并在设计评审、型号转阶段、出厂产品保证专项工作中对工作落实情况进行总结、审查。

型号总体应设专门的空间环境工程设计师，负责总体空间环境工程设计和试验工作，包括总体层面的空间环境及效应分析、《空间环境工程设计规范》编制、《空间环境试验规范》编制、总体及单机空间环境防护设计工作审查和把关等。

型号总体应设专门的空间环境适应性保证工程师，负责空间环境适应性设计过程确认工作。

单机产品设计师在产品设计过程中应充分识别和分析在轨环境，确定对环境敏感的硬件、软件及其关键参数，采取针对性的措施，验证措施有效性。

7.4.2　过程控制

总体空间环境工程设计师应在可行性论证和方案设计阶段开展航天器轨道空间环境分

析、空间环境效应状况与特点分析，给出具体型号研制过程中应考虑的空间环境要素及相关的环境效应，编写《型号空间环境分析报告》。在型号的方案设计阶段，编制《型号空间环境工程设计规范》，下发各承制单位，指导整星和单机的空间环境适应性设计；航天器产品方案设计中按要求开展空间环境适应性设计工作；在方案设计评审和研制总结时，组织空间环境适应性保证工程师对方案阶段空间环境适应性设计项目的全面性和合理性进行审查和确认。

在初样设计阶段，应根据型号任务对空间环境及效应分析进行复核，必要时针对部分辐射效应进行详细分析，并编制《初样阶段空间环境工程设计规范》，下发承制单位；制定空间环境效应模拟试验计划，编制《航天器和组件空间环境试验规范》，组织和实施航天器空间环境试验；航天器产品在初样设计阶段按照要求开展空间环境适应性设计工作；在初样设计评审、初样产品验收时，重点针对方案设计中发现的问题及其采取的措施进行跟踪闭环，并对初样阶段空间环境适应性设计项目的全面性、合理性和正确性进行确认。

在正样设计阶段，总体和单机重点将空间环境适应性设计措施落实到正样产品中；在正样设计评审、正样产品验收时，组织空间环境适应性保证工程师对空间环境适应性设计措施的有效性和落实情况进行确认。

参考文献

[1] GJB 544A 地球大气模式[S]. 2000.

[2] QJ 20066 月球探测器大型地面试验项目及要求[S]. 2012.

[3] QJ 20078 卫星推进剂贮箱通用规范[S]. 2012.

[4] GJB/Z 24—1991 地球辐射带[S]. 1991.

[5] GJB 2502.9—2006 航天器热控涂层试验方法第 9 部分：原子氧试验[S]. 2006.

[6] GJB 2203A 卫星产品洁净度及污染控制要求[S]. 2005.

[7] GJB 5422—2005 军用电子元器件 γ 射线累积剂量效应测量方法[S]. 2005.

[8] ISO 23038—2006 航天系统 - 航天用太阳电池 - 电子和质子辐照测试方法(Space systems - Space solar cells - Electron and proton irradiation test methods)[S]. 2006.

[9] QJ 10005—2008 宇航用半导体器件重离子单粒子效应试验指南[S]. 2008.

[10] ESCC—25100 单粒子效应试验方法和指南[S]. 2002.

[11] 于登云，蔡震波，等. 太阳风暴对航天器的影响与防护[M]. 北京：国防工业出版社，2011.

第 8 章　元器件保证

8.1　基本概念和相关术语

为进一步强化航天型号元器件保证工作，从源头抓起，全过程控制，提升航天型号元器件保障能力，集团公司提出了“统一需求规划、统一评价认定、统一选用管理、统一组织采购、统一质量保证”的管理要求。航天器用元器件保证包括元器件固有质量的保证和使用的保证两个方面，两者相互促进密切结合，确保元器件的质量和可靠性满足航天器的应用需求。

元器件保证主要包括策划管理、选择与控制、质量保证、使用控制、质量问题处理及信息管理等关键环节，覆盖型号研制的全过程。

(1)专用元器件

满足型号使用要求，由型号承担单位或型号承担单位与元器件生产厂一起设计，其加工、制造、生产的部分或全部在型号承担单位或元器件生产厂的元器件。

(2)目录外元器件

超出 Q/W 11B 或航天器型号指定的国产元器件选用目录范围的元器件。具体情况包括：

1)种类超出 Q/W 11B 或型号指定的选用目录范围；

2)生产单位、型号规格不符合 Q/W 11B 或型号指定的选用目录的要求；

3)详细规范或技术条件、技术指标、质量等级不符合 Q/W 11B 或型号指定的选用目录要求；

4)发生重大技术状态改变或工艺更改的目录内元器件。

(3)应用验证

针对元器件制造成熟度和应用可用性，开展的一系列试验、分析和评价工作。

(4)辐照评估试验

以获取元器件耐辐射能力为目的的辐照试验。

(5)辐照验证试验

以验证元器件的抗辐射能力是否达到规定值为目的的辐照试验。

(6)结构分析

通过一系列的试验，分析和验证元器件内部结构和构造，确定其结构设计、工艺选择和材料选择的合理性，并进一步确定是否存在能引起失效的潜在缺陷的过程。

(7)数据包

元器件保证具体业务在执行过程中产生的数据、原始记录、报告等文件的集合。

(8)缩略语

QJ 10004 和 QJ 10005 确立的以及下列缩略语适用于本书：

ASIC——Application Specific Integrated Circuit，专用集成电路；

CA——Construction Analysis，结构分析；

DCL——Declared Components List，确定的元器件清单；

DPA——Destructive Physical Analysis，破坏性物理分析；

EEE——Electrical，Electronic and Electromechanical，电气、电子和机电；

ELDRS——Enhanced Low Dose Rate Sensitivity，低剂量率增强效应；

ESCC——European Space Components Coordination，欧洲空间元器件协调组；

ESDS——Electrostatic Discharge Sensitive，静电放电敏感(的)；

SEB——Single Event Burnout，单粒子烧毁；

SEGR——Single Event Gate Rupture，单粒子栅击穿。

8.2　元器件策划管理

型号元器件保证策划作为航天型号产品保证策划的重要组成部分，需要对型号元器件选用、保证及使用等全过程进行系统策划。

(1)制定《元器件保证大纲》

型号项目办、分系统、单机研制单位将《元器件保证大纲》作为本单位《产品保证大纲》的要素之一，在制定过程中需要明确如下要素：

1)结合上一级产品承研单位提出的元器件保证要求，在方案设计阶段，对应航天器型号要求制定本单位的《元器件保证大纲》，必要时可按产品单独编制《元器件保证大纲》；

2)《元器件保证大纲》需要明确元器件保证的工作目标、思路和措施、元器件保证机构、人员及职责，并对拟开展的元器件保证活动及所需要的资源进行策划。

(2)制定《元器件保证计划》

型号项目办、分系统、单机研制单位将《元器件保证计划》作为本单位《产品保证计划》的要素之一，在制定过程中需要明确如下要素：

1)根据《元器件保证大纲》和上一级产品承研单位的《元器件保证要求》，在产品研制各阶段(方案设计、初样研制、正样研制等)制定《元器件保证计划》；

2)《元器件保证计划》需要明确产品研制各阶段的元器件保证目标，对元器件保证的工作项目、内容、时机、职责、进度节点、风险控制措施等进行科学细致的策划。

(3)制定《元器件总体技术方案》

为了更好地指导型号元器件选用与保证，需要在型号研制初期制定《型号元器件总体技术方案》，并充分考虑如下要素。

1)在方案设计阶段，型号项目办需要根据《型号研制总体技术方案》中产品的用途、寿命、空间运行环境、性能要求等，制定、发布《元器件总体技术方案》；

2)《元器件总体技术方案》主要内容包括元器件选择方案、关键元器件保证方案等。

(4)制定《元器件保证要求》

为了更好地实施型号元器件选用与保证管理，需要在型号研制初期制定《型号 EEE 元器件保证要求》，并充分考虑如下要素。

1)型号项目办、分系统、单机研制单位落实上一级产品承研单位的元器件保证要求及本单位元器件保证相关制度和要求，在方案设计阶段，面向各下一级产品承研单位提出元器件保证要求，并将元器件保证要求纳入《本单位型号产品保证要求》；

2)《元器件保证要求》至少包括职责分工、元器件选择、质量等级控制、抗辐射能力、应用验证、采购控制、监制与验收、到货检验、补充筛选、破坏性物理分析、失效分析与归零处理、评审要求、应用可靠性设计以及信息管理等方面内容。

(5)元器件风险项目控制

在型号研制过程中需要及时对元器件风险进行识别与控制，以免影响型号研制质量和进度，需要充分考虑如下要素：

1)型号项目办、分系统、单机研制单位应组织分析元器件保证的技术风险，对新技术、新材料、新工艺、新状态、新环境、新设备、新单位、新岗位、新人员等进行分析，对元器件风险项目进行全面识别和梳理，建立《元器件风险项目控制清单》，明确风险减缓或控制措施、风险控制计划安排、风险控制结果及检查方式、责任单位；

2)元器件风险项目识别应充分，控制措施应有效，确保残余风险降低到可接受水平。

8.3 元器件选择与控制

项目研制设计过程中需要充分考虑对元器件的选择与控制要求，项目启动后开展关键元器件需求分析、设计元器件总体技术方案，将元器件选择与控制纳入型号研制流程，特别是加强对型号目录外元器件的选择控制，监督元器件选择与控制要求的有效落实，作为型号项目设计评审的输入条件之一。元器件保证中心协助项目办开展各研制阶段的元器件选择控制、评价与验证等工作，按型号研制要求，对航天器用元器件进行选择管理，确保航天器用元器件满足其质量、进度、成本等要求。

8.3.1 研制阶段元器件选择控制

航天器型号各研制阶段的元器件选择项目见表 8－1，元器件选择控制流程如图 8－1 所示。

表 8－1　元器件选择工作项目

序号	工作项目	预研阶段	可行性论证阶段	方案设计阶段	初样研制阶段	正样研制阶段
1	研制阶段元器件选择控制	√	√	√	√	√
2	元器件选择评审	×	×	√	√	○
3	目录外元器件管理	×	×	√	√	○
4	专用元器件管理	×	×	√	√	○
5	禁限用元器件管理	×	×	√	√	○
6	元器件抗辐射能力分析和评估	×	×	√	√	√
7	元器件评价与验证管理	×	√	√	√	○
8	元器件选择批准	×	×	√	√	○

注：“√”表示“必做”，“×”表示“不要求做”，“○”表示“技术状态更改时必做”。

（1）预研阶段

型号项目办、分系统、单机研制单位分析航天器所属型号对研发产品的使用要求，从产品功能和设计等方面分析关键元器件选择的必要性，论证后续初样研制阶段、正样研制阶段关键元器件选择方案。

（2）可行性论证阶段

型号项目办、分系统、单机研制单位分析航天器执行任务的要求和风险特点，论证初样研制阶段、正样研制阶段对应关键元器件选择的可行性，调研和论证初样产品、正样产品用关键元器件的技术要求和选型范围。

（3）方案设计阶段

方案设计阶段的元器件选择工作主要内容如下：

1）承研单位需根据原理样机的功能和性能要求，按院元器件选用目录的规定进行元器件选择；

2）原理样机研制关键技术攻关过程中需开展元器件选择控制；

3）承研单位需依据相关要求进行选用可行性、必要性论证，重点对超出选用目录的元器件进行选型论证，并形成《关键元器件选择清单》；

4）项目办分析航天器任务要求和风险特点，分析确定可能影响元器件选型、质量等级确定和应用验证等方面的技术要求。结合分系统级、单机级设计方案的评审，指导分系统级和单机级关键元器件的选择。

（4）初样研制阶段

初样研制阶段的元器件选择工作主要内容如下：

1）电性件产品承研单位需根据型号研制需求和元器件选择的原则及要求，充分论证对应的单机鉴定件、正样产品拟选用元器件在质量等级、抗辐射能力方面的特殊要求、可获得性以及国产化元器件应用等方面的可行性，制定《元器件选择清单》；

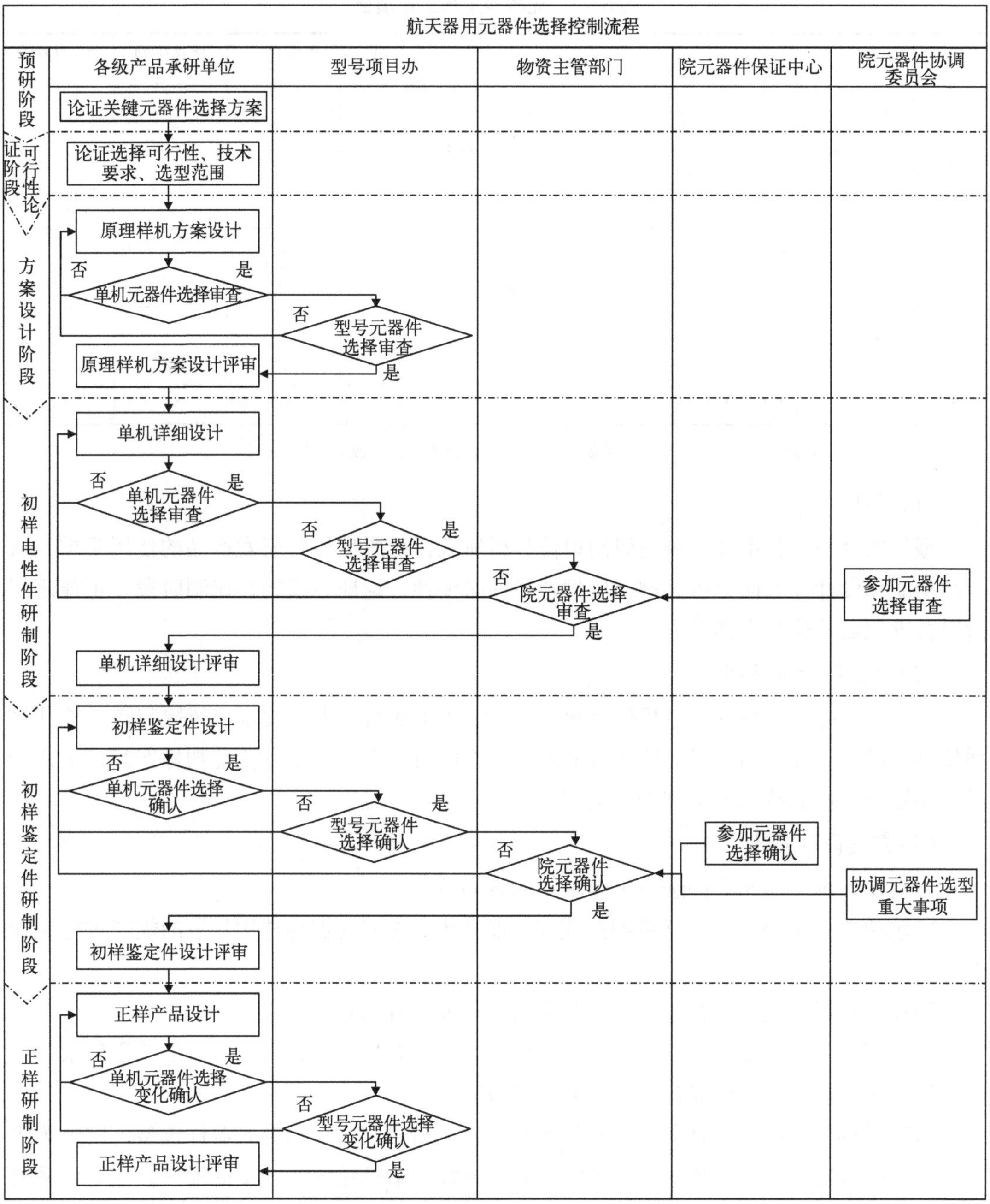

图 8－1　航天器用元器件选择控制流程

2）鉴定件产品承研单位需按电性件产品确定的《元器件选择清单》进行选用，单机技术状态发生变化时应根据型号研制需求和元器件选择的原则及要求补充进行元器件选择；

3）初样电性件研制过程中，在满足初样鉴定件产品、正样产品元器件选择要求的前提下，承研单位可根据产品研制需求选用相应的低等级元器件；

4)项目办结合初样研制阶段单机级方案设计评审和详细设计评审，组织开展分系统级和单机级元器件选择控制。

(5)正样研制阶段

承研单位需在初样研制阶段建立的技术状态基线基础上，及时识别单机产品技术状态变更引起的元器件选择变化情况，根据型号研制需求和元器件选择的原则及要求补充进行元器件选择，制定《正样研制阶段元器件选择清单》。

8.3.2　基本要求

(1)选择的依据

型号项目办、分系统、单机研制单位根据如下要素选择航天器用元器件：

1)项目需求(如质量等级、元器件方针、制造和交付进度以及预算、数量等)；

2)自主可控需求(通过元器件选择控制管理，实现航天器产品用元器件自主可控等)；

3)设计需求(如元器件品种、外壳、尺寸、材料、性能、参数等)；

4)生产需求(如封装、热和贮存条件、元器件安装工艺等)；

5)运行需求(如电、力学、辐射、可靠性、装配和寿命等)。

(2)选择的原则

①继承性、先进性与可获得性

承研单位在进行元器件选择时，需要充分考虑继承已研制航天器以及其他相同轨道高度、寿命、有飞行经验航天器上成功应用的品种，最大限度地使用有飞行经历的或有可靠性数据的产品，使风险减至最低限度。同时，需要考虑各阶段选用元器件的继承性、先进性、可获得性，并兼顾价格成本。

②选用目录

承研单位需要优先在航天器型号 EEE 保证要求规定的选用目录中选择元器件，航天器型号应优先选用国产元器件，当国产元器件不能满足型号要求时，方可选用进口元器件，但不应选择不具备可获得性的元器件。

当目录内元器件不能满足型号要求时，各项目办需要组织进行设计改型并对超出目录的元器件进行选择论证，元器件保证工程师提供专业技术支持并进行把关。承研单位选用的超出目录的元器件需要在院物资主管部门组织审查通过后按院相关规定要求进行目录外元器件申报。选择的超出目录元器件需要满足以下要求：优先选择院发布的航天器用元器件需求型谱内产品、压缩元器件选择的品种、规格和供方。

③合格供方

元器件生产单位需按 Q/W－Q－60 和院相关规定进行管理。

院物资主管部门、型号项目办、分系统、单机研制单位需要按照 QJ 3164、Q/QJA 36 和院相关规定对元器件供方进行管理，主要工作包括供方的选择与评价、供方的监督与审核及合格供方目录的动态管理。

航天器鉴定件产品和正样产品用元器件的生产单位需要在院合格供方目录内选择，若超出院合格供方目录，需按院的相关规定通过审核并经审批后方可选择。

④进口元器件的首次选用

在型号预研、可行性论证和方案设计阶段，承研单位需对首次选用的进口元器件进行选择论证，重点分析元器件选用的必要性和可行性。首次选用的进口元器件是指符合以下条件之一的元器件：院航天器首次选用的进口元器件；各领域航天器首次选用的进口元器件。

⑤元器件质量保证

承研单位需充分考虑拟选择的元器件质量保证机构具备的质量保证能力和质量保证方案的可行性、经济性，应选择满足型号元器件保证要求、可实施质量保证的元器件。

(3)元器件性能指标

承研单位需压缩元器件选择品种、规格和供货单位，尽可能采用标准化元器件。型号总体单位需对核心元器件、设备接口元器件统一选择标准化、系列化元器件。承研单位除按型号总体要求选择系列元器件外，还需要对本单位的各单机选择的元器件厂家、封装、电性能、参数等进行统一选型，优先选择标准封装、符合应用环境要求的元器件。航天器用元器件性能参数的选择需要满足 GJB/Z 27、Q/W 1228 等元器件选择和应用标准的规定。

(4)型号要求

①质量等级选择

对航天器不同研制阶段及不同使用部位，选用元器件的质量等级应满足型号 EEE 元器件保证要求及单机设计可靠性指标要求。质量等级的选择应符合 Q/W－Q－60 的要求。

1)初样产品用元器件质量等级选择，包括以下两方面内容。

a. 电性件产品用元器件质量等级选择。电性件产品用元器件质量等级选择应按院相关型号 EEE 元器件保证要求的相关规定进行。在选择时需要在品种规格、封装形式、生产厂等方面，充分考虑电性件产品用元器件与鉴定件、正样产品选用的有抗辐照要求的高质量等级元器件的一致性和可获得性。

b. 鉴定件产品用元器件质量等级选择。鉴定件产品用元器件质量等级应按以下要求进行选择：

- 国产元器件的质量等级原则上需与正样产品用元器件的质量等级相同，必要时，在充分论证的基础上可选择与要求相当质量等级的产品；
- 在满足型号正样产品用元器件质量等级的前提下，鉴定件产品用部分进口半导体器件(包括集成电路、光电器件、分立器件)和微波开关等元器件可选择低于正样产品用元器件质量等级要求的适当质量等级产品；
- 需要充分考虑与正样产品选用的具有抗辐射能力要求的高质量等级元器件的一致性，及正样产品用元器件的可获得性。

2)正样产品用元器件质量等级选择，需要按《航天器型号 EEE 元器件保证要求》的相关规定进行。

②空间环境特殊性选择

承研单位根据元器件使用的环境(如气候环境、机械力学环境、辐射及特殊环境等)、元器件特殊需求(如防磁、防潮、防结露等)进行元器件选择。其中，元器件对于一般的气候环境、机械环境的环境适应能力可查阅元器件的详细规范或产品手册。具体要求详见第 7 章。

③特性选择与降额

承研单位根据使用要求选择元器件的特性时需要留有足够的余量，不应选择实际使用状态接近甚至超过其极限值的元器件。另外，需要考虑元器件特性将随着时间、环境而变化，放宽元器件特性的允许变化范围，确保当元器件特性变化出现最坏组合时，设备仍能维持正常工作。

④静电敏感元器件静电敏感度的选择

用于静电放电场合的元器件，承研单位尽可能选用 GJB 1649 规定的非静电敏感元器件或 2、3 级静电敏感元器件。如果选用 1 级静电敏感元器件，需要进行风险分析并按 GJB/Z 105 的规定采取必要的防护措施，审批通过后使用。

⑤有特殊要求元器件的选择

对元器件参数、性能、可靠性和用途等有特殊要求的元器件，元器件选择需要满足以下要求：

1)选择前，承研单位组织对必要性和可行性进行专题论证和专项评审，并报项目办审批；

2)必要时，承研单位组织制定专门质量保证方案，报型号项目办审批，并应确保质量保证方案实施后不对元器件造成损伤；

3)审批通过后，承研单位在采购清单中对有特殊要求元器件进行标识，并在采购合同中进行说明或备注；

4)必要时，承研单位要求元器件生产厂对有特殊要求的元器件重新命名并单独存放，并在图纸和装机清单中进行标识。

⑥元器件使用

1)充分了解元器件的特性和适用条件，熟悉《元器件使用指南》、《产品说明书》等资料，从方案设计阶段开始，采取冗余设计、元器件降额、热设计、容差设计、最坏情况分析等可靠性设计方法，提高元器件使用可靠性；

2)元器件使用单位制定《元器件使用控制文件》，对元器件的电装、调试、试验过程进行规范管理，避免使用过程中损伤元器件，使用前应核对元器件信息对元器件状态进行确认；

3)对于辐射敏感元器件，采取必要的抗辐射防护和加固措施，半导体器件抗辐射保证至少应考虑电离总剂量效应、位移损伤效应和单粒子效应，半导体器件抗电离总剂量保证依据 Q/W 722A 的规定进行；

4)承研单位按院相关规定，对易发生问题元器件的使用进行复查。

8.3.3 元器件选择评审

(1)元器件选择评审层级

①承研单位级评审

承制单位在型号方案设计阶段、初样研制阶段，组织设计、物资、质量等部门的相关专家和技术人员参加，依据 Q/W－Q－60 规定对元器件选择进行评审。

②项目办级评审

项目办在型号方案设计阶段、初样研制阶段，组织设计、物资、元器件保证专家组等相关专家和技术人员参加，依据 Q/W－Q－60 规定对元器件选择进行评审。

③院级评审

院物资主管部门在型号初样研制阶段，组织元器件保证专家组、元器件保证中心、承研单位等相关专家和技术人员参加，依据 Q/W－Q－60 规定对元器件选择进行评审。院元器件协调委员会对存在分歧的元器件选型方案进行审理。

(2)元器件选择评审流程

①方案设计阶段

承研单位在单机方案设计评审前，组织原理样机关键元器件选择评审，主要针对正样产品用关键元器件、国产化元器件、新研制元器件的必要性和可行性等进行审查。

项目办组织本型号原理样机元器件选择评审，通过后，承研单位方可开展单机方案设计评审。

②初样研制阶段

1)电性件研制。承研单位在单机详细设计评审前，组织初样电性件元器件选择评审，主要对单机鉴定件、正样产品拟选用元器件的选用必要性和可行性进行审查。对超出选用目录的元器件应组织进行改型设计分析和论证。项目办组织本型号初样电性件元器件选择评审，主要对单机产品鉴定件、正样产品拟选用元器件清单，以及元器件品种压缩、选型优化、供方选择等方面进行审查。对超出选用目录的元器件应组织进行改型设计分析和论证。物资主管部门组织元器件协调委员会进行评审，主要对单机、型号两级选择控制后仍超出选用目录的元器件进行审查。通过后，承研单位方可开展初样电性件单机详细设计评审，应将《元器件选择清单》纳入产品技术状态进行控制，并进行目录外元器件申报。

2)初样鉴定件研制。承研单位在初样鉴定件单机设计评审前，组织初样鉴定件元器件选择确认。项目办汇总各单机产品元器件选择确认结果，组织进行本型号元器件选择确认。院物资主管部门组织院元器件保证中心对型号初样鉴定件阶段拟使用的元器件进行确认，必要时，院元器件协调委员会对元器件选型重大事项进行协调。通过后，承研单位方可开展初样鉴定件单机设计评审，应将选用确认结果作为型号初样研制阶段的技术状态基线，并进行目录外元器件申报。

③正样研制阶段

承研单位在正样产品单机设计评审前，组织对正样产品中发生变化的元器件进行选用确认。项目办汇总各单机产品元器件选择确认结果，组织进行本型号元器件选择确认，重点对技术状态发生变化的元器件选择情况进行确认。通过后，承研单位方可开展正样产品单机设计评审，将选择确认结果作为型号在正样研制阶段的元器件技术状态基线，并进行目录外元器件申报(在初样研制阶段已申报过的元器件可不重复申报)。

8.3.4　目录外元器件管理

(1)一般要求

对超出选用目录的元器件优先按院发布的元器件需求型谱进行选择，选择时压缩元器件选择品种、规格和供方，综合考虑经济性及型号选用的继承性、先进性，并在经院级选用审查通过后进行申报。

①论证

型号鉴定件和正样产品中，确须选择超出选用目录的元器件时，承研单位进行充分的选用必要性和可行性论证。

②风险评估

选择超出选用目录的元器件前，承研单位根据元器件相关可靠性数据，结合具体使用状态及风险承受能力进行风险评估。必要时，应进行评估试验。

③审批

因航天器研制需要，确须选择超出选用目录的元器件时，承研单位严格按院航天器目录外元器件选择控制的有关规定进行申报，并组织落实审批意见。

④质量认定

经审批确定应进行质量认定的目录外元器件，承研单位按 Q/W－Q－60 的规定组织开展质量认定工作，认定合格后方可选择。承研单位对目录外元器件质量认定的进度、成本负责，并进行风险评估。

⑤批准

目录外元器件通过风险评估后，承研单位按航天器目录外元器件选择控制的有关规定办理审批手续，由项目办组织审查，并由院物资主管部门批准。

⑥质量保证

目录外元器件通过审批后，承研单位按审批意见落实待办事项，必要时，制定专门质量保证方案，报项目办批准后方可组织实施。

(2)定制元器件管理

定制元器件管理应满足 Q/W－Q－60 的规定。在成熟、已定型元器件确实无法实现预定功能和要求时，承研单位方可组织定制元器件立项申报工作。

1)承研单位在型号初样电性件研制前提出定制元器件需求并进行选用必要性和可行性论证，报院物资主管部门审批；

2)严格控制立项数量，并参考国家军用元器件系列型谱或新品指南，经充分论证，明确要求后方可开展研制；

3)在航天器正样研制阶段使用前应完成设计定型，并进行充分试用，完成必要的应用验证工作；

4)定制元器件在承研单位进行元器件应用验证确认，且在质量保证合格，并通过院级以上设计定型鉴定后，方可充分使用。使用过程中应关注其应用情况。

8.3.5 专用元器件管理

专用元器件是指满足型号使用要求，由型号承担单位或型号承担单位与元器件生产厂一起设计，其加工、制造、生产的部分或全部在型号承担单位或元器件生产厂的元器件。承研单位应从航天器方案设计阶段，充分论证选用专用元器件的必要性和可行性。

1)专用元器件管理符合集团和院的相关规定；

2)承研单位确保本单位专用元器件质量达到航天器产品要求，应编制《专用元器件质量保证管理办法》，并经厂(所)级评审，报型号项目办备案；

3)承研单位对专用元器件选用风险进行分析和控制，进行必要性、可行性分析论证、风险评估；

4)专用元器件组织生产前，承研单位的资质、生产线和质量保证能力通过院物资主管部门组织的认证；

5)专用元器件保证工作包括生产方资质及质量保证体系审查、产品详细规范(标准)的审定、设计工艺文件(含图样)的审定、外购件(原材料)控制措施的确定、质量保证的具体实施、标识的规定等；

6)专用元器件质量保证一般由承研单位委托院元器件保证中心进行，合格后方可使用。

8.3.6 禁限用元器件管理

禁限用元器件管理应满足集团和院的相关规定，禁止或限制使用存在性能不稳定、安全性危险和可靠性风险的元器件。如无替代、必须选用时，应充分论证，采取有效措施，进行产品可靠性分析和风险评估，并履行审批手续，根据审批意见开展分析、评价工作。

1)承研单位确保非气密封元器件的材料在释气、阻燃性、毒性和型号的其他要求方面满足 Q/W－Q－70 的规定。

2)承研单位就选定元器件对装配工艺所施加应力的耐受能力进行评价。

3)出于健康和安全性考虑，不使用含有以下材料和可能导致安全性危险的所有材料的元器件：

a. 氧化铍(除非在规范中已标识出对健康和安全的危险)；

b. 镉；

c. 锂；

d. 镁；

e. 汞；

f. 放射性材料。

4) 不使用在 GJB 4041 中明确标明的可靠性可疑元器件以及下列寿命有限、已知不稳定、存在安全性风险或可靠性风险的元器件：

a. 用纯锡做引线、引出端和外表面涂覆的元器件(含铅量少于 3%)；

b. 内部空腔中使用纯锡的元器件；

c. 空心电阻器；

d. 电位器(用于机械位置监视的除外)；

e. 表面贴装的非冶金键合二极管；

f. 有源区未钝化的半导体芯片；

g. 内部结构采用冶金键合但熔焊温度与最终应用安装条件不相容的任何元器件；

h. 熔丝型熔断器(真空条件下 36 V 及以上电压时)；

i. 非二次熔焊或有集成二极管的 TO5 封装继电器；

j. 锗半导体器件；

k. 2AK 系列点接触二极管；

l. 频率低于 2.9 MHz 的石英谐振器。

5) 由于寿命有限、已知不稳定、存在安全性风险或可靠性风险等原因，在新设计中禁止使用以下元器件：

a. 非固体钽电容器(采用双重密封和钽外壳的结构除外)；

b. 阻值大于 100 kΩ 的 RNC90 电阻器；

c. 长宽比大于 2:1 的瓷介质电容器。

8.3.7　元器件抗辐射能力分析和评估

元器件抗辐射能力分析和评估应满足集团和院的相关规定，至少包括抗电离总剂量辐射能力、抗位移辐射损伤能力和抗单粒子效应能力等分析与评估工作。

1) 承研单位提供《元器件选用清单》，并委托院元器件保证中心进行元器件抗辐射能力分析。

2) 院元器件保证中心开展元器件抗辐射能力分析，出具分析报告，包括以下内容：

a. 依据 Q/QJA 20054、Q/W 722A 等标准对拟选用元器件存在的辐射效应进行的分析；

b. 对已有的元器件辐照数据进行的有效性分析；

c. 需进行 RET 或 RVT 的元器件清单；

d. 对抗辐射能力不满足要求的元器件提出的建议措施。

3) 型号项目办或承研单位组织对《元器件抗辐射能力分析报告》进行评审，确定需要进行辐照试验的元器件清单。

4）型号项目办或承研单位针对辐射敏感元器件形成《抗辐射能力保证工作计划》，应汇总所有的相关信息，并规定辐照评估试验的类型、计划和控制措施；按照抗辐射能力保证工作计划，委托院元器件保证中心进行辐照试验。

5）院元器件保证中心进行辐照试验，完成《辐照试验报告》，给出是否选用结论，并提出应用中的抗辐射加固建议。

6）型号项目办或承研单位应根据抗辐射能力保证工作计划实施结果，编写分析报告，列出辐射敏感元器件的相关辐射效应和可能引发的问题，并给出解决问题的措施；若选择应用加固，型号项目办或承研单位应组织对加固效果进行评估。

8.3.8　元器件评价与验证管理

（1）原则与要求

承研单位组织对航天器型号选择目录外元器件（含定制元器件）、专用元器件、有特殊要求的元器件进行必要的评价及验证。

1）若选择的某种元器件缺乏论据，需要说明可满足的型号要求（包括功能、性能、质量、可信性和环境适应性），否则应进行元器件评价。

2）评价方案的制定应考虑可靠性、来自元器件生产厂的分析、试验数据和使用背景情况等信息。

3）元器件评价工作包括以下要素：

a. 生产厂评价。按 QJ 3164 的规定组织对生产厂的组织机构、生产能力进行考察，确定是否适合生产航天器用元器件。评价方面至少应包括生产试验工具、设备、组织管理机构，生产厂对生产线的检查和控制能力、生产线的鉴定情况。

b. 结构分析。按 Q/QJA 20041 的规定进行元器件结构分析，按 Q/QJA 20040 的规定进行元器件结构分析管理。结构分析应包括破坏性和非破坏性检验、分析和试验，以验证元器件是否满足型号要求。

c. 极限试验。按 Q/QJA 20048 的规定开展元器件极限试验。包括机械应力（如冲击、振动、恒定加速度等）、环境应力（如热冲击、温度循环、高温和贮存、潮湿等）和针对封装的试验。

d. 强化寿命试验。参照相应元器件总规范的寿命试验要求，可在提高的温度和电应力下进行元器件寿命试验。

4）元器件验证一般包括以下要素：

a. 元器件级验证试验。进行不同应用环境条件（如力学、热、电磁、空间辐射等环境）下的验证。按 Q/QJA 20052 的规定进行力学环境适应性评价；按 Q/QJA 20053 的规定进行热环境适应性评价；按 Q/QJA 20055 的规定进行电磁环境等系统适应性试验；按 Q/QJA 20054 的规定进行空间辐射环境适应性评价。

b. 地面设备级验证试验。进行不同方式（如单板或系统应用方式等）下的验证。

c. 飞行级验证试验。必要时，进行空间飞行（搭载）验证。

(2)工作流程和要求

工作流程和要求如下:

1)院元器件保证中心根据承研单位元器件选择情况,分析、审查、确认需要开展验证工作的元器件范围,必要时应经院物资主管部门组织确认;

2)承研单位按审批意见,对本单位选择的元器件组织必要的评价及验证;

3)院元器件保证中心根据元器件产品的实际状态和已有基础,结合承研单位的具体应用要求,制定元器件评价及验证方案,按通过的评审方案,组织实施相应的元器件评价及验证工作;

4)院元器件保证中心在完成相应的元器件评价及验证工作后,出具结论、报告,并编制应用指南。

8.3.9　元器件选择批准

包括以下内容:

1)元器件选择批准按三级管理,分为承研单位级、项目办级和院级。《拟选元器件清单》经承研单位级审批通过后报项目办审查,经承研单位级、项目办级审查后仍超出选用目录的元器件提交院物资主管部门审查批准,元器件选型重大事项由院元器件协调委员会审理。

2)选择在目录内并符合型号元器件保证要求规定质量等级的元器件,由承研单位主管部门审查,报项目办审查批准。

3)特殊要求。选择符合以下条件的元器件,在报送项目办、院物资主管部门审查批准前,完成相关工作:

a. 对于需补充质量保证措施的元器件(如监制、下厂验收、RVT 等),应完成质量保证单位确定和方案确定;

b. 对于有特殊质量保证要求的元器件,应完成质量保证单位确定和方案确定。

8.4　元器件质量保证

型号元器件质量保证应由具有型号资质认可的质量保证机构统一实施质量保证。

(1)监制

包括以下内容:

1)应由院元器件保证中心实施监制工作,根据航天器产品要求和元器件特点确定监制方式,一般应现场监制,元器件监制按 QJ 3065. 3 和《元器件采购规范》的规定进行;

2)鉴定件产品、正样产品用国产元器件应进行监制,必要时应对进口元器件进行监制;

3)对于定制元器件,必要时,承研单位应参加监制工作。

(2)验收

包括以下内容：

1)应由院元器件保证中心实施验收工作，元器件验收按 QJ 3065.3 和《元器件采购规范》的规定进行；

2)鉴定件产品、正样产品用国产元器件应进行验收，必要时应对进口元器件进行验收；

3)对于定制元器件，必要时，承研单位应参加验收工作。

(3)到货检验

包括以下内容：

1)应由院元器件保证中心实施元器件到货检验工作，元器件到货检验按院相关文件和《元器件采购规范》的规定进行；

2)鉴定件产品、正样产品用进口元器件应进行到货检验；

3)对于定制元器件，必要时，承研单位应参加到货检验工作。

(4)补充筛选

包括以下内容：

1)应由院元器件保证中心实施元器件补充筛选工作，元器件补充筛选按 QJ 3065.4 和《元器件采购规范》的规定进行；

2)鉴定件产品、正样产品用国产元器件应进行补充筛选；

3)进口元器件若不满足相关要求应进行补充筛选。

(5)辐照试验

包括以下内容：

1)对缺乏辐照数据的元器件，应进行抗辐照试验，获得元器件抗辐照数据；

2)承研单位应委托院元器件保证中心开展辐照试验工作；

3)院元器件保证中心应根据元器件的实际状态，结合应用条件，制定辐照试验方案并实施；

4)抗电离总剂量试验应按 QJ 10004 的规定进行，单粒子效应试验应按 QJ 10005 的规定进行，抗位移辐射损伤试验应按 Q/QJA 20009 的规定进行，MOSFET 单粒子效应试验应按 Q/QJA 20007 的规定进行；

5)院元器件保证中心应在完成相应的元器件辐照试验工作后，出具结论和报告，并将相关内容纳入元器件抗辐射信息库。

(6)DPA

包括以下内容：

1)应由院元器件保证中心实施元器件 DPA，半导体器件 DPA 按 Q/W 109A 的规定进行，其余元器件 DPA 按 GJB 4027A、MIL－STD－1580B 和《元器件采购规范》的规定进行，必要时制定针对性 DPA 规范；

2) DPA 管理要求按 QJ 3179 和院相关文件的规定；

3) 鉴定件、正样产品用国产元器件均应进行 DPA，正样产品用进口元器件 DPA 参照附录 G 进行；

4) DPA 不合格时，应及时上报相关信息，并按院相关文件的规定进行处理。

(7) 低于规定等级元器件质量保证

包括以下内容：

1) 必须选用低于规定等级的元器件时，承研单位应进行充分论证，必要时还应进行试验验证，并按院的相关规定进行审批；

2) 承研单位应委托院元器件保证中心开展低于规定等级元器件的质量保证；

3) 院元器件保证中心应制定升级试验方案或针对性质量保证方案，并严格按照方案要求实施；

4) 升级试验方案一般包括升级筛选、DPA 和到货检验等，质量保证方案一般包括元器件 CA、筛选试验、考核试验、抗辐射能力评估(对辐射敏感元器件)、DPA 试验和到货检验等；

5) 升级试验方案或针对性质量保证方案的制定应考虑元器件生产厂的质量保证信息、元器件的使用经历、元器件应用部位的关键性等；

6) 不能进行元器件级测试和老炼试验的元器件，应结合实际应用状态，进行针对性的测试和老炼，同时，承研单位应结合整机方案进行风险评估并采取相应措施；

7) 试验完成后，在质量证明文件中应体现元器件已经历的质量保证工作。

(8) 超期复验

包括以下内容：

1) 应由院元器件保证中心按 Q/W 657A 的规定实施超期复验工作；

2) 承研单位和仓储部门按 Q/W 657A 的规定确定元器件是否超期，对于超期的元器件，如需继续使用，应委托院元器件保证中心进行超期复验；

3) 鉴定件产品、正样产品用元器件，超过有效贮存期时应进行超期复验。

8.5　元器件管理

(1) 元器件质量问题处理和归零

包括以下内容：

1) 元器件在补充筛选、超期复验、特殊试验、贮存、发放、使用等过程中出现质量问题时，从技术和管理两方面分析产生的原因和机理，并采取相应的纠正措施和预防措施。

2) 承研单位确定本单位元器件质量问题处理责任部门和责任人，明确管理渠道。

3) 元器件在使用过程发生质量问题的，承研单位按院的相关规定上报；对需要进行失效分析的元器件，按要求进行失效分析；对需要归零的，按 Q/QJA 10、Q/W 432A 和院的相关规定进行，并将归零情况上报项目办和院物资主管部门。

4）元器件在初样研制阶段、正样研制阶段发生质量问题的，按规定进行失效分析。失效分析表明属使用不当造成元器件失效的，应由使用单位进行归零；属元器件固有质量问题的，由院物资主管部门组织有关单位进行归零；归零应按 Q/QJA 10、Q/W 432A 和院相关规定进行，相关信息应上报型号项目办、院产品保证主管部门和院物资主管部门。

5）元器件在在轨阶段发生质量问题的，经确认属元器件固有质量问题时，院元器件保证中心组织开展相关问题的复查、分析，院物资主管部门组织开展问题的处理。

（2）元器件信息管理

包括以下内容：

1）建立健全元器件信息管理规章制度并落实责任，确保元器件保证相关信息及时处理；

2）院物资主管部门、院产品保证主管部门和承研单位应明确对元器件保证全过程信息管理的具体要求，建立必要的信息系统，并完善管理机制；

3）在元器件应用验证、监制、验收、到货检验、DPA、补充筛选或升级试验、装联、测试试验、整机老炼和现场使用过程中出现的批次性不合格等质量问题，应由相关责任单位及时以书面形式上报院物资主管部门和院产品保证主管部门；

4）院元器件保证中心应建立元器件分析、抗辐射及筛选、复验等元器件保证数据库，并将元器件质量保证数据包与产品同时交付承研单位。

（3）质量证明文件管理

包括以下内容：

1）按相关规定对质量证明文件进行管理，航天器鉴定件产品和正样产品用元器件均应有《合格证》等质量证明文件；

2）院元器件保证中心应在完成规定的质量保证工作后开具质量证明文件，分为《元器件合格证》、《元器件质量问题证明》，用以作为允许装机的凭证；

3）专用元器件应由其质量保证单位或部门负责签发元器件的《合格证》或其他质量证明文件；

4）承研单位应按照质量证明文件的适用范围使用元器件。

（4）失效分析管理

包括以下内容：

1）元器件在补充筛选、超期复验、特殊试验、贮存发放、使用等过程中出现的失效应按照 QJ 3065.5 的规定由院元器件保证中心实施失效分析工作；

2）元器件发生失效后，应保护好元器件失效后的初始状态；

3）元器件在初样研制阶段和正样研制阶段发生失效，应按院相关规定上报，并将失效元器件送院元器件保证中心进行失效分析；

4）如元器件在在轨阶段发生质量问题，必要时，院元器件保证中心协助进行可能的失效现象、失效机理和失效原因分析。

(5)装机元器件控制管理

包括以下内容：

1)初样鉴定件和正样产品用元器件在装机前，承研单位应核对元器件信息的完整性，确保元器件符合装机要求；

2)航天器单机产品、分系统、系统应形成相应装机元器件清单，且在单机产品交付分系统、分系统交付总体的过程中，各级单位元器件保证工程师应对装机元器件清单进行确认；

3)元器件信息应具备可追溯性，在元器件保证过程，应保持信息的可追溯。在使用过程，承研单位应确保元器件型号规格、供方及批次等信息的可追溯。

(6)转阶段/出厂产品保证总结

型号项目办应按 Q/QJA 20069、Q/QJA 20070 和 Q/QJA 14.2A 的相关规定，组织初样研制阶段转正样研制阶段前的元器件产品保证总结以及出厂前的正样元器件产品保证总结，应涵盖《元器件保证大纲》和《元器件保证计划》规定的所有活动开展情况，并对结果进行分析和评价。《元器件产品保证总结报告》应由各级元器件保证工程师负责编写。

参 考 文 献

［1］GJB 4041 航天用电子元器件质量控制要求［S］. 2000.
［2］QJ 2671 进口电子元器件质量管理要求［S］. 1994.
［3］QJ 3057 航天用电气、电子和机电（EEE）元器件保证要求［S］. 1998.
［4］QJ 3058 元器件评审管理要求［S］. 1998.
［5］QJ 3065.1 元器件选用管理要求［S］. 1998.
［6］QJ 3065.3 元器件监制与验收管理要求［S］. 1998.
［7］QJ 3065.4 元器件筛选与复验管理要求［S］. 1998.
［8］QJ 3065.5 元器件失效分析管理要求［S］. 1998.
［9］QJ 3164 航天电子元器件供货单位质量保证能力的审查与认定［S］. 2004.
［10］QJ 3179 元器件破坏性物理分析管理要求［S］. 2003.
［11］QJ 10004 宇航用半导体器件总剂量辐照试验方法［S］. 2008.
［12］QJ 10005 宇航用半导体器件重离子单粒子效应试验指南［S］. 2008.
［13］Q/QJA 10 航天产品质量问题归零实施要求［S］. 2002.
［14］Q/QJA 13 航天型号目录外电子元器件选用控制要求［S］. 2003.
［15］Q/QJA 20001 宇航用元器件选用目录管理要求［S］. 2012.
［16］Q/QJA 20007 宇航用功率 MOSFET 单粒子效应试验方法［S］. 2012.
［17］Q/QJA 20009 宇航用光电子器件位移损伤效应试验方法［S］. 2012.
［18］Q/QJA 20036 宇航元器件应用验证通用要求指南［S］. 2012.
［19］Q/QJA 20040 宇航元器件结构分析管理要求［S］. 2012.
［20］Q/QJA 20041 宇航元器件结构分析通用指南［S］. 2012.
［21］Q/QJA 20048 宇航元器件极限评估试验指南［S］. 2012.
［22］Q/QJA 20052 宇航元器件力学环境适应性评价指南［S］. 2012.
［23］Q/QJA 20053 宇航元器件热环境适应性评价指南［S］. 2012.
［24］Q/QJA 20054 宇航元器件空间辐射环境适应性评价指南［S］. 2012.
［25］Q/QJA 20055 宇航元器件系统适应性试验指南［S］. 2012.
［26］Q/QJA 20067 宇航用定制元器件管理要求［S］. 2012.
［27］Q/QJA 20070 宇航型号出厂元器件专项评审要求［S］. 2012.
［28］Q/W 11B 航天器用国产元器件选用目录［S］. 2009.
［29］Q/W 109A 航天器用半导体器件破坏性物理分析方法和程序［S］. 2007.
［30］Q/W 432A 航天器产品质量问题归零实施细则［S］. 2007.
［31］Q/W－Q－60 航天器产品电气、电子和机电（EEE）元器件保证要求［S］. 2013.
［32］Q/W 609A 航天器用元器件下厂监制管理要求［S］. 2007.
［33］Q/W 610A 航天器用元器件下厂验收管理要求［S］. 2007.
［34］Q/W 611A 航天器用元器件补充筛选管理要求［S］. 2007.
［35］Q/W 657A 航天器用元器件有效贮存期及超期复验要求［S］. 2007.
［36］Q/W 722A 航天器用元器件抗总剂量辐射能力保证指南［S］. 2008.

[37] Q/W 809A 航天器用半导体器件总剂量辐照试验方法[S]. 2007.
[38] Q/W 1143(所有部分)航天器用元器件补充筛选要求[S]. 2008.
[39] Q/W 1158 航天器用元器件质量保证等级分级和基本要求[S]. 2008.
[40] Q/W 1166 航天器用元器件失效分析管理要求[S]. 2008.
[41] Q/W 1234 航天器用电气、电子与机电(EEE)元器件选择管理要求[S]. 2009.
[42] Q/W 1301 静电防护技术要求[S]. 2010.
[43] Q/W 1409 航天器用专用集成电路(ASIC)保证要求[S]. 2014.

第 9 章　材料、机械零件及工艺保证

材料、机械零件及工艺是航天器设计、制造的基础，由于航天产品具有高风险、不可维修的特点，开展材料、机械零件及工艺保证具有重要的意义。材料、机械零件及工艺保证是指在航天产品研制、生产过程中实施的，与材料、机械零件及工艺相关的一系列质量控制与管理工作。具体内容包括对材料和零件的选用、采购和使用等进行控制，合理选择工艺技术，明确工艺路线，确保工艺满足产品实现和使用要求。核心是识别并梳理出产品保证涉及的所有材料、机械零件及工艺的技术和管理环节，特别是实现过程的风险环节及控制措施。目标是在产品全寿命周期内，确保使用的材料、机械零件和工艺满足任务的要求。

本章对航天产品材料、机械零件及工艺保证的基本要求、工作项目和流程，以及各项要求进行介绍。

9.1　材料保证

9.1.1　概述和相关术语

材料是构成航天产品的最基本单元。本章旨在从航天产品用材料特性的角度出发，从材料管理和材料技术控制两方面阐述材料在产品保证中的关注要点。主要介绍了航天产品在研制各阶段需要开展的材料保证工作项目，以及材料选用、材料认定、材料采购和使用方面的相关要求。

材料：航天产品研制、生产过程中通过采购获得的已知特性的原料、半成品或成品（气态、液态或固态），对其进行加工可以成为产品功能元件。

新材料：未经飞行试验验证的，在型号中首次使用的材料。

新材料认定：针对新材料开展的一系列覆盖材料固有特性、产品的功能性能可实现性以及经受的地面、发射、在轨运行等环境适应性和工艺加工适应性等关键性能的试验活动，以考察新材料是否满足任务要求。

贮存期限：在规定贮存条件下，材料仍能保持其使用性能和规定参数的最长存放时间。

9.1.2　基本要求

航天器产品用材料实行目录内管理办法，将经过飞行验证的低风险材料纳入目录内，型号研制时产品承研单位优先在目录内选择材料，选用目录外的材料，按相关规定履行审批手续。选用未经飞行试验验证，或者虽然经过飞行试验验证但使用状态或使用环境已发生变化的材料，通过开展相应的材料认定试验，确定其是否满足任务要求。

在材料实际使用过程中，为保证选用材料合格，符合规定的性能，避免将有缺陷的材料带入产品，正样用材料需进行复验。当航天器用材料在贮存或使用过程中出现失效后，开展失效分析及举一反三工作，分析失效原因并作出有效改进。

9.1.3　工作流程与工作项目

航天器型号产品材料保证工作流程如图 9 - 1 所示。材料保证工作项目见表 9 - 1。

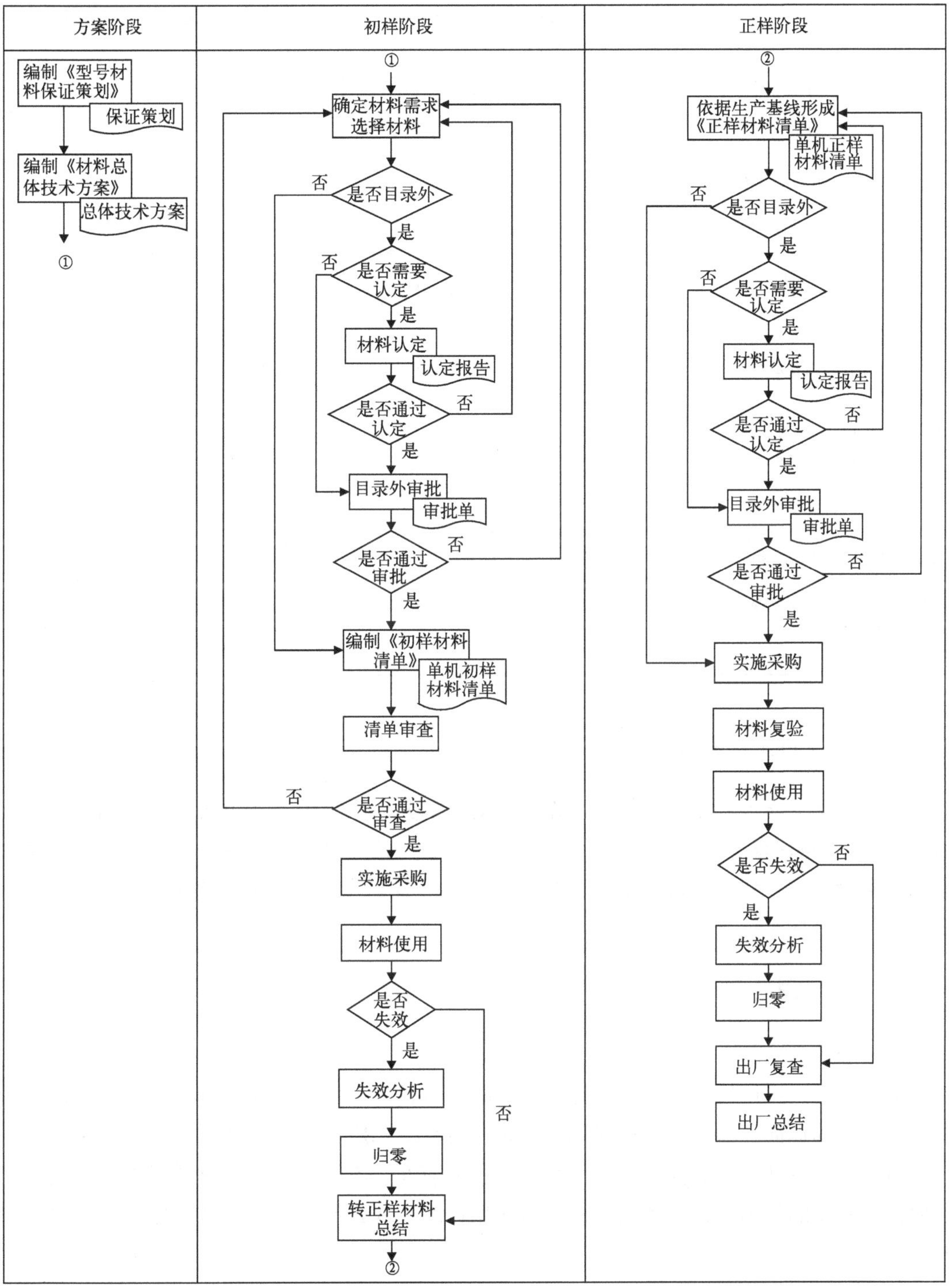

图 9 - 1　型号产品材料保证工作流程

表 9－1　材料保证工作项目矩阵表

工作类别	序号	工作项目	方案阶段				初样阶段				正样及后续阶段			
			系统	分系统	设备	主管部门	系统	分系统	设备	主管部门	系统	分系统	设备	主管部门
材料选用	1	目录管理			○	√			○	√			○	√
	2	材料认定			△	√			△	√			△	√
	3	目录外控制					√	√	√	△	√	√	√	△
	4	《选用清单》编制			√				√				√	
	5	《转正样材料清单》审查					√	√	√	○	√	√	√	○
材料采购	6	供方选择			○	√			○	√			○	√
	7	复验规范			○	√			○	√			○	√
	8	到货检验				√				√				√
材料使用	9	材料代用					√	√	√	○	√	√	√	○
	10	失效分析					√	√	√	△	√	√	√	△
	11	超期复验					√	√	√	○	√	√	√	○
	12	出厂复查									√	△	△	△

9.1.4　材料保证工作策划

材料保证工作策划是产品保证工作策划的一部分，系统级、各承研单位依据产品特点编制各级《材料保证工作策划》，明确型号材料保证要求，明确材料保证管理程序、管理内容和各阶段管理计划。通过分析地面贮存、运输、发射及在轨飞行任务特点等技术要素，提出材料保证技术控制要点。

9.1.5　材料选用

（1）原则

为降低材料选用风险，在材料选用设计时需进行多方面的考虑：选用的材料需同时满足工作环境和地面环境要求；尽量选用目录内材料，选用目录外材料时需进行审批；考虑选用材料的继承性、可靠性、可获得性、工艺适应性。不能选用禁用材料，选用限用材料时要进行必要的技术论证和审批，将材料选用风险控制到最低限度。航天器禁用材料见表 9－2。

表 9－2　航天器禁用材料

分类	材料名称	分级	禁限用内容	禁限用原因	参考依据	备注
有色金属	镉或锌	禁用	1)所有航天器与地面的电子设备禁止使用镉或锌; 2)禁止在航天器上使用镉及锌涂层	1)在大气和真空环境下，镉、锌镀层会长出晶须，易引发器件短路; 2)具有较高的蒸气压，易蒸发，在绝缘表面附着，破坏绝缘性能	Q－70－71 5.4.8 j、l	Ag－Zn 电池不在禁限用范围内
有色金属	锡	禁用	纯锡或铅含量少于3%的铅锡合金及其镀层不应在任何部件上使用	容易产生晶须，且锡低温下发生脆性相转变	STD－6016 4.2.2.11	
非金属	石棉	禁用	航天器产品禁止使用石棉	石棉含有致癌物	Q－70－71 5.4.20 f Q－70－71 A.15.3 & A.20.3&A.20.6	

(2)技术要求

材料选用时除关注材料基本物理和化学等工程应用特性外，在航天器研制过程中总结的其他还应考虑的技术要求如下。

1)真空出气：航天器用材料应按要求进行真空出气测试，以确定材料的真空出气特性。一般材料的真空出气指标要求为总质量损失(TML) $<1.00\%$ 、可凝聚挥发物(CVCM) $<0.10\%$ ，而光学等敏感元件用材料及其周围用材料真空出气指标为总质量损失(TML) $<0.10\%$ 、可凝聚挥发物(CVCM) $<0.01\%$ 。

2)温度：应考虑材料的相变温度、玻璃化转变温度、热分解温度等关键温度指标，确保所选用材料的性能与环境温度兼容。

3)热循环、热冲击：应选用能够经受热循环、热冲击的材料，确保材料经历温度循环和热冲击后的性能仍满足要求。

4)辐射：航天器外表面所用材料应进行抗辐射性能评价，确保材料性能在寿命期内满足使用要求；对于所有直接暴露于空间的航天型号产品用材料应该证明在整个任务期间由于辐射引起的性能退化符合规定。

5)原子氧：在低地球轨道(200～700 km 轨道高度)运行的航天器外表面所用材料应进行抗原子氧性能评价，确保材料性能在寿命期内满足要求。

6)充放电：航天器外表面用材料应选择电阻率低和二次电子发射系数高的材料，通过充放电防护设计避免因航天器表面充放电而引起的击穿现象发生。

7)释气、毒性和气味：用于航天器或相关仪器设备的材料(包括飞行设备、地面设备等)均应不产生对人体的危害；用于航天器载人舱内的材料均应进行释气、毒性和气味等级评价。

8)细菌和霉菌：用于航天器载人舱内的材料均应进行抗细菌和抗霉菌性能评价，按材料抗菌防霉性能等级进行分级使用及防控。灭菌或消毒处理不应影响材料的性能。

9)阻燃性：根据材料的使用部位(例如：载人航天器，贮存装置，有效载荷或试验设备)按照最严酷的预期使用环境进行阻燃性评价。

10)腐蚀：考虑材料在航天器整个寿命周期(贮存、运输、发射、在轨、返回等)内所经受的腐蚀环境和材料的耐腐蚀性能。

11)电偶腐蚀：相互接触或可能构成回路的异种金属之间以及金属与导电非金属材料之间，考虑电偶腐蚀的影响。

12)应力腐蚀开裂：用于结构或承载部件的金属材料(承受拉应力)应进行应力腐蚀开裂敏感性评价，必要时对材料进行防护。

13)氢致损伤(氢脆)：对具有氢脆敏感性的金属材料及易于引入氢的过程(例如电镀、酸洗及析氢型腐蚀环境)进行识别和控制，避免材料及其制品在制造、装配、测试和使用过程中发生氢脆。

14)环境应力开裂：应防止塑料制品与胶粘剂或有机溶剂接触而发生环境应力开裂(例如聚碳酸酯、聚砜与 MS 胶粘剂或丙酮接触等)。

15)介质相容性：应对与液氧、燃料、氧化剂或其他活泼的化学试剂接触的材料进行介质相容性评价。

16)蠕变：对可能发生蠕变的材料，应对其在使用工况下的蠕变行为进行评价，确保材料在寿命期内性能满足使用要求。

17)微屈服：对尺寸稳定性要求较高的精密部件用材料的微屈服行为进行评价，确保材料在寿命期内的尺寸稳定性满足要求。

18)吸湿和解吸湿作用：避免材料在生产制造和贮存过程中发生吸湿作用。当对尺寸稳定性有较高要求时，对材料(尤其是碳纤维增强类树脂基复合材料)吸湿前后的尺寸变化进行评价，满足要求方可使用。

19)机械接触表面效应(冷焊、机械磨损)：对于所有与其他固体材料表面接触并发生相对运动的固体材料表面，应该确保寿命期内表面性能变化满足使用要求。

20)真空冷焊：对用于高真空环境下的活动组件材料进行真空冷焊风险识别，必要时应采取相应的防护措施以避免真空冷焊现象的发生。

21)材料内部质量控制：加强材料内部缺陷质量控制。特别是对封装或密封的非金属材料夹杂、气泡、开裂等内部缺陷和关键金属材料偏析、夹杂、气孔等内部缺陷的检验。

9.1.6 材料清单管理

(1)材料清单编制

《型号产品材料清单》在型号初样和正样阶段编制，不同研制阶段材料清单编制要点有所不同。初样阶段，根据本型号轨道、寿命及可靠性的要求，以及产品实现功能性要求，识别出选用材料并编入清单，经评审通过后作为初样选用基线；型号初样转正样阶段，将初样所用材料进行整理，将更换替代材料或新选用材料编制清单中，经转阶段评审通过后，作为正样选用基线；正样研制阶段，严格依据清单进行选用，如确需更改作为技术状态更改进行控制。

材料清单信息一般包括：单机名称、使用部位、材料名称、牌号状态、规格品种、技术条件/标准、主要性能参数指标、材料用量、生产厂家、飞行经历、使用单位、目录内/外、认定情况、代料情况、质量保证单位、有效期情况、批次号。

(2)材料清单审查

材料清单审查的目的是通过组织专家力量对材料选用情况进行确认，识别选用材料中包含的新材料、禁限用材料及其他隐患，以针对识别的隐患开展相应活动，最终降低材料选用风险。在组织实施时由各承制单位组织质量、物资、工艺、设计、材料专家对材料清单进行审查。材料清单逐级(单机、分系统、系统级)汇总、审查、确认并批准。后续过程发生的材料变化需对材料清单进行相应的更改，对变化的材料重新论证并经逐级审查，并由分系统产保经理及以上级别批准；转阶段(包括方案转初样、初样转正)评审和生产准备评审时对材料清单进行审查；出厂时对《正样材料清单》最终状态进行评审。

《初样材料清单》审查以选用准确性、适用性、可获得性为主要内容，关注实现产品功能性和环境适应性等技术特性。《初样材料清单》在初样设计完成之后编制并审批。对选用目录外材料、新材料进行严格的审查，研制方须提供《材料使用可行性论证报告》。各产品设计师依据审查意见对《选用清单》进行修改，并固化《选用清单》作为初样产品选用基线。

《初样转正样材料清单》审查以正样使用的材料与初样使用的材料变化风险控制有效性为重点，将初样所用材料进行整理，将更换替代材料或新选用材料编制清单中，经转阶段评审后的《初样材料清单》作为正样清单，纳入型号产品生产基线控制。

正样产品完成后，须对出厂产品材料控制过程相关文件进行审查，对有替代或更换的材料、技术状态发生变化的材料、目录外材料、新选用材料的控制文件进行严格的闭环管理审查。

9.1.7　材料认定

(1)认定范围

对于未经飞行试验验证的，或虽经飞行试验验证但使用状态或使用环境发生变化的材料，以及材料生产厂家、生产工艺、设备、原料等技术状态发生重大改变，关键技术岗位人员发生变化的材料需经过认定。认定是指针对新材料开展的一系列覆盖材料固有特性、产品的功能性能可实现性以及经受的地面、发射、在轨运行等环境适应性和工艺加工适应性等关键性能的试验活动，以考察新材料是否满足任务要求。

(2)认定条件

材料认定时，认定项目覆盖材料固有特性、产品的功能性能可实现性、经受的地面、发射、在轨运行等环境适应性，以及工艺加工适应性等关键性能。认定方案通过后开展认定试验。由于产品鉴定或工艺鉴定不能完全覆盖材料认定时对材料各项性能的考察，因此两者不能代替材料认定。此外，用于正样及批产产品的材料应与认定的材料状态一致，使材料受控。

9.1.8 材料采购

(1)供方选择

单机研制单位采购材料时，依据批准的《选用清单》和《材料采购技术协议》或相应的采购规范进行采购。航天器研制时需对材料供方进行控制，材料供方选择要求有：目录内材料在规定的生产厂家采购。目录外材料优先在《合格供方名单》中选择生产厂家采购。确需在《合格供方名单》外生产厂家采购时，按照《中国航天科技集团公司航天型号配套物资供应商管理办法》对其进行供方认定。

(2)采购依据

依据设计文件要求进行材料采购，采购时签订合同或协议。

(3)复验

用于航天器产品的材料，在采购后、入库前，进行材料入厂复验，以剔除不合格的材料，获得规定的性能。材料复验时依据相应的《材料复验技术规范》，新材料完成认定后应编制相应的复验规范。材料到货后，应由产品承研单位核对厂家提供的合格证明文件。产品合格证明文件的内容包括：材料的牌号、状态、规格、炉(批)号、技术条件、生产厂家、生产日期。确认各项信息无误后应送具有认可资质的材料质量保证机构按照相关复验规范统一进行入厂(所)复验。必要时材料复验可采用下厂监制、验收的形式完成。下厂监制、验收应有相应的规范，并在合同中注明。复验完成后，材料质量保证机构应按照相关要求，开具物资管理部门认可的材料质量证明文件。

9.1.9 材料使用

(1)标识

为保证材料的可追溯性，并防止混用，需对材料进行标识。材料的标识应显著、清晰、准确、唯一，保证其可追溯。材料发放时应确保发放信息准确。

(2)包装、贮存、搬运

为确保在贮存和搬运过程中材料完好无损，确保存放时库房环境满足材料的贮存要求，各级产品承研单位需明确材料的包装、贮存和搬运要求。

(3)有限寿命材料控制

有限寿命材料主要指航天器研制过程中伴随性能退化的一类材料，如密封圈、胶粘剂、推进剂等。超过一定时间，该类材料将发生有限寿命失效。因此，航天器研制过程中应当对该类材料重点控制。重点关注三方面：有限寿命材料启用前，产品承研单位应要求材料生产厂商应保证所有有限寿命材料按批次、炉次准确地做出标识，并清晰地标明制造日期；对于有贮存期要求的材料，超过贮存期后原则上不允许使用，确需使用的应进行超期复验，合格后方可使用；有限寿命材料启用后，应考虑贮存要求和任务寿命，并进行控制。

(4)材料代用

航天器研制时，由于各种不确定因素影响，可能发生代料，这种代料引起的材料变化风险应当得到识别并控制。航天器材料代料有相应的规定——QJ 3105《超差、代料、质疑单管理规定》，一般在确保材料性能满足要求的情况下，才允许使用目录内使用要求和使用环境相近的材料进行代料。当替代材料为目录外材料时，应履行目录外材料报批手续。当由于材料更换可能引起产品关重特性变化时，不能进行代料。在代料审批管理上，关重件用材料代料由技术副经理以上人员批准。其他单机产品的材料牌号、状态、标准代料由分系统主任设计师批准，规格代料由主管设计师批准。

(5)限用材料审批和使用控制

限用材料是触犯限用条件后使用风险较大的一类材料，因此选用限用材料需经过必要性和可行性论证，经过审批方可使用。

(6)失效分析

在航天器研制、生产过程中，材料使用单位发现材料异常时，或确认材料丧失规定的功能或性能时(失效时)对材料开展失效分析。失效分析前要妥善保护失效件及现场，记录必要的相关信息记录，由物资管理部门统一组织实施失效分析，分析失效原因并采取有效措施。根据失效情况不同，相应责任单位有所变化。如失效分析结论为材料固有问题的，由院组织承研单位、材料生产厂进行处理或归零；失效分析结论为材料选用或使用不当的，由承研单位负责归零或处理，并反馈处理结果。

(7)材料出厂复查

材料出厂复查是为了确保正样实际使用材料与正样设计选用材料的一致性，并对发生异常变化的可能风险作出评估和修正。具体实施时机为型号正样产品出厂前，工作依据《正样材料清单》。复查的重点是针对研制过程变更的材料信息进行重点审查；并对目录外、代料、复验、失效等材料保证工作完整性、正确性进行确认。

9.2　机械零件控制

9.2.1　基本概念和相关术语

机械零件保证是产品保证工作的一个组成部分，是对整个产品保证工作中执行的一系列机械零件保质量控制与管理工作，一般包括机械零件选用、机械零件鉴定、机械零件采购和使用等。本节主要介绍航天产品在研制各阶段需要开展的机械零件保证工作项目，以及选用、鉴定、采购和使用方面的相关要求。

机械零件：在航天产品设计中拟采用的能完成机械、光学、热学、机电(不包括QJ 3057中规定的电气、电子和机电元器件)功能的一个工件(如螺栓、密封圈等)或多个工件结合为一体而不能被分解(若分解将会破坏或不能使用的组合体，如尼龙自锁螺母、复合材料成品件等）。

9.2.2　工作流程与工作项目

航天器型号产品机械零件保证工作流程如图 9－2 所示。机械零件保证工作项目见表 9－3。

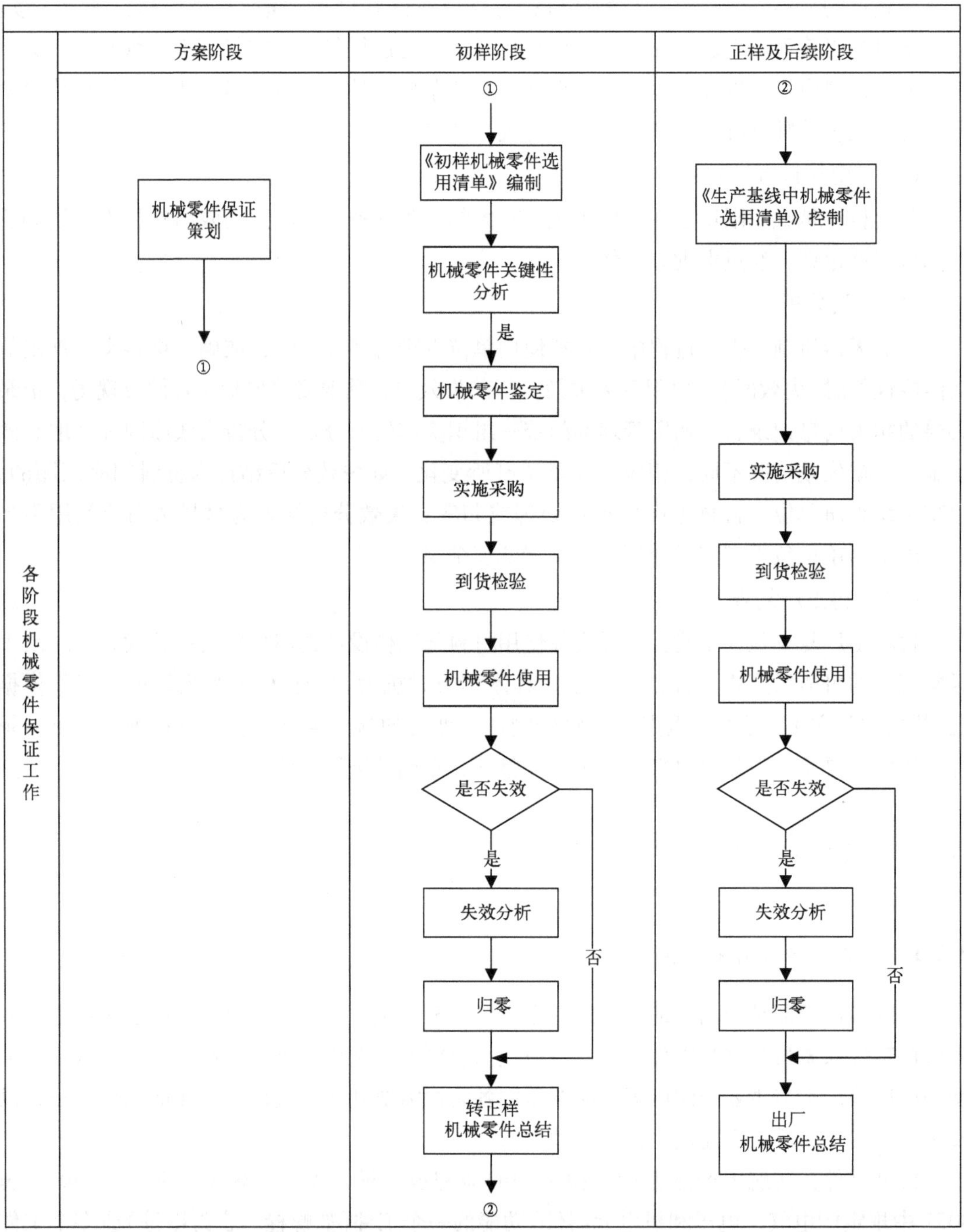

图 9－2　航天器型号产品机械零件保证工作流程

表9－3　机械零件保证工作项目矩阵表

工作类别	序号	工作项目	方案阶段						初样阶段						正样及后续阶段					
			系统产保	分系统产保	设备产保	设计、工艺	物资管理	测试	系统产保	分系统产保	设备产保	设计、工艺	物资管理	测试	系统产保	分系统产保	设备产保	设计、工艺	物资管理	测试
机械零件选用	1	目录管理			O		√	Δ			O		√	Δ			O		√	Δ
	2	机械零件鉴定			Δ	O	√	O			Δ	O	√	O			Δ	O	√	O
	3	目录外控制							√	√	√		Δ		√	√	√		Δ	
	4	《选用清单》编制			√	O					√	O					√	O		
	5	《机械零件清单》转正样评审							√	√	√		O		√	√	√		O	
	6	出厂复查													√	Δ	Δ	O	Δ	O
机械零件采购	7	供方选择			O	O	√	Δ			O	O	√	Δ			O	O	√	Δ
	8	复验规范			O		√	Δ			O		√	Δ			O		√	Δ
	9	到货检验					√	Δ					√	Δ					√	Δ
机械零件使用	10	机械零件代用						O	√	√	√	O	O	O	√	√	√	O	O	O
	11	失效分析							√	√	√	O	Δ	Δ	√	√	√	O	Δ	Δ
	12	超期复验							√	√	√	Δ	O	O	√	√	√	Δ	O	O

注:√—主要责任人;Δ—配合责任人;O—技术支持人员。

9.2.3 机械零件选用

为降低机械零件选用风险，在机械零件选用设计时需进行多方面的考虑：产品承研单位要确认用来制造所选用机械零件的所有材料和工艺均满足技术要求；优先选用在具有相似环境和寿命要求的其他型号已经成功使用过的机械零件；考虑供货的持久性和质量的稳定性；采取通用化、标准化、系列化等类型压缩措施，尽量减少机械零件的种类和规格；标准紧固件优先在相关紧固件选用目录中选用，选用目录外标准紧固件履行相关的审批手续。

9.2.4 机械零件清单

与材料选用相似，机械零件选用也实行清单控制。《机械零件清单》的编制时机为在型号研制各个阶段的设计初期，保证型号研制各阶段机械零件全程受控。其内容包括：机械零件代号、机械零件类型、生产单位和采购规范或标准、功能和关键特性说明、用途和使用位置、使用环境要求、批准状态。当使用代码或缩写时，需要在清单中进行定义。当发生更改时，按技术状态更改控制要求进行管理。《机械零件清单》编制完成后，逐级进行审查、确认。审查的目的是降低选用风险，重点关注选用机械零件的必要性、可行性、新零件选用情况等内容。

9.2.5 机械零件鉴定

(1)基本要求

机械零件鉴定时，产品承研单位针对产品进行分析，确定鉴定范围，建立《机械零件鉴定方案》。对于具有继承性的机械零件，允许只针对技术状态、用途等变化情况进行有关机械零件的鉴定。在鉴定之前，机械零件的采购规范和验证方法应经过评审。

(2)鉴定范围

下列情况需进行零件鉴定：新选用的机械零件；在其他型号应用中已鉴定过，经分析确认需要补充鉴定数据的机械零件；材料或制造工艺发生重大变化的机械零件；应用条件或应用状态的更改、变化，在已完成的鉴定条件不能完全覆盖变化情况时，应补充鉴定或重新鉴定。

(3)鉴定方案

制定《机械零件鉴定方案》时，覆盖产品的工作模式、载荷和经受的地面环境、发射环境和空间环境，并保证规定的鉴定裕度。鉴定条件可参照产品鉴定条件制定，关键机械零件的评估至少要考虑以下因素：机械零件的用途；机械零件物理或功能特性、尺寸和公差；所处环境条件下机械零件性能(包括污染敏感性)衰减过程和变化趋势。鉴定试验过程中对所关注的机械零件特性参数进行监测和量化记录，并作为机械零件评估试验结果的证明文件。

9.2.6　机械零件采购

(1)基本要求

机械零件采购需要供货的稳定性和及时性。在产品设计开发阶段产品承研单位进行专项审查，识别研制或采购周期长的机械零件，提出相应控制措施。采购前产品承研单位编制明确的被采购机械零件的采购规范，做到有据可依。对于有可能发生到货期延误或技术问题的机械零件采购，产品承研单位应制定必要的替代方案和备用计划。

(2)采购规范

采购规范是经机械零件生产单位确认接受的规范。编制时细化至每个机械零件，内容涵盖机械零件特征、技术要求、试验方法、验收准则、批验收试验、检查、到货检验等内容。

(3)下厂检验

下厂检验是为了保证机械零件质量由采购方对机械零件承研单位实施的专项检查。主要包括：由产品承研单位确定的产品关键过程或关键特性指标的检验点，应在合适的时机组织下厂检验；由产品承研单位确定的复杂机械零件、含有不稳定工艺的机械零件、特殊工艺过程等，必要时组织下厂验收。

(4)到货检验

到货检验类似于材料复验，目的是剔除不合格机械零件，保证零件质量。航天器研制所需机械零件的到货检验中要求每个机械零件或机械零件批次均应进行到货检验，由产品承研单位明确到货检验的项目、方法和判据。主要的标准有：航天器用钢质标准紧固件复验按 Q/W 1187 执行，航天器用钛合金标准紧固件复验按 Q/W 1188 执行，其他标准紧固件应按照 QJ 3112A 进行复验。

9.2.7　机械零件使用

(1)鉴定状态确认

航天器正样产品用机械零件应鉴定合格，以降低使用风险。如果零件的应用条件或应用状态有更改或变化，需要对零件鉴定的有效性和充分性进行分析评价，必要时需补充鉴定试验项目。

(2)可追溯性

机械零件通过设置唯一的标识号或批号来提供其可追溯性，按批生产的机械零件应采取适当的方式进行批次标识，并在批次凭证中记录。当发生质量问题或不一致时，或当进行失效或损伤的技术复查时，可通过单个产品的可追溯性或制造批次的批次号来获得机械零件历史资料。当生产过程中出现不合格品时及时处理，对于不能及时跟批的机械零件，重新建立批次凭证，再安排后续加工。按批投产的零件原则上使用同批(炉)号的材料，如采用不同批次的材料，应分别进行标识和记录，保证可追溯性。

(3)包装、贮存、搬运

产品承研单位规定机械零件的包装、贮存和搬运的措施，并制定针对贮存、搬运时用来保证机械零件完整性的技术规范(包括监控规范和检验规程等)。

(4)有限寿命机械零件控制

对于启用后的有限寿命机械零件或有限使用次数的零件(如引爆器、O 型密封圈等)，各级产品承研单位进行标记和控制，并累计记入产品贮存和飞行寿命。将有限寿命机械零件列入关键项目列表中，并对其进行评价。

(5)机械零件代用

航天器研制时，由于各种不确定因素影响，可能发生机械零件代料，这种代料引起的机械零件变化风险应当得到识别并控制。当由于机械零件更换，可能引起产品关重特性变化时，一般不允许机械零件代用。在确保机械零件性能满足要求的情况下，允许使用目录内使用要求和使用环境相近的机械零件进行代用。机械零件代用应签署完整的审批手续，产品用机械零件的规格、标准状态代用由产品所属分系统或总体主任设计师批准。

(6)失效分析

在航天器研制、生产过程中，当确认零件失效(即丧失规定的功能或性能)时，开展机械零件失效分析工作，分析失效原因并采取有效措施。失效分析结论为零件固有问题的，产品承研单位应组织零件生产单位进行处理或归零；失效分析结论为零件选用或使用不当的，由产品承研单位负责处理或归零，并反馈处理结果。

9.3 工艺保证

9.3.1 基本概念和相关术语

工艺保证是产品保证工作的一个组成部分，是对整个产品保证工作中执行的一系列工艺质量控制与管理工作，一般包括工艺选用控制、工艺过程控制、工艺鉴定和评估等。其中，工艺过程控制又包括关键过程控制、工艺更改与技术状态控制、运输与工装的管理与控制、工艺质量问题归零等。

工艺保证工作的核心是识别并梳理出产品保证涉及的所有工艺技术和管理环节，特别是实现过程的工艺风险环节及控制措施。其最终目的是要实现产品的质量稳定与生产能力提升。

工艺：将相应的原材料、半成品加工或装配成为产品或新的半成品的方法和过程。

工艺保证：在产品保证工作中执行的一系列工艺控制与管理工作。

工艺选用：按照一定的选用原则，对工艺进行确认与控制的过程。

工艺技术状态：在航天器产品工艺文件中规定的能够实现产品性能的工艺方法、工艺路线、工艺参数、工艺设备、工艺装备、人员资质、环境条件、材料和测试条件等要求。

工艺鉴定：依据预定的标准要求的判定准则，采用标准规定的工作程序，按明确的鉴定状态、鉴定内容、鉴定条件、鉴定程序对工艺进行评价和确认的过程。

设计工艺性：所设计的产品在能够满足使用要求的前提下，制造的可行性和经济性。

工艺性审查：在产品工作图设计阶段，工艺人员对产品和零件结构工艺性进行全面审查，并提出意见和建议的过程。工艺性审查的目的是在满足产品性能的前提下，根据各研制阶段的特点和生产批量，对产品设计文件的工艺性进行分析和审查，将合理的工艺建议纳入设计文件，以提高产品制造的工艺性、经济性，并及早发现关键技术问题，提前进行工艺准备。

工艺总方案：根据产品设计要求、生产类型和企业的生产能力，对整个产品的工艺技术准备工作，提出全面任务和措施的指导性技术文件。《工艺总方案》是对产品工艺准备起指导作用的纲领性文件，也是制定生产计划、估算成本的重要参考文件。

工艺评审：在工艺定型前的产品研制各个不同阶段，对其工艺总方案、技术攻关、工艺路线、关键件、重要件的工艺规程以及整个工艺文件的完整性、正确性、合理性、协调性等分别做出评价和结论。

关键工序：对保证产品质量起决定作用，加工难度高、稳定性差，对产品或零、部件的特性有影响的需要严密控制的工序。

关键检验点：在产品研制和生产过程中，为满足产品设计或工艺要求，由设计人员或工艺人员确定的对产品关键过程或关键(重要)特性指标所设置的检验点。

强制检验点：在产品及零部件制造过程中，由用户确定的对产品关键过程或关键特性指标检测的检验点。

工艺定型：航天器正样研制阶段结束之后，在设计定型的基础上，对整个加工工艺的合理性及全套工艺文件的完整性、正确性、继承性等做出全面的评价和结论。对相应的全部正样工艺文件，按照规定进行整理、审查、补充、完善，以法定形式固定下来的过程。

工艺继承性：已有的工艺规程及工艺装备在新产品制造中能被直接采用的程度。

特种工艺：直观不易发现、不易测量或不能经济地测量的产品内在质量特性的形成过程。特种工艺，通常包括化学、冶金、生物、光学、电子等过程。在机械加工中，常见的有锻造、铸造、焊接、表面处理、热处理以及复合材料的胶接等过程。在装配工艺中，常见的有装药、包伞等。

9.3.2　基本要求

工艺保证工作贯穿产品研制的方案阶段、初样阶段、正样阶段等全过程，通过建立工艺与设计结合机制，实现工艺与型号同步策划、同步预研、同步论证、同步攻关。其目标是通过《工艺保证要求》的落实和《工艺保证大纲》有计划地实施，对产品工艺实施全过程进行有效的工艺质量控制，满足设计与标准规范要求，满足任务要求。在组织管理方面，各级产品承研单位均有明确的工艺保证归口管理机构及相应管理规范，各级产品承研单位明确工艺保证负责人，负责相应的组织、管理、监督、控制、协调和技术支持等。通过建立分级、分阶段的工艺评审制度，确保产品的工艺清单、工艺总方案、关键件和重要件工艺、新工艺等项目经过评审，必要时产品转阶段组织专项工艺评审。

9.3.3　工作流程与工作项目

型号产品工艺保证工作流程如图 9－3 所示。工艺保证工作项目见表 9－4。

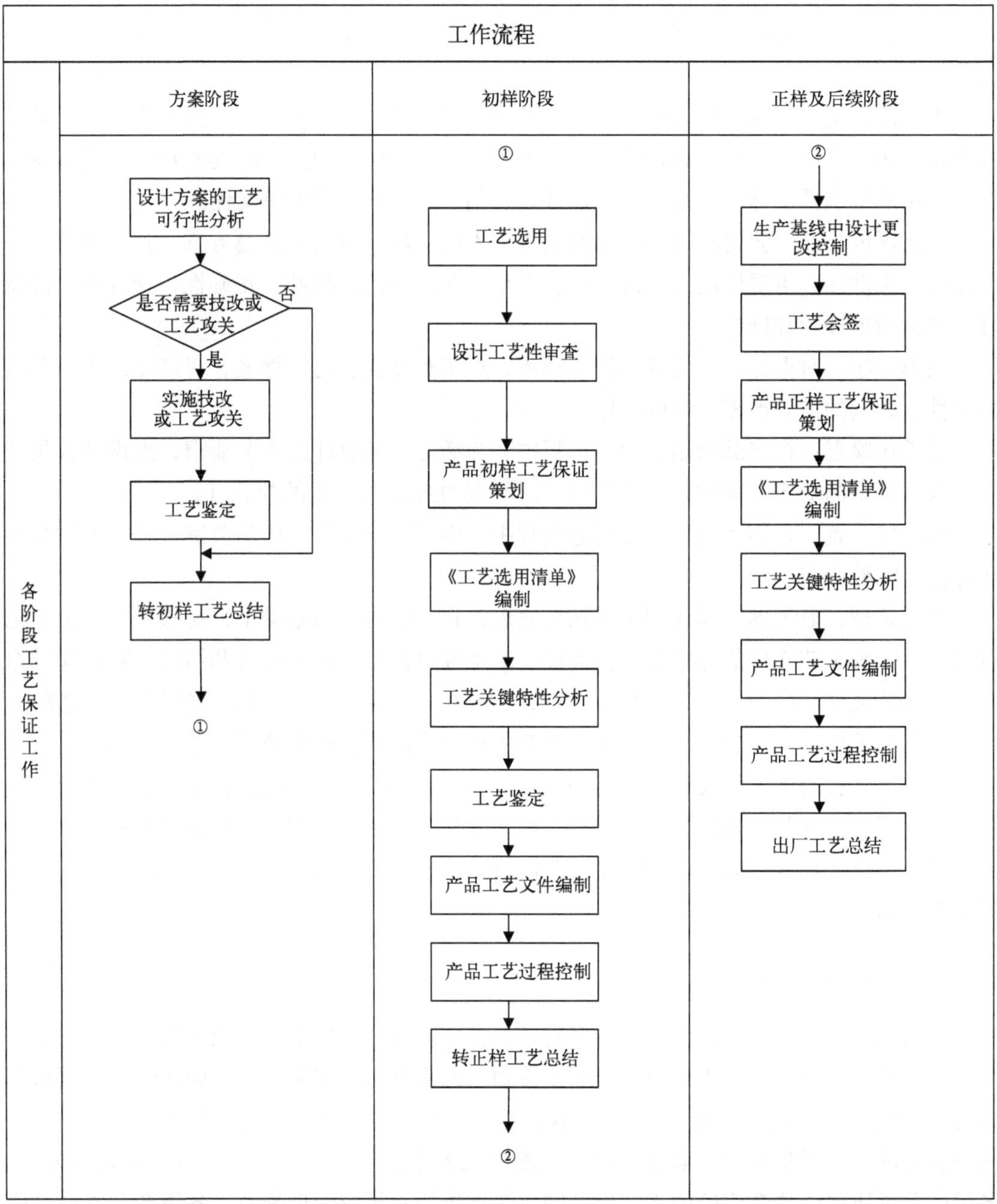

图 9－3　型号产品工艺保证工作流程

表9－4　工艺保证工作项目矩阵表

工作类别	序号	工作项目	方案阶段					初样阶段					正样及后续阶段					备注
			系统产保	分系统产保	设备产保	设计	工艺	项目产保	分系统产保	设备产保	设计	工艺	项目产保	分系统产保	设备产保	设计	工艺	
设计工艺性分析	1	设计方案工艺可行性分析	Δ	Δ	Δ	√	○											
	2	设计文件工艺性审查	Δ	Δ	Δ	√	Δ	Δ	Δ	Δ	√	Δ	Δ	Δ	Δ	√	Δ	方案阶段可根据需要开展
工艺方案策划	3	《工艺保证大纲》和《工作计划》编制	√	√	√	○	○	√	√	√	○	○	√	√	√	○	○	
	4	《工艺总方案》编制						Δ	Δ	Δ	○	√	Δ	Δ	Δ	○	√	
	5	工艺攻关	√	√	√	○	Δ	√	√	√	○	Δ						
	6	工艺鉴定	√	√	√	○	Δ	√	√	√	○	Δ						
	7	工艺继承性分析											√	√	√	○	Δ	
	8	工艺优化											√	√	√	○	Δ	
工艺选用	9	目录维护	√	√	√	○	Δ	√	√	√	○	Δ						长期开展
	10	《工艺清单》编制						√	√	√	○	Δ	√	√	√	○	Δ	
	11	《工艺清单》控制						√	√	√	○	Δ	√	√	√	○	Δ	
	12	禁(限)用工艺控制	√	√	√	Δ	Δ	√	√	√	Δ	Δ	√	√	√	Δ	Δ	方案阶段可根据需要开展
	13	常见工艺质量问题与隐患控制	√	√	√	Δ	Δ	√	√	√	Δ	Δ	√	√	√	Δ	Δ	方案阶段可根据需要开展

续表

工作类别	序号	工作项目	方案阶段					初样阶段					正样及后续阶段					备注
			系统产保	分系统产保	设备产保	设计	工艺	项目产保	分系统产保	设备产保	设计	工艺	项目产保	分系统产保	设备产保	设计	工艺	
工艺关键特性分析	14	工艺关键特性分析						√	√	√	O	Δ	√	√	√	O	Δ	
	15	工艺风险分析						√	√	√	O	Δ	√	√	√	O	Δ	
工艺文件控制	16	工艺文件编写	Δ	Δ	Δ		√					√	Δ	Δ	Δ		√	
	17	强制检验点设置						Δ	Δ	Δ	√	O	Δ	Δ	Δ	√	O	
	18	关键检验点设置						Δ	Δ	Δ	O	√	Δ	Δ	Δ	O	√	
	19	工艺文件评审	√		√	O	Δ	√		√	O	Δ	√		√	O	Δ	方案阶段可根据需要开展
工艺过程控制	20	工艺过程确认	√		√	O	Δ	√		√	O	Δ	√		√	O	Δ	方案阶段可根据需要开展
	21	关键工序控制	√		√	O	Δ	√		√	O	Δ	√		√	O	Δ	方案阶段可根据需要开展
	22	洁净度、污染及多余物控制	√		√	Δ	Δ	√		√	Δ	Δ	√		√	Δ	Δ	方案阶段可根据需要开展
	23	静电放电控制	√		√	Δ	Δ	√		√	Δ	Δ	√		√	Δ	Δ	方案阶段可根据需要开展
	24	工艺装备控制	√		√		Δ	√		√		Δ	√		√		Δ	方案阶段可根据需要开展

续表

工作类别	序号	工作项目	方案阶段					初样阶段					正样及后续阶段					备注
			系统产保	分系统产保	设备产保	设计	工艺	项目产保	分系统产保	设备产保	设计	工艺	项目产保	分系统产保	设备产保	设计	工艺	
工艺总结	25	C、D类单机转正样评审								√	O	Δ						
	26	方案和初样转阶段工艺总结	√	√	√	O	Δ	√	√	√	O	Δ						方案阶段可根据需要开展
	27	正样工艺总结											√	√	√	O	Δ	

注:√—主要责任人;Δ—配合责任人;O—技术支持人员。

(1)设计工艺性分析

一般针对新产品(C、D类)在设计阶段需开展设计方案的工艺性分析，相关标准要求见Q/QJA 59。其目的是保证产品设计的工艺可实现性。具体实施时，由设计人员在审查前向工艺人员进行技术交底，说明产品的技术性能、结构特点、使用要求等，以便工艺人员掌握设计意图。在管理要求上，产品各研制阶段用于生产的设计文件，先要经过工艺部门进行工艺性审查并会签。未经工艺性审查的设计文件不能用于生产；经过工艺会签的设计文件，如果发生了更改，需要重新进行工艺性审查和会签。

(2)工艺方案策划

工艺方案策划是对产品工艺流程、方法、保障条件、技术难点等的全面梳理，针对薄弱环节进行攻关优化，以保证产品的顺利生产。具体实施时，根据产品特点及承担的主要工作项目，按照Q/QJA 38的要求编制《工艺总方案》。明确主要工艺方法，提出工艺关键项目及攻关项目，主要检验、测试、试验项目及实施方案，以及研制过程中需编制工艺技术流程的项目。并对工艺实施保障条件提出要求，主要分析其继承性和发生变化的情况，对发生变化的项目要简述原因并提出技术状态控制要求和主要技措技改项目，并叙述论证要求和实施途径。

工艺方案策划时，不同研制阶段侧重点不同。方案阶段侧重于工艺的选用和技术途径分析，提出拟采用的新工艺及必须增添的新设施、新设备，对重大技术改造项目进行初步论证，就相应的新工艺提出应用研究试验项目。初样阶段侧重于重大工艺技术攻关、产品主要技术指标的实现，突出工艺总方案的可行性、可靠性、协调性和可实现性。鉴定产品完成后，应建立生产基线。正样阶段及后续阶段侧重于工艺继承性分析、工艺优化，产品质量的稳定性和一致性、工艺可靠性的实现，应突出技术状态控制、生产工艺布局优化、工艺装备和设备的补充及产品实现的经济性。

9.3.4 工艺鉴定

但型号产品研制需要采用新工艺时，需要开展工艺鉴定工作。工艺鉴定是针对新工艺开展的考察工艺方法、工艺稳定性等是否满足型号产品研制要求的一系列攻关和试验验证活动。下面将介绍工艺鉴定的范围、工艺鉴定的项目和条件等。

(1)工艺鉴定的范围

开展工艺鉴定，首先需要识别何种工艺属于新工艺。下列5种情况均属于新工艺：一是采用了新的工艺方法；二是由工艺设备、工具等变化引起的工艺状态发生重大变化的工艺；三是工艺参数或工艺状态发生了变化需进行验证的工艺；四是工艺应用对象发生了变化，或产品的应用环境发生了变化的成熟工艺；五是材料发生重大变化的特种工艺。

(2)工艺鉴定类别

上述5种不同类型的新工艺，开展工艺鉴定时的针对性有所差别。对于工艺方法鉴定，主要针对确定的工艺流程中所选用的对产品性能实现有影响的工艺方法进行评价和确认；对于工艺参数鉴定，主要针对关键工序或可能严重影响产品性能的某一种或几种工艺参数进行试验验证，并且鉴定的工艺参数应覆盖工艺设计的参数范围；对于工艺装备鉴定，主要针对新工艺装备或改造、更新工艺装备的参数对工艺状态的影响进行确认；对于工艺状态鉴定，主要针对工艺状态发生的变化或工艺对象（结果）耐受新的环境要求而进行的工艺试验验证；对于工艺对象（结果）耐受环境验证，主要针对工艺对象（结果）耐受发射及空间环境能力范围的验证，包括力学、热学、辐射等空间环境鉴定，鉴定裕度应依据航天产品鉴定环境条件选定。

（3）工艺鉴定条件及结果

为保证工艺鉴定的合理性，工艺鉴定应覆盖产品经受的空间环境，并保证规定的鉴定裕度。鉴定的工艺参数要覆盖生产工艺设计的参数范围，鉴定条件可参照相关标准、航天器产品和专业工艺的鉴定条件。结合具体情况制定专用的鉴定条件，一般产品鉴定条件不能完全代替工艺鉴定条件。

工艺鉴定是否成功实施，判别条件是工艺鉴定结果不仅应满足预期的各项工艺指标，而且应满足产品功能和性能指标对工艺的要求。将工艺鉴定的结果应形成标准、规范或操作规程，在产品生产中得到应用。确保应用于正样及批产产品的工艺应与鉴定的工艺状态一致。

9.3.5　工艺选用

产品承研单位将成熟的工艺方法形成单位工艺标准，纳入单位工艺目录管理。工艺选用时形成《产品工艺清单》，《产品工艺清单》的内容、评审、更改等按要求执行。在产品设计阶段完成工艺选用，满足产品规定的安全裕度、地面环境（制造、试验、贮存、运输、总装）要求、飞行环境（发射、在轨、返回）要求和产品的工艺指标要求。优先采用航天行业标准中规定的工艺、具有足够的安全系数并在航天型号产品上成功应用过的成熟工艺、通过试验获得满意结果并经鉴定的工艺和由同一生产单位已成功使用的工艺。从整体、全过程考虑选用的合理性及各种方法之间的协调性，并考虑其可靠性、可检验性、可维修性、可操作性、稳定性、经济性、安全性。航天产品不得选用禁用工艺，尽量避免选用限用工艺，相关规定见集团公司【2013】795 号《集团公司禁限用工艺》（2013 版）、五质【2013】439 号《航天器产品禁限用工艺清单》（2013 版）。选用限用工艺时，应制定明确的针对限用原因的经验证有效的控制措施，经过批准后才能选用。工艺选用注意避免常见工艺隐患问题［五质【2013】458 号《航天器产品常见工艺问题与隐患控制要求》（2013 版）］的发生，杜绝将常见工艺隐患带入生产环节。

9.3.6　工艺关键性分析

工艺关键特性分析的目的是确认是否需要进一步的工艺试验和评估数据，以对工艺过程进行评价和控制。工艺关键特性分析实施时，由产品承研单位对《工艺清单》中包含的所有工艺进行分析，重点围绕产品设计关键特性的工艺实现及不可检测项目来确定。产品研制过程控制关键特性重点围绕产品设计关键特性和工艺关键特性的生产实现来确定，主要针对产品及工艺技术复杂、研制周期长、造价高的关键件和重要件进行。主要可从技术难度、生产保障条件、生产周期、原材料及元器件、不可检测项目、工艺技术文件的质量控制、关键岗位研制人员以及产品成品率等方面入手进行分析评估，并提出明确的风险管理要求。此外，工艺关键特性分析包括工艺安全性分析，包括人身安全和产品安全。对应工艺关键特性的工序设置为关键工序，对含有工艺关键特性的工艺进行评审，确保关键工序的质量可靠。

9.3.7 工艺文件控制

产品工艺的落实体现在工艺文件上，因此工艺文件的有效性和顺利实施是保障产品质量的有效手段。相关规定见 QJ 903B 中产品工艺文件控制要求，其他需注意的事项为对产品的工艺总方案、包含关键工序的工艺文件进行评审。

产品工艺文件形成目录，内容完整、有效，正样阶段产品工艺文件与产品鉴定最终技术状态一致。产品工艺文件内容符合相关技术标准和工艺规范的要求。工艺规程做到可操作、可量化、可检测，尽量减少人为因素。产品工艺文件明确过程检验的方法、要求和合格判据，对检验记录的要求详细、完整、明确。对工艺关键过程，在产品工艺文件中设立关键检验点、强制检验点，并规定检验方法、合格判据等内容。必要时，在产品工艺文件中明确检测环境要求。在工艺文件中明确产品标识的工序、部位、时机、方法和移植等要求。

9.3.8 工艺过程控制

(1)工艺过程确认

对工序完成后，不能通过测量和监视来验证证实产品满足要求的工艺，生产前进行工艺过程确认。这些工艺过程一般包括：对形成的产品是否合格不能、不易或不可经济地进行验证的过程，即特殊过程，如焊接、热处理等过程；由随后的检验或试验不能验证其结果，仅在产品交付使用之后问题才显现的过程。这些过程通常涉及产品与时间有关的特性，如疲劳寿命、耐腐蚀性等。

工艺过程确认按预先确定的工艺流程、工艺参数、环境、设备、人员等工艺技术要求，进行合格评定，内容一般包括：工艺过程文件中规定的工艺路线、工艺方法、工艺参数的适宜性和可操作性；工艺过程操作人员上岗资格；设备、监视和测量装置的精度和技术状态；环境条件；原材料、元器件质量。

在某些情况下，需要对工艺进行再确认。如连续生产时，当产品质量无异常变化时，再确认按工艺规定的周期进行，再确认时间间隔一般为二年。当所使用的材料变更、工艺参数变更、设备变更、过程方法或接收准则发生变更时，重新进行再确认。当产品出现严重质量问题、设备大修等情况时，重新进行再确认。当过程停工时间超过半年时，重新进行再确认。

(2) 关键工序控制

关键工序是对应工艺关键特性的工序，对产品研制特点节点上的质量影响较大，需加以控制。相关标准有 GJB 909A、QJ 2664。其他要求有：制定关键工序目录，对产品所有的关键工序有总体的把控。制定详细的、可操作的关键工序工艺控制方法，纳入《关键工序工艺规程》中落实。关键工序细化到工步，对控制项目、内容、方法、步骤、控制用图表、原始记录等做出具体明确的规定。依据产品关键特性与重要特性参数设置关键检验点和强制检验点，并对检验要求作出明确规定。含有关键件、重要件或关键工序的工艺文件在产品投产前完成工艺评审，关键工序的工艺控制措施和可检验性为评审的重要内容。关键工序工艺实施前，生产单位对人员、设备、环境条件和文件进行检查，确认符合要求。

(3) 洁净度、污染及多余物的工艺控制

制造、装配和总装等过程中洁净度和污染物控制是产品质量控制中的重要内容，相关标准有 GJB 2203A 和 QJ 2850A。针对航天器研制需要注意：必要时根据产品的特点编制专用的控制多余物工艺，特别应加强阀门、管路系统、贮箱、气瓶、电子产品等生产过程及总装过程中的洁净度控制，确保产品内部无多余物。注意工艺流程和工艺方法的选择，应与产品洁净度要求等级和最终清洗的可行性相适应，后道工序加工过程不能造成前道工序产品洁净度的永久性降低。

(4) 电子产品静电放电控制

电子产品静电放电控制按 QJ 2711 执行，对有静电放电敏感的产品，包括元器件、组装件和设备，应实行全过程的静电防护。

(5) 工艺装备控制

工艺装备是人、机、料、法、环中的一项重要内容，QJ 2233 中有工艺装备的选择、设计、验证及修改相关规定。

一般地，产品生产所用的工艺装备按规定编号，并编制《工艺装备明细表》，工艺装备图样应齐套完整，工艺文件中应明确工艺装备的检验，确保生产使用工艺装备的完好性。工艺装备在使用前确保在校验期内，并检查工艺装备有无异常现象，必要时需经复验合格后方可投入使用。工艺装备的明显部位有标记，一般包括工艺装备名称、代号和制造日期等，以保证工艺装备质量的可追溯性。工艺装备入库时办理入库手续，建立工艺装备档案，包括《检验合格证》、《使用说明书》和《工艺装备履历表》等。工艺装备应按存放满足温度、湿度、洁净度等相关技术要求，对精度较高的工艺装备应采用包装箱存放。工艺装备定期检查，应规定检查周期和方法，按期进行检查，并将结果填入《工艺装备履历表》。工艺装备精度下降时，及时返修或报废，其结果填入《工艺装备履历表》中。

参考文献

[1] GJB 909A 关键件和重要件的质量控制[S]. 2005.

[2] GJB 3007 防静电工作区技术要求[S]. 1997.

[3] GJB 2203A 卫星产品洁净度及污染控制要求[S]. 2005.

[4] QJ 903B(所有部分)航天产品工艺文件管理制度[S]. 2011.

[5] QJ 2233 工艺装备选择、设计、验证规则[S]. 1992.

[6] QJ 2664 关键工序质量控制[S]. 1994.

[7] QJ 2850A 航天产品多余物预防与控制[S]. 2011.

[8] QJ 2008 航天产品外协件管理办法[S]. 1990.

[9] QJ 1302 航天产品技术评审[S]. 2001.

[10] QJ 3112A 航天产品用标准紧固件入厂(所)复验规定[S]. 2008.

[11] QJ 3125 航天产品材料、机械零件和工艺保证要求[S]. 2000.

[12] QJ 1885 航天产品设计文件工艺性审查[S]. 1990.

[13] QJ 2711 静电放电敏感器件安装工艺技术要求[S]. 1995.

[14] Q/QJA 38 工艺总方案的编制和管理要求[S].

[15] Q/QJA 59 航天产品设计方案可行性分析要求[S].

[16] Q/QJA 10 航天产品质量问题归零实施要求[S]. 2002.

[17] Q/QJA 16 航天产品质量检查确认要求[S]. 2004.

[18] Q/QJA 38 工艺总方案的编制和管理要求[S].

[19] Q/QJA 47 载人航天型号工艺保证要求[S].

[20] Q/QJA 60 航天型号转阶段工艺工作要求[S].

[21] Q/W 15A 航天器常用金属材料复验规定[S].

[22] Q/W 126. 2A 航天器用材料选用目录第 2 部分：非金属材料[S].

[23] Q/W 615A 航天器产品设计文件工艺性审查规定[S].

[24] Q/W 1022A 静电放电敏感元器件装联、调试工艺技术要求[S].

[25] Q/W 1121(所有部分)航天器工艺规程编写细则[S].

[26] Q/W 1187 航天器用钢标准紧固件复验规定[S].

[27] Q/W 1188 航天器用钛合金标准紧固件复验规定[S].

[28] Q/W 1221 航天器用材料超期复验管理规定[S].

[29] Q/W 1300 静电防护管理体系要求[S]. 2010.

[30] Q/W 1351 航天器产品工艺鉴定管理要求[S].

[31] Q/W – Q – 20 航天器产品质量保证要求[S].

[32] Q/W – Q – 70 – 2003 航天器产品材料、机械零件和工艺保证要求[S].

[33] Q/W – Q – 70 – 1001 航天器产品工艺选用控制要求[S].

[34] Q/W – Q – 70 – 3002. 1 航天器用材料选用目录第 1 部分：金属材料[S].

[35] Q/W – Q – 70 – 3003 航天器常用非金属材料复验规定[S].

[36] 中国航天科技集团公司天科技【2013】795 号《关于发布新版 <航天产品禁(限)用工艺目录> 的通知》.

[37] 中国空间技术研究院五质【2013】439 号《航天器产品禁(限)用工艺清单》(2013 版).
[38] 院长二号令中国空间技术研究院.
[39] 院长四号令中国空间技术研究院.

第 10 章　软件产品保证

10.1　基本概念和相关术语

随着航天型号任务的发展，航天型号软件的产品质量也成为型号任务成败的关键，对一套已形成的软件产品保证管理规定进行学习尤其必要。软件产品保证工作可以保证整个软件生命周期的过程受控，必将提升软件质量，提高软件开发效率，对软件的研制起到积极促进作用。

本章涉及航天型号软件产品保证管理、软件工程过程、软件可靠性与安全性、软件保证支撑等 4 部分内容。相关的缩略语如下：

WBS——Work Breakdown Structure，工作分解结构；

CRC——Cyclic Redundancy Check，循环冗余码校验；

FDIR——Fault Detection，Isolation and Recovery，故障检测、隔离和恢复；

FMEA——Failure Modes and Effects Analysis，故障模式与影响分析；

FTA——Fault Tree Analysis，故障树分析；

HSIA——Hardware and Software Interaction Analysis，软硬件交互作用分析；

MC/DC——Modified Condition / Decision Coverage，修订的条件/判定覆盖；

SFMEA——Software Failure Modes and Effects Analysis，软件故障模式与影响分析；

SFTA——Software Fault Tree Analysis，软件故障树分析；

PRA——Probabilistic Risk Assessment，概率风险评估。

10.2　软件保证管理

在方案阶段或初样研制阶段早期，型号两总应组织质量部门和其他相关人员依据型号研制总要求及技术特点，制定《软件产品保证大纲》。型号质量管理系统应在型号研制过程中监督《软件产品保证大纲》的实施。

10.2.1　岗位职责的设定

承研单位应建立专业软件研制队伍，设计和编码与测试工作应该由不同人员承担。承研单位配备的软件专业产品保证工程师数量应与单位承担的软件产品的数量和规模相适应。产品保证部门应定期对各软件承研单位的软件产品保证能力建设情况进行检查。

软件产品保证工作涉及岗位包括项目产品保证经理、项目产品保证助理、分系统产品保证经理、单机产品保证工程师、各级软件专业产品保证工程师（含系统级、分系统级、配置项级）等。

（1）软件专业系统级产品保证工程师

总体单位应为型号配置软件专业系统级产品保证工程师，负责本型号软件产品保证工作的组织实施和监督检查。

（2）软件专业分系统级产品保证工程师

软件专业分系统级产品保证工程师负责软件专业分系统级产品保证工作的组织实施和监督检查，如所在单位未设置该岗位，其职责由分系统产品保证经理负责。

（3）软件专业配置项级产品保证工程师

软件专业配置项级产品保证工程师负责软件配置项产品保证工作的组织实施和监督检查，如所在单位未设置该岗位，职责由单机产品保证工程师或软件专业分系统级产品保证工程师或分系统产品保证经理负责完成。

10.2.2　策划与计划

在进行系统工作策划时，应包括以下软件方面的内容：

1）各软件研制责任单位；

2）按照 QJ 2858 相关要求，明确软件产品代号的标识规则；

3）对分系统上报的《分系统软件产品配套表》进行确认，形成《系统软件产品配套表》；

4）软件使用的分系统间接口控制文件的输出时间；

5）软件第三方测试时机、软件验收及落焊的时间；

6）系统级软件配置项的专项策划，至少应明确以下时间节点，包括用户需求等输入文件提交、软件交付第三方测试、软件参与分系统间联试、软件交付系统测试等；

7）分系统级软件配置项和单机级软件交付系统测试的时间；

8）软件研制的重大风险；

9）系统内软件研制的沟通机制；

10）需要上级部门解决的问题；

11）系统级的软件产品保证策划。

在进行分系统工作策划时，应包括以下软件方面的内容：

1）划分软件配置项，明确软件产品代号、安全关键等级，形成《分系统软件产品配套表》，并上报系统；

2）软件研制队伍及职责；

3）软件研制的资源保障；

4）软件的重要评审；

5）软件验收及落焊的时间；

6）分系统级软件配置项的专项策划，至少应明确以下时间节点，包括用户需求等输入文件提交、目标机和测试环境等保障条件建立、软件交付第三方测试、软件参与分系统间联试、软件交付系统测试等；

7）单机级软件交付分系统测试、系统测试的时间；

8）软件研制的风险；

9）分系统内软件研制的沟通机制；

10）需要上级部门解决的问题；

11）分系统级的软件产品保证策划。

在进行软件配置项工作策划时，应包括以下软件方面的内容：

1）应基于软件配置项的规模、技术难度和相似项目的分析，定义软件生存周期；

2）软件适用的标准规范、开发环境、操作系统、选用的编程语言；

3）软件估计结果、WBS；

4）里程碑和进度计划；

5）人员职责及分工；

6）风险管理计划；

7）培训计划；

8）验证计划；

9）资源条件保障措施、工具的识别及采购计划；

10）配置管理计划和数据管理计划；

11）度量计划；

12）利益相关方参与计划；

13）配置项级软件产品保证策划。

软件所有计划应在开发活动开始前完成，各计划应相互协调。所有计划应经过正式评审，更新后的计划由相关方一起进行评审。承制方的软件开发计划应得到交办方的认可。软件所有计划应在每个里程碑处检查是否需要更新，以反映开发期间的所有变化，并维持所有相关计划的一致性。软件开发计划应纳入型号研制计划流程，由承研单位的科研生产部门主管并监督实施。

10.2.3　分级管理

软件产品保证管理一般分为3级进行：系统级、分系统级、配置项级。

（1）系统级管理

负责贯彻、落实国家和上级机关有关软件产品保证工作的方针、政策、法规、标准和规范，组织制定《系统级软件产品保证标准和规范》，监督检查各型号分系统和各承研单位的软件产品保证管理工作。

（2）分系统级管理

各个分系统的型号项目办负责落实用户对分系统的软件产品保证管理要求，按照相关要求开展软件产品保证工作，组织制定分系统级软件产品保证大纲、计划并监督实施，提出下一级，即配置项级软件产品保证要求并监督落实。

(3)配置项级管理

各承研单位负责本单位软件配置项级的产品保证工作的策划和实施，落实上级对本级产品的软件产品保证管理要求，组织开展面向本单位软件配置项级产品的质量分析，对软件产品保证工作的规范性和符合性进行监督，为软件配置项级产品保证活动提供必要的支持。

10.2.4　评审与审查

(1)软件评审

软件评审的目的是对评审对象进行系统检查，以评估软件项目在规定时刻所得到的结果，对是否通过评审作出明确的意见或建议。软件评审可分为正式评审和内部评审两种。正式评审由评审小组通过正式会议评价在软件生存周期内有关阶段的技术和管理活动及有关文件；内部评审由项目负责人组织，应按正式评审要求进行，详细填写内部评审表格，由负责人签字。

(2)软件审查

软件审查的目的是检查和标识软件产品的缺陷。在软件审查前，审查对象应已经完成。在软件审查前，应成立软件审查组，确定审查组长，审查组最少由 3 人组成，一般由 4 ~7 人组成。审查组成员对审查对象进行审查，以发现审查对象中的缺陷。

10.2.5　验证与确认

软件的验证与确认工作应列入软件研制计划流程，由独立于该软件研制的技术人员和专家完成。不满足前一过程验证要求的软件，不得转入下一过程。必要时，可委托独立的第三方进行验证与确认。软件研制阶段的验证与确认活动分为系统级、分系统级、软件配置项级，分别对系统总体、分系统总体、软件承制方提供的产品进行验证与确认。在每个阶段的验证与确认活动完成时生成《阶段验证与确认报告》，每个阶段结束时要对《阶段验证与确认报告》进行评审。软件承制方应按照 Q/QJA 16 相关要求进行软件检查确认；按照 QJ 2098 相关要求开展软件评审与审查工作，参加飞行试验任务的航天型号出厂前的软件专项评审。

10.2.6　文档控制

软件文档编制应满足 QJ 1912.7 相关要求，FPGA 文档编制还应满足 Q/W Q80 - 14 相关要求。软件文档签署应满足 QJ 1714.9B 相关要求。承制方应制定软件文档管理规程，满足“文文相符”、“文实一致”的要求。软件生存周期各阶段的评审/验证活动中应审查软件文档是否符合“文文相符”、“文实一致”的要求，并将审查结果记入《评审证明书/验证报告》中。软件验收时各级交办方应对交付的软件文档是否符合“文文相符”、“文实一致”

的要求进行审查，并将审查结果记入《验收报告》中。软件产品保证工程师应在《软件产品保证总结报告》中记录软件文档的检查结果以及纠正措施的落实情况。

10.2.7　外购、外协和重用软件保证

(1)外购、外协保证

飞行产品软件原则上不得采用外购商业软件，如确需采用则由选购方进行论证，形成书面报告，再由系统组织对其进行专项审查，报主管部门批准，并纳入配置管理。软件外协研制单位应具备相应的软件研发资质和保密资质。外协软件的委托方应在签订合同前对外协研制单位的资质进行审核，对软件研制过程进行监控，并对外协软件的产品质量负责。

(2)重用软件保证

对不经修改再次使用的软件配置项按 Q/W 1094 相关要求执行。软件模块级重用应考虑：各承研单位应制定本单位的软件重用规程，并逐步建立可重用软件模块库；可重用软件模块应有完整的设计文档，满足现行的软件编程规范，单元测试符合本标准的要求；使用可重用软件模块前应进行充分的分析和论证，并在软件设计文档中进行说明；使用可重用软件模块的软件，可不再进行重用软件模块的详细设计、单元测试工作。

10.2.8　复制、固化和介质保证

型号用软件载体应按规定选用合格的生产厂或指定供应商提供的指定产品，软件产品的贮存与管理按照 QJ 3174 相关要求执行。软件复制、固化、生产应在型号质量管理员的监督下，指定专人，按操作规程在指定(或专用)设备上进行，并记录固化、生产过程。复制、固化、生产用的母盘(片)应由产品库提供。复制、固化前应对设备进行检查，保证其经过校准并有标识。固化、生产后做好检验、包装和标记，验证合格后方可交付。软件承制方应保证软件的固化、生产设备和存储介质无计算机病毒、无缺陷。应在综合分析各种风险的基础上，系统根据不同软件的特点确定软件固化落焊的时机，一般沿用软件、单机级软件配置项在正样单机交付系统前落焊，系统级软件配置项和分系统级软件配置项在大型试验后落焊。软件配置项级产品保证工程师应对软件固化和落焊过程进行监督，以保证其与要求相符。

10.2.9　风险控制

软件承制方应在软件需求分析阶段识别软件研制过程中与产品规模、复杂程度、用户特性、过程定义、环境、技术难度、进度、人员及经验等相关的风险因素，制定风险应对措施，并提供相应资源。在软件需求分析之后的各开发阶段，继续识别新风险，分析跟踪已识别的风险，及时关闭风险，给出残余风险的处理意见。

10.2.10　信息管理

软件承制方应针对每个软件配置项建立一套独立的软件开发文档，保证文档的完整性、一致性、准确性、可理解性和可追溯性。不同规模、不同安全关键等级的软件的文档可适当取舍与合并。软件文档的编制内容、格式、标识、签署、更改及归档等按照QJ 1912.1～1912.7相关要求执行。软件开发全过程的文档、程序、数据应当完整、齐全并受控，保证"文文一致"、"文实相符"，形成软件产品数据包。

10.2.11　软件研制环境

软件工程环境的各工具应保证接口和数据交互的标准化，以便集成与共享。应建立满足软件开发、测试和管理工作要求的工具链。必要时，进行相应级别的验证。应确保环境配置可控，纳入配置管理。

10.3　软件工程过程

10.3.1　软件工程化一般要求

1）各单位、各型号应明确负责本单位、本型号软件工程化工作的岗位，明确其职责，并对其履职情况进行考核；

2）各软件研制单位应建立健全软件研制质量管理体系，并按照上级主管部门的要求建立软件研制过程和组织机构；

3）型号软件应作为独立产品列入各《型号产品配套表》，软件研制工作应纳入型号研制计划、技术和质量管理渠道；

4）应加强型号软件的系统级设计与验证工作，应加强软硬件协同设计与验证工作；

5）应在型号软件的全生命周期内开展可靠性与安全性的设计、分析与验证工作；

6）应在型号软件研制的全生命周期内开展验证与确认工作，系统采用多种措施保证软件产品质量；

7）应按照产品化的思路研制与管理型号软件，积极开展软件产品定型工作，军用型号软件按照军方有关规定进行定型工作；

8）各单位应积极应用软件工具进行型号软件的研制与管理工作，软件工程环境应纳入软件承制方的信息化体系进行管理；

9）各型号软件研制工作应遵循本标准的原则和要求，各单位、各型号如有特殊要求，可在本标准基础上进行适当增补或裁剪，并得到上级的批准；

10）可编程逻辑器件项目的工程化研制与管理工作按照相应技术规范执行。

10.3.2 型号研制阶段的软件任务

(1)软件开发的主要任务

在型号研制各阶段，软件开发的主要任务见表10－1。

表10－1 型号研制各阶段软件开发的主要任务

型号研制阶段	软件开发的主要任务
方案(模样)	根据初步的系统需求，建立软件原型，确定软硬件功能分配、运行环境、体系结构、信息流、通信和接口，明确初样阶段软件任务要求
初样	根据初样的系统需求，细化软件需求，设计和开发软件产品，完成全面的验证和确认活动，完成验收与交付，使产品的功能、性能、可靠性、安全性等满足初样任务要求，明确试样(正样)阶段软件任务要求
试样(正样)	根据试样(正样)系统需求完善软件设计，对软件产品进行全面的验证和确认，控制软件的技术状态，完成验收与交付，通过型号出厂软件专项评审，确保软件产品的质量满足飞行试验(或软件交办方)要求
定型	在试样的基础上，根据用户需求和试验情况完善软件设计，通过定型鉴定试验考核，固化软件技术状态，通过定型验收

(2)转阶段是产品保证的工作

①方案阶段转初样阶段

在型号由方案阶段转初样阶段时，需完成以下软件有关工作：

1)完成了关键技术攻关；

2)根据系统初步危险分析完成了型号软件系统的危险分析；

3)完成了系统的软硬件架构设计，确定了型号软件系统组成，形成了《软件产品配套表》；

4)明确了初样软件系统设计要求，并提出了初步的《初样软件研制任务书》；

5)完成了方案阶段软件开发总结，文档资料齐全。

②初样阶段转试样(正样)阶段

在型号由初样阶段转试样(正样)阶段时，需完成以下软件有关工作：

1)进行了系统级的软件策划和设计，制定了《软件产品保证大纲》和《有关产品保证要求》；

2)完成了软件的可靠性安全性设计与验证；

3)软件通过了开发方的单元测试、组装测试、配置项测试和系统测试，开展了第三方评测工作；

4)研制过程与技术状态受控，配置管理有效，产品数据包完整；

5)软件质量问题已完成归零和举一反三；

6)明确了试样(正样)软件技术状态，提出了《试样(正样)软件研制任务书》。

③试样阶段转定型阶段

对于武器型号，在试样阶段转定型阶段时，需完成以下软件有关工作：

1）软件已按要求完成研制，研制过程与技术状态受控，源程序、相关文件资料齐套、数据齐全；

2）软件通过了开发方测试和系统测试，A、B 级软件通过了第三方评测工作；

3）软件质量问题已完成归零和举一反三；

4）软件随所属武器系统通过了军方要求的飞行试验的考核。

10.3.3　型号软件系统研制流程

（1）型号软件系统研制流程图

型号软件系统的研制流程如图 10－1 所示。轨件研制类型见表 10－2，软件安全关键等级见表 10－3，软件规模分类见表 10－4。

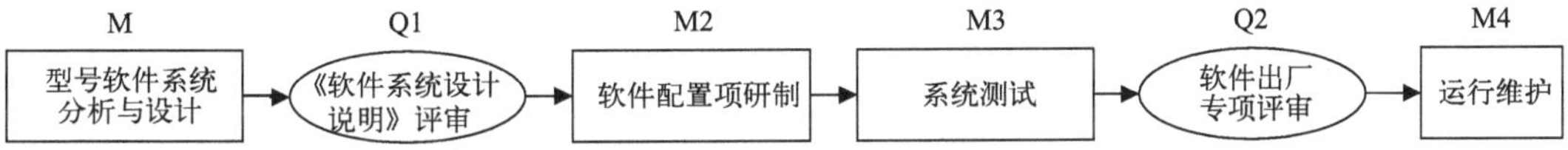

图 10－1　型号软件系统的研制流程

表 10－2　软件研制类型

类型编号	类型名称	说明
I 类	沿用	已完成沿用可行性分析与审批，不加修改即可再次使用的软件
II 类	仅修改装订参数	不修改软件可执行代码的内容，仅修改软件装订参数即可满足任务要求的软件
III 类	适应性修改	根据任务要求进行适应性更改、完善设计的软件
IV 类	新研制	不属于上述 3 类的新研制的软件

注：装订参数通常包括编译时绑定的宏和常量定义，以及固化时写入的配置文件；装订参数的修改不会引起软件二进制机器码中的可执行代码的改动。

表 10－3　软件安全关键等级

软件安全关键等级	软件危险程度	软件失效可能的后果
A	灾难性危害	人员死亡、系统报废、任务失败、环境严重破坏
B	严重危害	人员严重受伤或严重职业病、系统严重损害、任务受到严重影响
C	轻度危害	人员轻度受伤或轻度职业病、系统轻度损害、任务受影响
D	轻微危害	低于轻度危害的损伤，但任务不受影响

注：软件失效可能的后果有多个描述，它们之间是或的关系，即只要一项描述满足就可以确定关键等级。若某个软件失效有多种影响，则按照影响的最高等级确定关键等级。

表 10 –4　软件规模分类

软件规模	嵌入式软件源代码行数 n	非嵌入式软件源代码行数 n
巨	$n \geqslant 100\ 000$	$n \geqslant 500\ 000$
大	$10\ 000 \leqslant n < 100\ 000$	$50\ 000 \leqslant n < 500\ 000$
中	$3\ 000 \leqslant n < 10\ 000$	$5\ 000 \leqslant n < 50\ 000$
小	$300 \leqslant n < 3\ 000$	$500 \leqslant n < 5\ 000$
微	$n < 300$	$n < 500$

10.3.4　软件配置项研制流程

航天型号软件研制应根据其特点，按表 10 –2 的相关规定，选择合适的研制类型，执行相应的技术流程，并与型号研制周期相协调。不同研制类型的具体技术流程如下：

1) I 类软件技术流程如图 10 –2 所示。

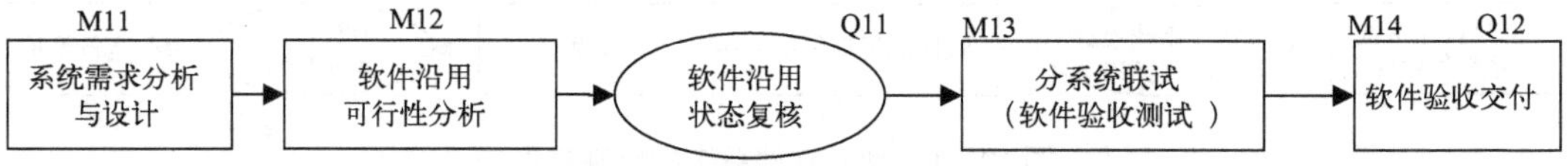

图 10 –2　I 类软件技术流程

图中的 M*mn*（如 M11、M12）为软件生存周期阶段的工作，Q*mn*（如 Q11）为主要质量控制节点

2) II 类软件技术流程如图 10 –3 所示。II 类软件应与被修改软件的软、硬件及外部接口环境一致，在功能和使用方式上一致。被修改软件的研制过程应满足软件工程化要求，在飞行试验过程中尚未发现问题，且不存在其他型号“举一反三”涉及的问题。

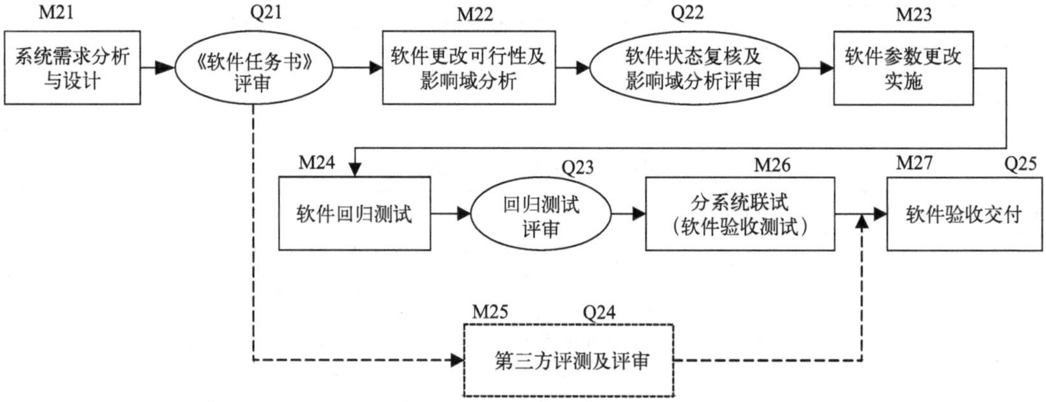

图 10 –3　II 类软件技术流程

图中的 M*mn*（如 M21、M22）为软件生存周期阶段的工作，Q*mn*（如 Q21、Q22）为主要质量控制节点；虚线框是 A、B 级软件和重点型号的 C 级飞行软件的工作要求

3) Ⅲ类软件技术流程如图 10-4 所示。Ⅲ类软件应与被修改软件在功能和使用方式上一致。相对被修改软件仅进行适应性更改，不影响原有软件的体系结构。被修改软件的研制过程应满足软件工程化要求。

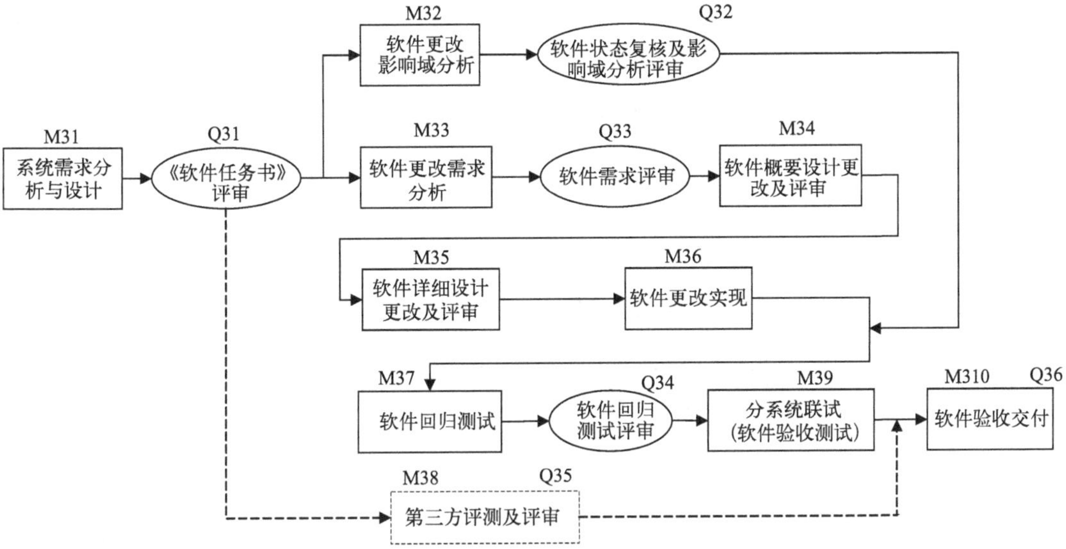

图 10-4　Ⅲ类软件技术流程

图中的 M*mn*(如 M31、M32)为软件生存周期阶段的工作，Q*mn*(如 Q31、Q32)为主要质量控制节点；虚线框是 A、B 级软件和重点型号的 C 级飞行软件的工作要求

4) Ⅳ类软件技术流程如图 10-5 所示。

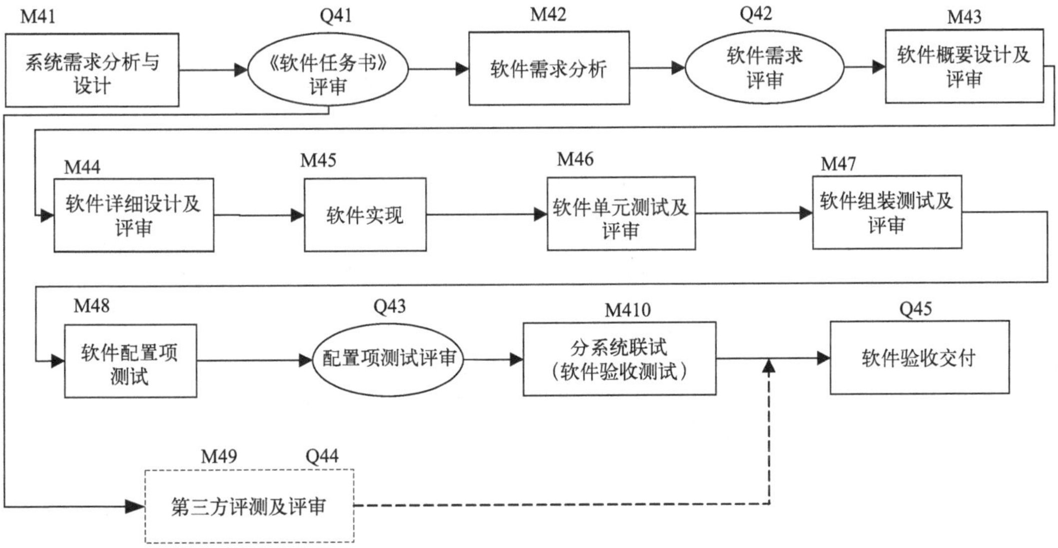

图 10-5　Ⅳ类软件技术流程

图中的 M*mn*(如 M41、M42)为软件生存周期阶段的工作，Q*mn*(如 Q41、Q42)为主要质量控制节点；虚线框是 A、B 级软件和重点型号的 C 级飞行软件的工作要求

5）工作项目说明见表 10－5。

表 10－5　工作项目说明

序号	标识	工作项目名称	工作内容	工作产品
1	M1	型号软件系统分析与设计	1）在方案阶段，型号两总应组织型号系统初步确定整个型号的型号软件系统组成和待开发的软件配置项，初步明确分系统间的接口关系。 2）在初样阶段，应根据型号总体的技术要求，进行软件任务全景分析和系统策划；根据系统拓扑结构建立整体信息流（包括数据流、指令流及接口关系），规定软件产品代号和安全关键等级，确定软件基线状态和软件研制类型，完成《软件产品配套表》。 3）在初样阶段，软件承制方应按表 10－2 确定软件项目的研制类型。 4）在初样阶段，软件交办方应按表 10－3 提出软件安全关键等级；软件安全关键等级的确定和更改由型号两总批准，并报总体型号主管部门备案；属于国家重大工程、重点型号的软件项目还应报集团公司型号主管部门备案。 5）在初样阶段，软件承制方应按表 10－4 确定软件规模；原则上，微、小规模软件的文档可适当合并，有关剪裁合并的规定应在软件开发计划中明确。 6）根据《型号总体安全性大纲》，进行系统级初步危险分析，识别并确定危险源，确定危险控制对策，制定《系统级安全性可靠性设计要求》。 7）在试样（正样）阶段，完善型号软件系统分析与设计工作。 8）型号软件系统分析与设计输出应为《型号软件系统设计说明》、《型号软件系统接口设计说明》、《型号软件系统危险分析报告》	《分系统间的接口说明文件》，《分系统技术状态基线报告》（含软件），《分系统设计报告》（含软件），《软件产品配套表》
2	M41	系统需求分析与设计	1）分析系统的需求和组成，合理分配软件、硬件和人工操作的功能以及软硬件的性能指标，分析环境适应性和工具环境的完整性，提出软件可靠性要求。 2）初步确定系统内各分系统间的信息流、控制流、接口和通信协议。 3）确定软件运行环境。 4）依据系统级初步危险分析结果，明确相关软件配置项的安全关键等级及可靠性安全性工作要求，按要求编写《软件研制任务书》。 5）A、B 级软件应开展软件危险分析，明确与软件相关的安全关键的系统工作模式与关键任务，以及与软件相关的危险事件与原因，形成《软件危险分析报告》。 6）形成《型号软件系统设计说明》	《分系统技术状态基线报告》（含软件），《分系统设计报告》（含软件），《软件产品配套表》

续表

序号	标识	工作项目名称	工作内容	工作产品
3	M42	软件需求分析	1)确定软件的开发环境。 2)编写《软件开发计划》、《质量保证计划》和《配置管理计划》。 3)将《软件研制任务书》中的功能、性能、实时性、接口和数据等技术指标要求细化，完成软件需求规格说明和软件接口需求规格说明。 4)A、B 级软件应开展软件需求安全性分析(含软硬件接口分析)，明确安全关键的软件运行模式、功能、输入、输出，以及相关的软件危险事件与原因。 5)软件配置项测试方应参与软件需求分析工作，并编写初步的《软件配置项测试计划》	《项目开发计划》，《质量保证计划》，《配置管理计划》
4	M43	软件概要设计	1)依据软件需求规格说明，逐项分解软件需求，进行软件的体系结构设计。给出各软件部件的功能和性能描述、数据接口描述，定义全局变量及外部文件。 2)设计该型号软件系统的数据结构和数据库，给出所需的模型及所采用的算法原理。 3)进行软件概要设计的危险性分析，确定《安全关键软件部件清单》。 4)编写《软件概要设计说明》、《数据库设计说明》和《接口设计说明》，并编写初步的《组装测试计划》	《软件概要设计说明》
5	M44	软件详细设计	1)将概要设计中的软件部件逐项细化，形成若干软件单元，并对软件单元进一步描述。 2)详细规定软件单元之间的接口，包括共享外部数据、参数形式、传送方式和上下层的调用关系等，编写《接口设计说明》。 3)确定软件单元之间的数据流或控制流，确定每个软件单元的输入、输出和处理要求。 4)确定软件单元内算法及数据结构，详细规定所使用符号的使用规则和命名规则。 5)进行详细设计阶段危险性分析，确定安全关键软件单元，进行可靠性、安全性设计。必要时，可提出与安全性有关的编程建议。 6)编写《软件详细设计说明》。 7)编写初步的《单元测试计划》	《软件详细设计说明》
6	M45	软件实现	1)依据详细设计说明以及相应的软件代码编制规范，进行编程。利用代码自动生成工具生成的代码按照源代码等同管理。 2)在完成代码编制后，依据编译链接和工程文件的编译选项，在规定的编译环境中进行编译。 3)按照软件设计要求，逐项在调试环境中对软件单元、部件进行调试，确定程序中可疑错误的确切性质和位置，对程序进行修改，排除错误。 4)A 级软件应开展软件代码安全性分析。验证在软件代码中正确实现了安全设计，且没有弱化任何安全控制或安全处理，没有制造任何新的危险。 5)应编制初步的《软件使用说明》	源代码

续表

序号	标识	工作项目名称	工作内容	工作产品
7	M46	软件单元测试	1)补充和完善《软件单元测试计划》，设计测试用例，建立测试环境并通过评审。 2)依据测试计划对软件单元源代码进行静态分析，对软件设计文档规定的软件单元的功能、性能、接口等应逐项进行测试。 3)分析测试结果，编写《软件单元测试报告》	《单元测试计划》，《单元测试用例》，《单元测试报告》
8	M47	软件组装测试	1)完善软件组装测试计划，设计测试用例，建立组装测试环境并通过评审。 2)应对构成软件部件的每个软件单元的单元测试情况进行检查。 3)依据测试计划逐项测试软件设计文档规定的软件部件的功能、性能等特性，逐步完成软件的集成和测试。 4)分析测试结果，验证软件体系结构设计的正确性，编写《组装测试报告》	《组装测试计划》，《组装测试用例》，《组装测试报告》
9	M48	软件配置项测试	1)完善软件配置项测试计划，设计测试用例，应尽量建立与实际运行环境相一致的配置项测试环境，并经过评审。 2)依据测试计划验证软件满足需求规格说明要求的程度，测试全部软件安全功能需求及相关的设计措施，并满足测试充分性要求。 3)分析测试结果，编写《配置项测试报告》。 4)提供给配置项测试的软件应取自受控库，测试中出现错误或缺陷的软件应进入软件纠正过程，更改后的软件应进行回归测试	《配置项测试计划》，《配置项测试用例》，《配置项测试报告》
10	M49	第三方评测	1)A、B级软件和重点型号的C级飞行软件必须委托独立的第三方评测机构进行配置项测试，并通过正式评审，第三方评测结论作为产品验收交付的重要依据。 2)只有经集团公司授权或认可的软件评测机构方可承担航天型号软件的第三方评测工作。 3)软件研制单位应根据评测要求，配合第三方评测工作，提供必要的软件、数据、文档、环境等条件	《第三方评测需求规格说明》，《第三方评测测试说明》，《第三方评测测试报告》，《第三方评测研制总结》
11	M410	分系统联试	1)软件交办方应在单机测试或分系统联试中，依据《软件系统设计说明》和《软件任务书》对软件进行测试。必要时，可以组织软件专项测试 2)软件承制方参与验收测试计划的编写和评审。 3)提供给验收测试的软件应取自受控库。 4)验收测试中应验证软件的功能、性能以及该软件与所属系统的接口关系，并验证《软件使用说明》的正确性与适用性。 5)测试中出现错误或缺陷的软件应进入软件纠正过程，修改后必须进行回归测试	《分系统专项测试报告(含软件)》

续表

序号	标识	工作项目名称	工作内容	工作产品
12	Q45	软件验收交付	1)软件验收交付前，应按计划完成规定的测试，满足任务书的功能、性能、可靠性和安全性等要求，规定的各类文档齐全，软件已纳入配置管理。 2)在软件具备验收条件后，软件承制方应向软件交办方提交《软件验收申请报告》，并附《软件产品交付清单》、《软件产品证明书》和《软件质量履历书》；软件交办方负责制定验收计划，组织验收委员会，依据《软件研制任务书》的相关要求和 QJ 3175 相关要求的规定进行验收。《软件产品证明书》和《软件质量履历书》的填写应按 QJ 3096、QJ 3097 相关要求的规定进行。 3)软件验收评审为正式评审。验收委员会应对通过验收评审的软件编制《软件验收报告》，监督软件承制方按照《软件产品交付清单》向软件交办方交付产品。交付产品必须取自产品库。 4)软件承制方应对验收未通过的软件产品按验收委员会的意见，按时完成更改。更改后的软件应进行相应的回归测试，并由原验收委员会重新验收	《软件产品交付清单》，《软件研制总结报告》，《软件产品证明书》，《软件质量履历书》
13	M12	软件沿用可行性分析	1)分析沿用软件的运行环境(含软件和硬件运行环境)与被沿用软件运行环境是否一致，或者运行环境变化是否对软件沿用产生影响。 2)分析沿用软件的外围环境与被沿用软件外围环境是否一致，或者软件外围环境变化是否对软件沿用产生影响。 3)分析研制任务书要求与被沿用软件是否一致，或者《软件研制任务书》要求变化是否对软件沿用产生影响。 4)对被沿用软件研制过程满足软件工程化要求的情况进行分析和确认，分析被沿用软件的研制过程是否满足软件工程化要求，包括对文档、开发过程、测试及第三方评测、评审等情况的复核。 5)对被沿用软件的飞行情况进行分析，分析是否存在问题或存在举一反三的问题	《沿用可行性分析报告》
14	M22	软件更改可行性及影响域分析	1)根据任务更改需求，分析更改的可行性，并确定软件更改方案和实现方法。 2)影响域分析应分析软件更改是否影响软件配置项外部接口、软件配置项内部接口以及软件安全性、可靠性等方面。 3)根据对软件的影响域分析，提出相应的软件测试验证要求。 4)软件更改应编制《软件设计更改及影响域分析报告》	
15	M32	软件更改影响域分析	1)根据任务更改需求，确定软件更改方案和实现方法。 2)影响域分析应分析软件更改是否影响软件配置项外部接口、软件配置项内部接口以及软件安全性、可靠性等方面。 3)根据对软件的影响域分析，提出相应的软件测试验证要求。 4)软件更改应编制《软件设计更改及影响域分析报告》	

10.3.5　型号软件测试要求

(1)测试过程

软件测试单位按照 QJ 3027 相关要求开展软件测试工作，策划测试计划，制定测试需求，建立相应的测试环境，设计测试用例，编制《测试说明》并按测试规程实施各阶段的测试工作，做好测试记录，编制各阶段《测试报告》。

(2)测试管理

软件测试由相对独立的人员进行，根据软件项目的规模、安全关键等级和测试级别，由不同的团队组织实施，应将测试过程中产生的工作产品及文档纳入配置管理，对测试活动重要阶段进行评审，对测试工具和环境加以管理，确保测试的可重复性。

(3)回归测试要求

包括以下内容：

1)对更动进行影响域分析，对更动及受影响部分重新开展相应级别的测试；

2)任何软件运行的硬件环境或用来生成软件的工具更新后，必须分析是否需要进行回归测试以及进行其他软件确认；

3)在重新测试的情况下，必须重新编写所有测试相关的文档(《测试说明》、《测试报告》等)。

(4)主要测试活动

软件承制方应按软件的规模、类型、安全关键等级在不同的软件研制阶段按照不同的研制类型开展软件测试工作，见表 10－6。

表 10－6　软件测试活动裁剪要求

测试项目	测试类型	软件等级			
		A	B	C	D
单元测试	静态分析	△	△	△	△
	代码审查	△	△	△	○
	功能测试	△	△	△	△
	性能测试	○	○	○	○
	逻辑测试	△	△	○	○
组装测试	静态分析	△	△	○	○
	代码审查	△	△	○	○
	功能测试	△	△	△	△
	性能测试	○	○	○	○
	接口测试	△	△	△	△
	逻辑测试	△	○	○	○

续表

测试项目	测试类型	软件等级			
		A	B	C	D
配置项测试	静态分析	△	△	○	○
	代码审查	△	○	○	○
	功能测试	△	△	△	△
	性能测试	△	△	△	△
	接口测试	△	△	△	△
	余量测试	△	△	△	△
	边界测试	△	△	△	△
	安全性测试	△	△	○	○
	强度测试	△	○	○	○
	人机界面测试	△	○	○	○
	恢复性测试	△	○	○	○
	安装性测试	△	○	○	○
	逻辑测试	△	○	○	○
分系统联试（软件验收测试）	功能测试	△	△	△	△
	性能测试	△	△	△	△
	接口测试	△	△	△	△

注：1. “△”表示必选项目，“○”表示可选项，对必选项进行的裁剪必须说明理由；
2. 微、小、中等规模的软件，组装测试可以裁剪。

(5)软件测试覆盖率要求

不同安全关键等级的软件要达到相应的测试覆盖率要求，见表 10－7。

表 10－7　软件测试充分性要求

测试项目	A	B	C	D
单元测试	语句覆盖 100%，分支覆盖 100%，MC/DC 覆盖 100%	语句覆盖 100%，分支覆盖 100%，MC/DC 覆盖 100%	AM	AM
组装测试	调用覆盖 100%	AM	AM	AM
配置项测试（开发方）	需求覆盖 100%，目标码覆盖 100%	需求覆盖 100%	需求覆盖 100%	需求覆盖 100%
配置项测试（第三方）	需求覆盖 100%，语句覆盖 100%，分支覆盖 100%，目标码覆盖 100%	需求覆盖 100%，语句覆盖 100%，分支覆盖 100%	AM	AM
分系统联试（软件验收测试）	功能性能覆盖 100%，接口覆盖 100%	功能性能覆盖 100%，接口覆盖 100%	功能性能覆盖 100%，接口覆盖 100%	功能性能覆盖 100%，接口覆盖 100%

注：1. “AM”是指由软件交办方和软件承制方协商确定，但应与软件产品的质量要求相一致；
2. 单元测试中的修正的条件/判定覆盖(MC/DC)仅针对高级语言编写的程序代码；
3. 目标码覆盖仅针对使用高级语言编写的嵌入式软件；
4. 对未达到覆盖率要求必须进行分析说明，必要时采用分析、审查、评审等方法补充说明情况和影响；
5. A、B 级软件的配置项测试(开发方)应对语句覆盖和分支覆盖情况进行分析。

10.4 软件可靠性与安全性

10.4.1 软件可靠性与安全性一般要求

1)软件研制各阶段应同时开展软件可靠性与安全性工作(含软硬件接口分析)，各阶段的可靠性与安全性工作应该体现到文档中，并保持一致性和可追溯性；

2)型号系统进行初步危险分析，明确安全关键系统和系统级的危险事件，将初步危险分析结果传递给软件承制方，在《软件研制任务书》中明确软件的可靠性和安全性要求；

3)根据系统级安全性分析结果，确定安全关键软件和软件关键部件；

4)软件承制方应在《软件产品保证计划》中列出软件可靠性、安全性工作项目，参考GJB - Z 102A—2012 相关要求采取必要的查错、纠错、避错和容错措施；

5)在软件研制的各阶段，安全关键软件应进行可靠性与安全性的分析和验证工作。必要时，可委托独立的第三方进行软件安全性分析。

10.4.2 软件需求分析阶段

1)在软件需求分析活动中提取来源于以下几个方面的软件可靠性安全性需求：

a.《软件研制任务书》中的可靠性、安全性、可维护性要求；

b. 历史经验、案例以及检查单中的通用软件可靠性和安全性需求。

2)采用成熟的方法和技术(如 SFMEA、SFTA、PRA 等)开展软件配置项的可靠性安全性分析，并按可靠性安全性需求，确定安全关键软部件。

3)向《软件研制任务书》提出方反馈软件可靠性安全性分析结果，主要包括：

a. 软件研制过程中可能引入的失效模式；

b. 对系统级别工作的建议，如对系统和硬件设计的约束、软硬件分配、是否增加硬件安全设备作为软件备份等建议。

4)在软件需求分析活动中开展 HSIA，说明由软件处理的硬件故障模式的处理措施，确认软件需求是否已覆盖所有 FDIR 要求(确保不会引入新的故障模式)，填写相应的 HSIA 检查表。

10.4.3 软件设计阶段

1)在软件设计中落实软件可靠性安全性需求，进行软件设计和软件可靠性安全性需求的可追踪性分析，如建立软件设计和软件可靠性安全性需求的双向跟踪矩阵。

2)安全关键软件设计应符合 GJB - Z 102A—2012 相关要求，并重点进行以下设计：

a. 独立性设计，尽量隔离安全关键软部件与非安全关键软部件，隔离安全关键数据与其他数据，降低安全关键软部件之间接口的耦合度；

b. FDIR 设计，避免不恰当的设计导致误报警或未能检测重大故障等问题；

c. 健壮性设计，针对硬件(如电源失效、干扰信号、接口故障、机械限位控制等)、环境(如电磁干扰等)、其他软件、人为操作等影响，设计相应的保护措施；

d. 冗余设计，针对安全关键信息进行三取二表决等；

e. 软件单粒子防护设计，针对单粒子效应引发的控制流和数据流错误进行防护；

f. 可恢复性设计，设计不同类型的复位和切机策略(如看门狗设计、陷阱设计)等；

g. 余量设计，确保资源分配和时序安排等保留足够余量；

h. 可复用设计，避免在特定环境下复用不当导致软件失效；

i. 接口设计，包括输入数据和指令的合理性检查、接口数据传输的 CRC 校验、接口芯片的安全性保护操作、软件间或软件模块间接口调用与定义的一致性检验、人机界面的安全操作保护等；

j. 通信设计，包括数据发送方和接收方的故障处理策略、接口通信协议帧格式设计、通信双方交换字格式设计、数据传送过程中的安全关键数据保护等；

k. 数据设计，包括数据的属性控制、数值运算范围控制、精度控制、合理性检查、避免浮点数的溢出和除零等；

l. 中断设计，包括中断优先级、中断嵌套、中断现场的保存和恢复，避免中断访问冲突、未用中断设计、死锁机制设计等；

m. 时序设计，包括中断和任务处理的时序、硬件接口的时序、关键指令和操作的时序、异常顺序事件的保护、关键任务的超时处理、任务堆栈的实时检查设计等；

n. 模块设计，包括模块的简化、独立性、扇入扇出、耦合和内聚方式的设计等；

o. 可维护性设计，包括软件在轨维护的支撑方式和环境设计、软件在轨维护功能的设计(如可维护的数据设计、代码设计)、在轨注入软件对原软件的影响分析等。

10.4.4　软件验证阶段

在软件实现中落实软件可靠性安全性设计，应进行软件实现和软件可靠性安全性设计的可追踪性分析。

1)确保软件代码符合相应编码规则的要求，51 汇编语言编码规则应符合 Q/W 1139 相关要求，C 语言编码规则应符合 Q/W 1140 相关要求，X86 汇编语言编码规则应符合 Q/W 1141 相关要求，尽量使用工具检查代码是否符合编码规则。

2)通过专项分析进行验证，主要包括以下方面：

a. 数据分析，确认软件数据项得到适当的定义和使用，包括数据访问冲突分析、数据数值分析、地址空间使用分析等；

b. 中断分析，确认中断的使用不出现问题，包括中断处理流程分析、中断嵌套分析、中断访问冲突分析、未使用中断分析等；

c. 堆栈分析，确认不会发生堆栈溢出的问题，包括静态和动态情况下的堆栈深度分析、在轨维护过程注入代码的堆栈分析等；

d. 单粒子效应分析，确认软件中采取的单粒子防护措施有效，包括关键参数分析、关键操作分析、器件防护分析等；

e. 临界条件分析，确认软件的相关性能指标满足要求，包括响应时间分析、恢复时间分析、故障检测和处理时间分析、切机或复位进入稳态时间分析等；

f. 可恢复性分析，确认出现相关故障时软件可恢复至安全状态，包括看门狗分析、切机分析、复位分析、重要数据备份与恢复分析等。

3）软件可靠性安全性的测试验证应满足以下要求：

a. 单元测试中，采用高级语言编写的安全关键软部件 MC/DC 覆盖率应达到百分之百；

b. 对于安全关键软件，应统计确认测试的语句覆盖率和分支覆盖率，针对无法测试的所有语句和分支应使用分析、审查、评审等方法确认代码正确性，确保覆盖率达到百分之百，分析、审查、评审的结果应写入《测试报告》中；

c. 对于安全关键软部件，推荐开展单元测试、配置项测试级别的目标码覆盖率测试；

d. 安全关键软件应在非插装代码上通过确认测试，对其安全关键软件设计进行相关测试，并根据 Q/QJA－30A 相关要求针对性开展强度测试、安全性测试、故障注入测试、可靠性测试、余量测试、边界测试、可恢复性测试等测试工作；

e. 测试时，必须保证测试环境与真实环境一致，当客观原因限制，造成测试环境与真实环境存在差异时，必须分析并明确差异对软件测试结果的影响；

f. 当任何基础平台硬件的功能性（如处理器的指令集、频率等）发生变更，或任何可直接或间接修改可执行代码的工具变更时，应重新测试安全关键软件。

10.5 软件保证支撑

10.5.1 配置管理

软件承制方制定和实施软件配置管理计划，建立软件配置管理组织，做好配置标识、控制、状态纪实、审计和发放。软件承制方应根据软件的规模和安全关键等级确立基线，至少应建立功能基线、分配基线和产品基线。

软件承制方建立开发库、受控库和产品库，并维护产品库和受控库的可追溯性。通过评审后的软件文档应纳入受控库，通过开发方测试的软件代码纳入受控库，确认后纳入产品库。第三方评测所需软件由受控库提供，交付的软件产品由产品库提供。对纳入受控库和产品库的配置管理项的更改，尤其是对基线的更改，应履行严格的审批手续。对交付后的软件产品的更改，应得到软件交办方的认可，必要时提高一级审批。软件产品验收前，应做好功能审计和物理审计。

10.5.2 软件问题处理与质量问题归零

软件承制方建立软件问题管理机制，规定软件研制期间发生问题的记录、分析和纠正的流程。对受控软件的更改应填写《软件问题报告单》和《更改单》，分析更改的影响域，并履行规定的审批手续。更改后的软件应进行回归测试。对软件交付后出现的质量问题按 QJA 10 相关要求的规定进行归零。软件质量问题应按 QJA 11A 相关要求的要求整理并传递信息，实现信息共享，促进过程改进。

10.5.3　软件产品化

各级主管部门制定软件产品化相关管理办法，建立软件产品资源库，鼓励所属各单位、各系统共享。软件承制单位应策划有关软件产品化工作，确定软件产品化的程序与方法，研制可配置、可重用的软件产品，建立软件产品型谱，报软件交办方或上级主管部门，并开展软件产品定型相关工作。软件承制方应开展软件产品化工作，按照通用化、系列化、标准化的思路研制软件，使软件在将来具有可重用性，对拟重用软件进行充分的测试验证，并保证代码、文档和数据的完整性。新型号应该优先考虑采用已经列入产品化管理的软件。重用软件的使用方必须经过充分论证和验证。

10.5.4　软件产品质量度量

软件交办方在《软件研制任务书》中提出软件的质量需求。软件质量需求的质量特性包括功能、性能、可靠性、可维护性、重用性、安全性、健壮性等。软件承制方应规定质量需求的验证和确认方法，以确保产品达到技术规范中指定的质量需求。软件承制方应定义有关的度量指标及其目标值，同时规定这些指标的收集、度量方法。基本度量数据包括：规模、复杂度、测试覆盖率、重用率、缺陷密度等。软件承制方应对度量指标依照目标值或质量需求进行分析，以确保其满足质量需求，并将度量的结果提供给软件交办方。

10.5.5　软件过程改进

承研单位应按照文档化的流程进行软件过程改进。承研单位应成立软件工程过程组负责实施和管理组织过程改进工作，并保障所需资源。承研单位应编制《软件过程改进计划》，包括过程评估策划、过程行动策划以及部署策划等内容。承研单位应根据软件过程的评估结果提出本单位的软件过程改进建议，对软件过程进行改进。承研单位应确保前期改进成果已在后续项目中得到应用。承研单位应能向上一级承研单位提供软件过程改进或项目文件改进等客观数据及证明材料。

参 考 文 献

[1] GJB - Z 102A—2012 军用软件安全性设计指南[S]. 2012.

[2] QJ 1714.9B—2011 航天产品设计文件管理制度 - 第 9 部分：设计文件签署规定[S]. 2011.

[3] QJ 1912.7—2003 航天型号软件文档管理制度 - 第 7 部分：软件文档编写要求[S]. 2003.

[4] QJ 2098A—2005 航天型号软件评审与审查[S]. 2005.

[5] QJ 2858—1996 航天计算机软件产品代号编制规定[S]. 1996.

[6] QJ 3027—1998 航天型号软件测试规范[S]. 1998.

[7] QJ 3096—1999 航天型号软件产品证明书编写规定[S]. 1999.

[8] QJ 3097—1999 航天型号软件质量履历书编写规定[S]. 1999.

[9] QJ 3098 航天型号软件研制任务书编写规定[S]. 1999.

[10] QJ 3174—2003 航天软件产品贮存与管理[S]. 2003.

[11] QJ 3175—2003 航天型号软件产品验收与交付[S]. 2003.

[12] Q/QJA 10—2002 产品质量问题归零实施要求[S]. 2002.

[13] Q/QJA 11A—2007 航天产品质量与可靠性信息管理要求[S]. 2007.

[14] Q/QJA 16—2004 航天产品质量检查确认要求[S]. 2004.

[15] Q/QJA 30A—2013 航天型号软件工程化要求[S]. 2013.

[16] Q/W Q80 - 14—2014 航天器 FPGA 产品研制技术要求[S]. 2014.

[17] Q/W 1094—2006 星(船)载软件产品沿用规定[S]. 2006.

[18] Q/W 1139—2007 航天器 51 汇编语言软件编程约定[S]. 2007.

[19] Q/W 1141—2007 航天器 X86 汇编语言软件编程约定[S]. 2007.